プレイングマネジャー「残業ゼロ」の仕事術

チームの「生産性」が
自然と高まる
マネジメントの技術

(株)ワーク・ライフバランス
代表取締役
小室淑恵
Komuro Yoshie

ダイヤモンド社

はじめに

1000社で実証した「残業ゼロ」の仕事術

『プレイングマネジャー「残業ゼロ」の仕事術』

本書のタイトルをご覧になって、「そんなことができるのか？」と思われた方も多いのではないでしょうか。現場の仕事を担当しながら、チームのマネジメントもしなければならないプレイングマネジャーは、とにかく多忙。会社から課された数値目標のプレッシャーをヒシヒシと感じながら、日々、残業をいとわず頑張っていらっしゃるはずです。

出社すれば社内会議のハシゴをして、やっと自席についたと思ったら、メンバーから「ちょっといいですか？」と声がかかる。メンバーからの報連相が一段落して、ようやく自分の仕事に手がつけられると思ったら、突発案件の対応に追われる。結果、定時に帰れないどころか、手つかずの仕事を家に持ち帰らざるをえなくなる。しかもそれは、本来は部下に任せたい仕事。部下が手いっぱいだから、仕方なく自分がやっている……。

そんな日常を送るプレイングマネジャーにとっては、「残業ゼロなんて夢物語だよ」というのが本音かもしれません。

私が経営する株式会社ワーク・ライフバランスは、主に経営層から要請を受けて現場の「働き方改革」をサポートする事業を展開していますが、実際に多くのマネジャーが最初はそのような反応をされます。皆さん、日々、できる限りの努力をしていらっしゃるのですから、それも当然の反応だと思います。

いえ、むしろ「残業ゼロなどという〝かけ声〟は迷惑だ」と考えている方もいらっしゃるかもしれません。上層部から「残業ゼロ」「残業削減」を求められ、現場のメンバーからは「仕事は増える一方なのに、サービス残業をせよということですか？」などと反発される。そんな板挟みのなか孤《こ》軍《ぐん》奮《ふん》闘《とう》を強いられ、心身ともに疲れ果てている方も多いのではないでしょうか。

でも、必ず現状を変えることができる――。

私は、そう確信しています。

実際、私たちの会社は創業以来、「増収増益」かつ「残業ゼロ・有給取得率100%」を達成しながら、働き方改革コンサルティングを提供した約1000社において も、残業時間の大幅削減と業績向上を果たしてきました（社長である私もプレイングマネジャーです）。

といっても、強制的に残業を削減するようなやり方ではありません。職場の生産性を高めるために、投入する労力・時間を最小化して、成果の最大化を図るアプローチを徹底しています。これまで試行錯誤の連続ではありましたが、チームの生産性を高め続けることによって、**残業ゼロを実現する「手法」が存在することを実証してきた**と自負しています。

実際、クライアントも、ムリすることなく勤務時間を削減して、業績を向上させるサイクルが継続している企業・自治体ばかりです。「職場の雰囲気も明るくなり、日々の仕事を楽しく進められるようになりました」「〝リバウンド〟（しばらくすると元に戻る）せずに、よいサイクルが回り続けています」と喜びの声をいただく機会にも恵まれています。

私たちが確立してきた改革のプロセスを丁寧にたどっていただければ、必ず、プレイングマネジャーを含むメンバー全員が長時間労働から解放され、生産性高く仕事ができるチームに変わると確信しています。

プレイングマネジャーは「頑張らない」ことが大切

チームを変えるキーパーソンはプレイングマネジャーです。

こう書くと、プレッシャーに感じる方もいらっしゃるかもしれませんが、マネジャーの皆さんに高度なスキルが求められるわけでも、特別な負担が求められるわけでもありません。

むしろ逆です。まず第一に、「マネジャーである自分が頑張らなければ」「自分がチームを引っ張らなければ」「自分が優秀でなければ」という意識を捨てていただく。過剰に背負っている**「責任感」や「プライド」を肩から下ろして、気持ちを楽にしていただきたい**のです。

実は、マネジャーが気負って頑張りすぎることで、メンバーが力を発揮しづらくなっているケースが非常に多いのです。まずは気持ちを楽にしていただいて、**素直にメンバーに助けを求め、メンバーを信じて仕事を任せる。**人間は誰しも、チームへの貢献欲求をもっています。それを信じることが、メンバーの力を引き出して、健全なチームワークを生み出す出発点なのです。

そのうえで、次のようなステップを踏んでいただければ、状況は変わっていくはずです（図０－１）。

【STEP1】マネジャー自身の時間の使い方を可視化する
【STEP2】マネジメントに軸足を置いた時間の使い方を実現する
【STEP3】メンバーとの「関係の質」を高める
【STEP4】チームの時間の使い方を可視化する
【STEP5】メンバーとともに生産性を上げる方策を考え、実行する

図0-1 残業ゼロのチームをつくるステップ

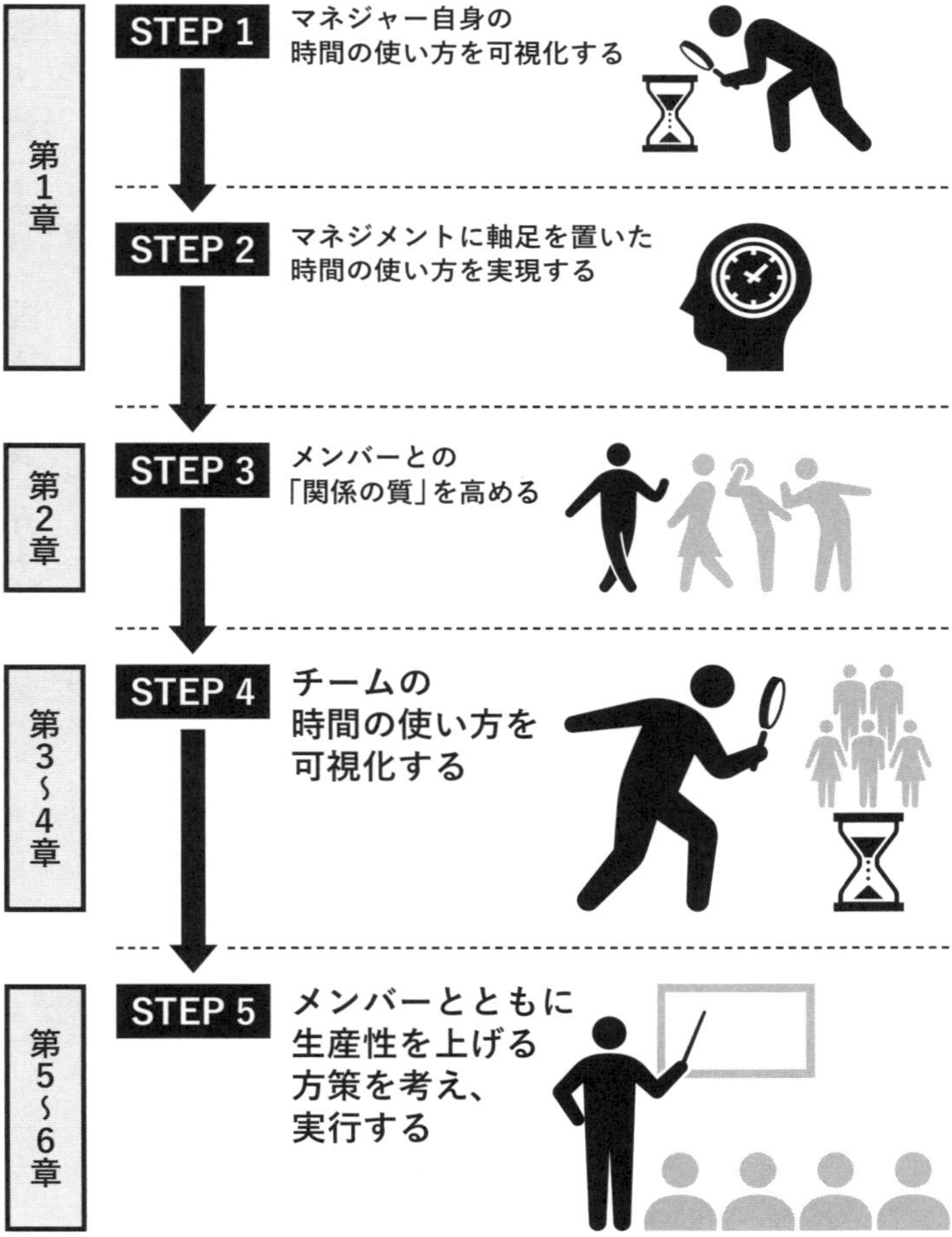

「結果の質」より「関係の質」が大切

なかでも重要なのが、メンバーとの「関係の質」を高める——つまり、困ったことや不満を抱え込まず共有し合い、成果に向かって気持ちよく助け合える関係になる——ことです。

その重要性は、学術的にも証明されています。マサチューセッツ工科大学のダニエル・キム教授が提唱する「組織の成功循環モデル」では、組織の成功循環を回すためには、**「結果の質」の改善から着手するのではなく、「関係の質」の向上から着手することが重要**だと実証的に示されているのです。

「関係の質」を高めるために大切なのは**対話**です。

たとえば、「働き方」についてメンバーが思っていることや、心のうちに秘めた想いを率直に表明し合い、耳を傾け合う。そんな対話を通じて、それぞれの考え方の違いを知るとともに、共感できることを増やすことができれば、そこにはお互いを尊重し合う空気が生まれるでしょう。

こうして「関係の質」が高まると、**一人ひとりのメンバーが「(この人たちと)一緒に仕事をしたい」「自分にももっと貢献できることがあるはずだ」と前向きに考えるようになり、仕事やチームワークに対する「思考の質」も高まっていきます。**

すると、「思考の質」が高まったメンバーたちは、それぞれがさまざまなことに意欲的、自発的にチャレンジするようになるため、自然と「行動の質」も向上。その「行動の質」が「結果の質」につながっていきます。そして、「結果の質」がよくなることによってチーム内での信頼関係が強化されるために、さらに「関係の質」が高まるというグッドサイクルが回り始めるのです。

一方、**いきなり「結果の質」の改善から着手したチームは、バッドサイクルに陥りやすくなります。**

なぜなら、人間関係ができていない状態でムリに「結果の質」を上げようとしても、思うように成果が上がるわけではないからです。その結果、チーム内に生まれるのは対立です。責任を押しつけ合ったり、マネジャーが命令したりするケースが増加。その結果、「関係の質」はどんどん悪化していってしまうのです。

「関係の質」が悪化すれば、メンバーは積極的にチームに貢献しようとする意欲、やる気を失うことによって「思考の質」も低下します。そして、主体性を失ったメンバーは仕事に対して「受け身」になるため「行動の質」も下がります。その結果、さらに「結果の質」が低下するというバッドサイクルに陥ってしまうのです。

もちろん、ときには「結果の質」を追い求めることで成果が上がることがあるかもしれません。しかし、それは一時的なものです。**「結果の質」を強要されたメンバーが追い詰められた状態で出した成果が、いつまでも持続することはありません。**ムリは続かないのです。そして、一度、「結果の質」が低下したら、そこからバッドサイクルが始まるのです（図0－2）。

ですから、チームを変えるためには、「結果の質」ではなく、「関係の質」を高めることから着手することが大切です。一見、遠回りのように見えますが、**「関係の質」を高めることによってグッドサイクルを回し始めることが、すべての出発点**なのです。

これは、これまでのコンサルティング経験を振り返っても、強く実感することです。一度グッドサイクルに入ったチームは、ほぼ間違いなく、自然とチームの生産性が上がり続け、「残業ゼロ」で高い業績を上げることができるようになりました。そのよう

図0-2 「関係の質」を変えれば「結果の質」が変わる

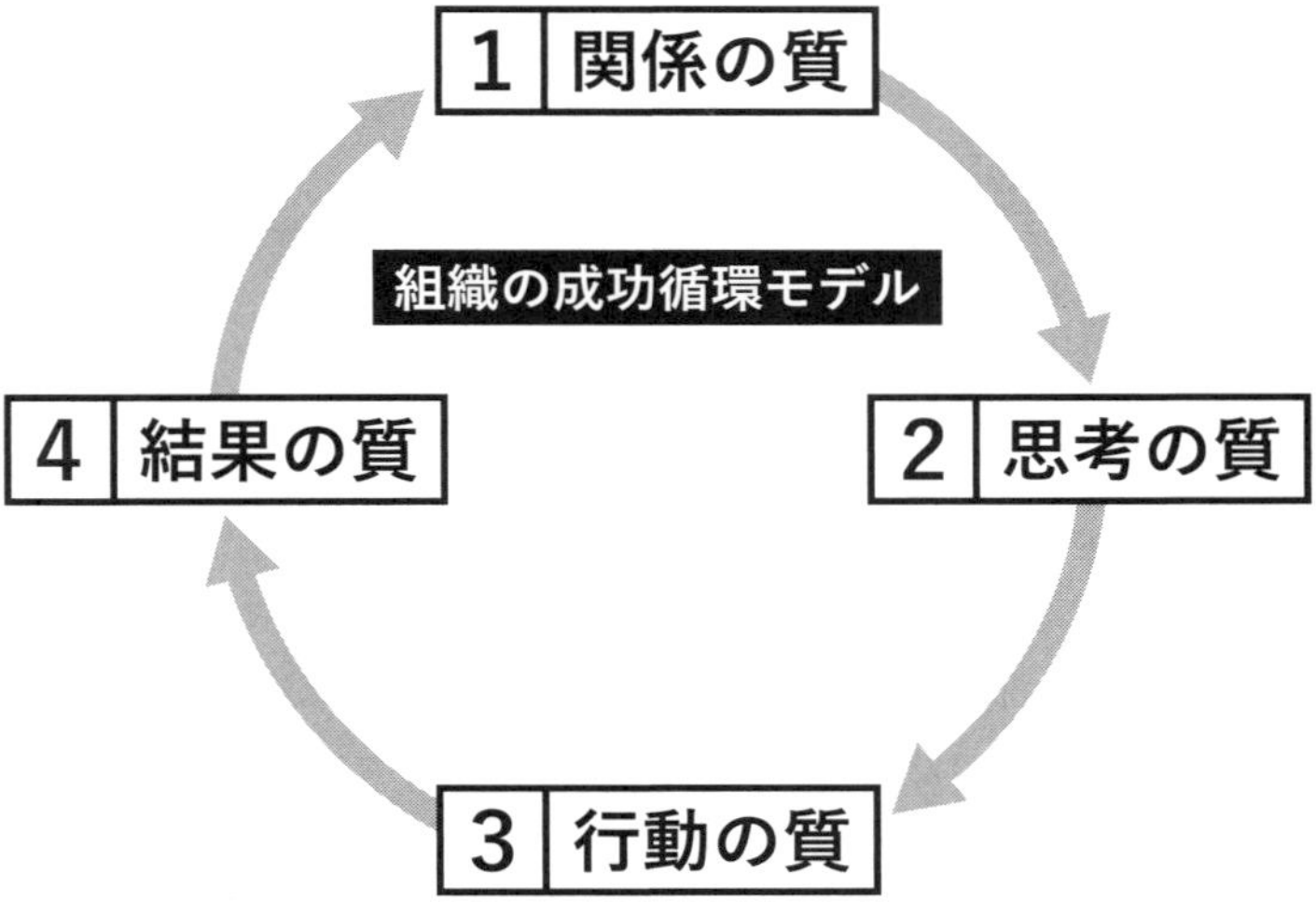
1 関係の質
2 思考の質
3 行動の質
4 結果の質
組織の成功循環モデル

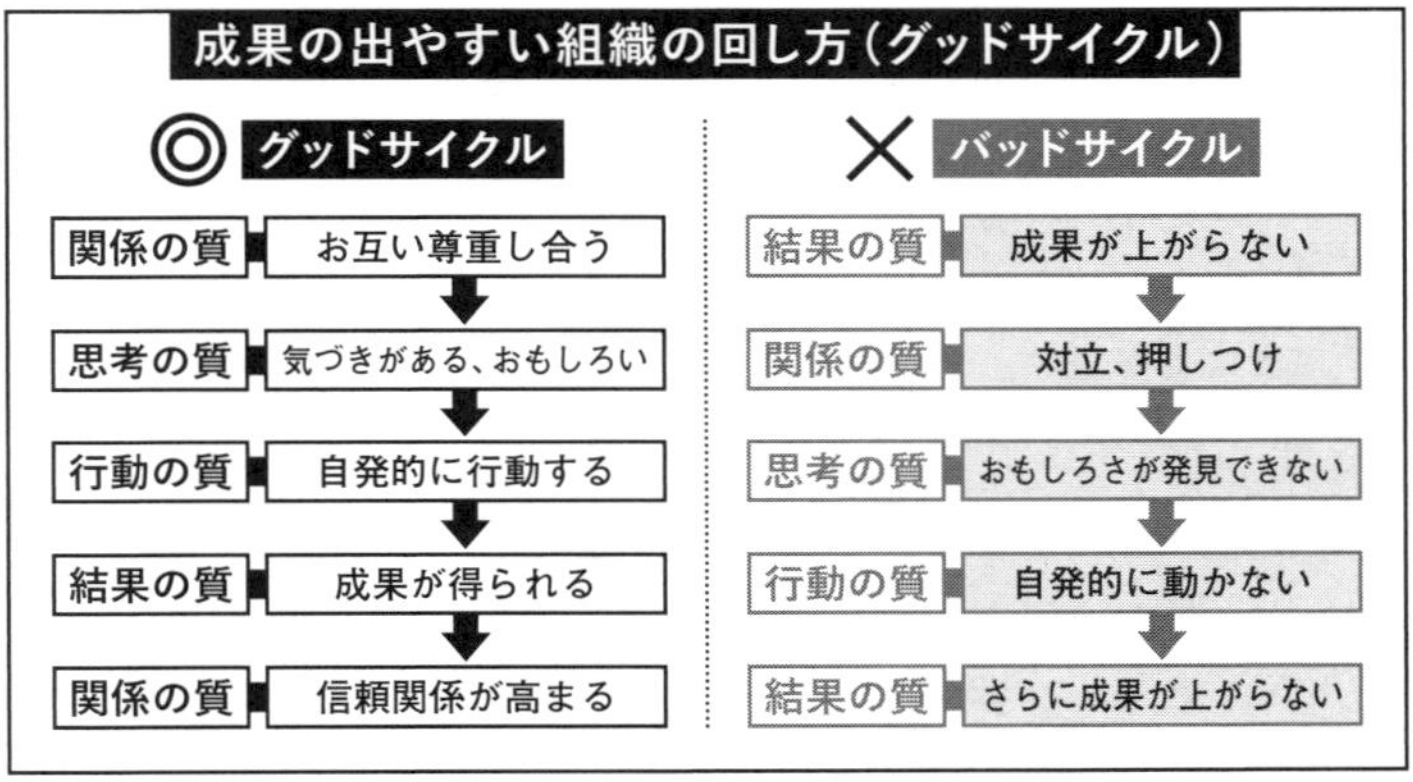
成果の出やすい組織の回し方（グッドサイクル）
◎ グッドサイクル
関係の質 お互い尊重し合う
思考の質 気づきがある、おもしろい
行動の質 自発的に行動する
結果の質 成果が得られる
関係の質 信頼関係が高まる
× バッドサイクル
結果の質 成果が上がらない
関係の質 対立、押しつけ
思考の質 おもしろさが発見できない
行動の質 自発的に動かない
結果の質 さらに成果が上がらない

なチームは、コンサルティング期間が終了したあとも、継続的に成果を上げ続けているのです。

働くのが「楽しいチーム」をつくる

本書は、プレイングマネジャーが「残業ゼロのチーム」をつくるための考え方、心構えや具体的なノウハウを体系的にまとめたものです。「関係の質」を高めることによってグッドサイクルを生み出すことを根底にすえながら、先ほどお示ししたステップに沿って構成をしています。

難しいことは一切ありません。**一つひとつのステップを丁寧にたどっていただければ、どんなチームでも変わることができます。**ぜひ、リラックスした気持ちで一歩ずつ進んでいただきたいと願っています。

もちろん、チーム運営とは人間関係と密接に関わっているため、そのプロセスには紆余曲折《うよきょくせつ》がつきものです。「関係の質」が一朝一夕《いっちょういっせき》で改善するわけではありませんし、メンバーの意欲にもバイオリズムのようなものがあります。そのため、目先の出来事に一喜《いっき》一憂《いちゆう》せず、焦らず粘り強く取り組むことが大切です。

そうすれば、必ず、プレイングマネジャーもメンバーも疲弊することなく「成果」を上げることができるようになります。特に、プレイングマネジャーは、責任感が強ければ強いほど、チームの成果を上げるために、自分に高い負荷をかけたり、自分だけが犠牲を払ったりしがちですが、そのような**〝苦しい働き方〟**から解き放たれるに違いありません。そして、**メンバーの成長をサポートすることによって、モチベーションの高いチームを生み出すことができるようになる**はずです。

「関係の質」の高いチームで働くのは、とても楽しいことです。お互いに信頼し合い、力を合わせながら、価値あるものを生み出していくプロセスは、何ものにも代えがたい喜びを与えてくれます。そんなチームをつくることができれば、自然と生産性も高まり、「残業ゼロ」も実現できるようになるのです。

そして本書が、チーム全員の「ワーク・ライフバランス」を実現し、いきいきと楽しく働ける職場を増やす一助となれば、それに勝る喜びはありません。

小室淑恵

プレイングマネジャー「残業ゼロ」の仕事術　目次

Contents

第2章

「関係の質」がすべて

第3章 「働き方改革」のキックオフ

第5章 チームの「生産性」を高める

Contents

第6章 「働き方」を劇的に変える

装丁／鈴木大輔・仲條世菜（ソウルデザイン）
本文デザイン・DTP／斎藤 充（クロロス）
編集協力／大島永理乃・村上杏菜
校正／三森由紀子
編集／田中 泰

Contents

第1章

「8割マネジメント」の働き方

まずはプレイングマネジャー自身の働き方を見つめ直しましょう。「マネジャーとしての仕事」に比重を置くことで、生産性の高いチームを生み出すことができます。

第2章 「関係の質」がすべて

第3章 「働き方改革」のキックオフ

第4章 「働き方」を可視化する

第5章 チームの「生産性」を高める

第6章 「働き方」を劇的に変える

Lesson 1

プレイングマネジャーの本職は「マネジメント」

8割マネジメント、2割プレイ

「残業ゼロ」のチームをつくる——。

その目標を実現するために、プレイングマネジャーが第一に意識を向けなければならないのは「自分の働き方」です。他者を変えるのは難しいことなので、真っ先に「メンバーの働き方を変えよう」と動き出しても、なかなかうまくいかないケースが多いのが現実です。それよりも、まず「自分の働き方」を見つめ直すことから始めるのが効果的なアプローチと言えます。

そして、「自分の働き方」を見つめ直す際に、何よりも着目していただきたいのは、

「マネジャーとしての仕事」と「プレイヤーとしての仕事」のどちらに重点を置いているかというポイントです。

これは、難しい問題です。プレイングマネジャーは、プレイヤーとして個人の数値目標を課せられるとともに、マネジャーとしてチームの数値目標を課せられているためにに、両者のバランスを考えなければならないからです。いわば、「二兎を追う」わけですから、ヘタをすると「一兎をも得ず」になりかねないわけです。とても悩ましい問題で、どうすべきか手探りを続けている方も多いはずです。

しかし、これには明確な答えがあります。

それは、「プレイヤーとしての仕事」よりも「マネジャーとしての仕事」に比重を置くのが鉄則だということです。仕事の種類やチームの状態によってケースバイケースですが、**「8割マネジメント、2割プレイ」**をめざすくらいの気持ちで臨むのがいいと私は考えています。理由はシンプルで、そのほうが明らかに効率的だからです。

「頑張るマネジャー」がチームの士気を下げる

単純化したモデルで考えてみましょう（図1－1）。

プレイングマネジャーと5人のメンバー、計6人で構成されるチームがあるとします。仮に、プレイングマネジャーの戦力レベルが10で、メンバーが平均5だとすれば、チーム全体としては10＋5×5人＝合計35の戦力があることになります。チーム目標が仮に37であるとすると、このままではチームの目標を達成するのが難しいでしょう。この場合、マネジャーはどうすればいいでしょうか？

おそらく、**多くのマネジャーは、「プレイヤーとしての仕事」に比重を置いて、チームに足りない戦力を自ら補うという選択肢が思い浮かぶ**のではないでしょうか？

なぜなら、成功体験の少ない「マネジャーとしての仕事」よりも、多くの成功体験をもつ「プレイヤーとしての仕事」のほうが、結果を出しやすいですし、やる気も湧いてくるからです。そして、もともと戦力レベルが10なのに、自らにムチを打ってレベル12の仕事をしようとするわけです。

特に、「最も戦力の高い自分が努力すれば解決できる」「マネジャーである自分が頑

図1-1 「プレイヤーの仕事」より「マネジャーの仕事」に比重を置く

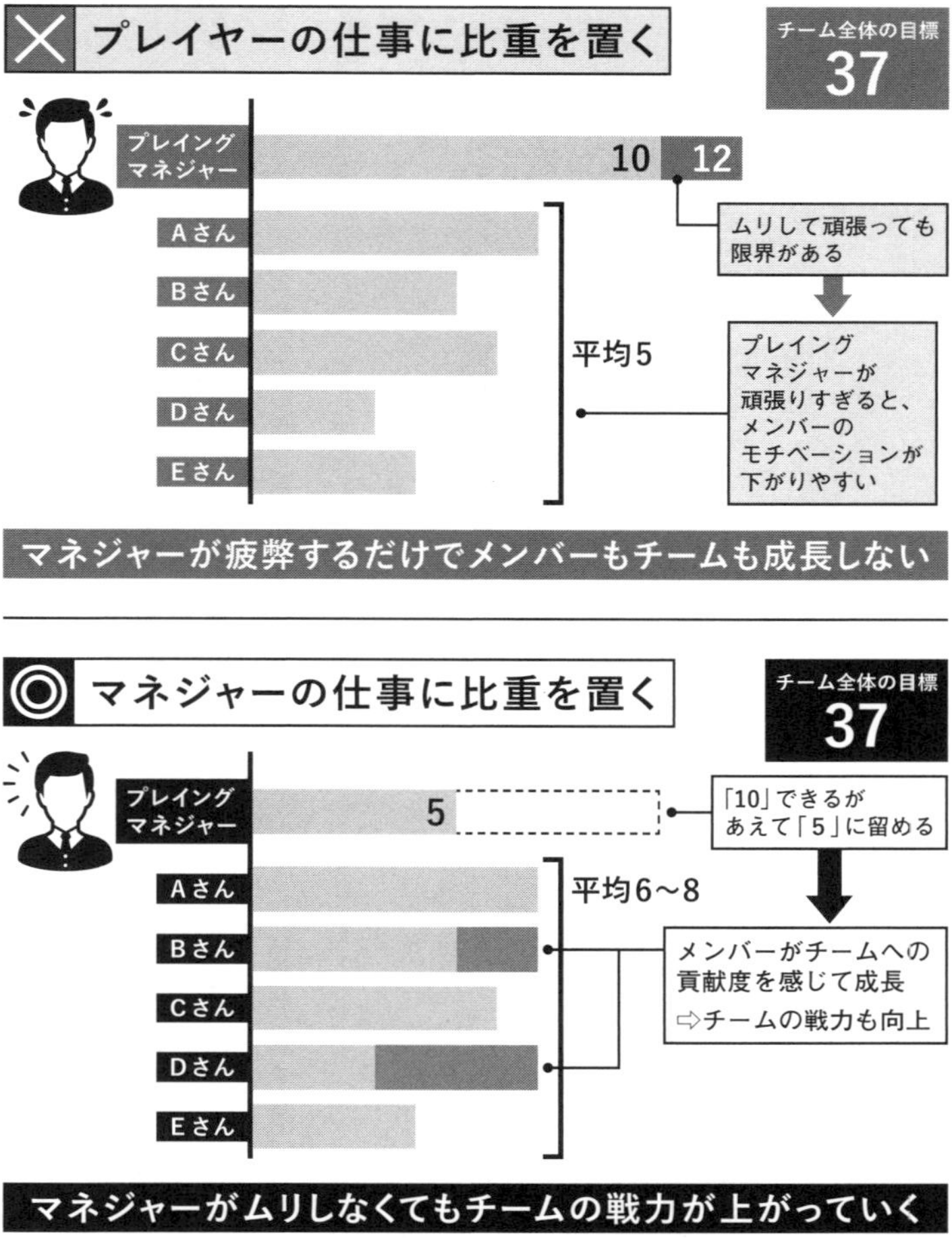

張るのが当然」と考えるような、自負心や責任感の強い人であればあるほど、そのような選択をしがちだと思います。

こうしてプレイングマネジャーが懸命の努力をした結果、チーム全体の戦力レベルが12＋5×5人＝37に上がり、ギリギリのところでこのチームは目標を達成できたとします。きっと、マネジャーはホッと胸をなでおろすとともに、自らにムチを打って頑張った自分を褒めてあげたくなるでしょう。

ところが、**この選択には深刻な副作用が伴います。**マネジャーがひとりで頑張って成果を上げ始めると、かえってチームの「モチベーション」を下げるという結果を招くのです。マネジャーが「自分がなんとかしなければ」と考えることは、裏返せば「メンバーに期待していない」ということにほかなりません。メンバーは「自分は期待されていないのか？」「だったら、マネジャーが頑張ればいい」と解釈し、仕事に対するモチベーションをどんどん下げていってしまうのです。

「心理的余裕」を失うと危機的状況を招く

それどころか、マネジャーが「プレイヤーとしての仕事」に忙しくて、時間的・心理的な余裕がないと、一人ひとりのメンバーの様子を観察して適切なサポートをしたり、モチベーションをメンテナンスする「マネジャーとしての仕事」がおろそかになってしまいます。

また、メンバーと丁寧にコミュニケーションを取ることができない結果、「いいから、言ったとおりにやっておいて」などと一方的に指図をしてしまう機会も増えるでしょう。これが、さらに状況を悪化させます。**人は指図されると能動的に動かなくなります。**「ならば、指示されたことだけやればいい」とモチベーションを下げるメンバーを生み出してしまうのです。

極端な場合には、モチベーションを下げたメンバーを前に、「自分はこんなに頑張っているのに……」などといった感情的な発言をしてしまうこともあるでしょう。そうなるとメンバーはますます委縮《いしゅく》してしまい、チームとしての機能を果たさなくなってしまうおそれすらあるのです。

その結果、平均5だったメンバーの戦力が4に落ちると、たいへんなことになります。マネジャーが12レベルで頑張り続けても、合計はなんと12＋4×5人＝32。チームの総戦力は当初より落ちてしまうのです。

ただでさえギリギリいっぱいまで頑張っているマネジャーはこのマイナス分を補うために、さらにムリをしなければならなくなるでしょう。場合によっては、燃え尽きてしまうことがあるかもしれません。まさに悪循環。プレイングマネジャーが**「プレイヤーとしての仕事」に重点を置いて頑張りすぎることは、非常に高いリスクを伴う**のです。

マネジメントには「驚くべき力」がある

では、「マネジャーとしての仕事」に重点を置けばどうなるでしょうか？

先ほどと同じモデルでシミュレーションしてみましょう。

マネジャーはあえてメンバーと同じレベル5の仕事をするに留め、できる限りマネジメントに注力するとします。

メンバーをよく観察して、壁にぶつかっているメンバーがいれば適切なサポートをする。メンバーが成長したら、すかさず具体的にほめる。マネジャーがやっていた仕事を少しずつ任せたり、各自の得意分野に合わせて担当業務を見直す。メンバーの手間となっている作業を効率化するために上層部にＩＴ投資を持ちかけたり、チームの業務を精査して不要な仕事を削減する……。

そのような「マネジャーとしての仕事」に注力した結果、メンバーが成長したり、力を発揮しやすくなって、平均戦力が5から6に上がると、マネジャーがレベル5であったとしても、5＋6×5＝35と、当初と同じ戦力となります。この数字だけをみると現状維持にみえますが、中身はまったく異なります。チームにグッドサイクルが回り始めていることを見逃してはなりません。

マネジャーに頼りにされ、自分の成長を実感し、チームに貢献している充実感を得たメンバーは、モチベーションを高め、成長軌道に乗り始めますから、一人ひとりの戦力レベルは6から7へ、7から8へと上がっていきます。それに応じて、チームの戦力レベルも35→40→45と、グングン伸びていくのです。このように、「マネジャーとしての仕事」に注力することで、チームの目標の37を大きく上回る成果を上げながら、以前よりも**「短い労働時間」で目標を達成し続けられるチーム**へと、自然と変わっていくのです。

これこそが、「マネジメントの力」です。

孤独にムリを重ねてレベル12の仕事をするマネジャーが疲弊していくのと、真逆の現象を起こすことができるのです。

ですから、プレイングマネジャーは、決して「プレイヤーとしての仕事」に比重を置いてはなりません。プレイングマネジャーの本職は、あくまでマネジメント。プレイングマネジャーが、「マネジメントに比重を置く働き方」を実現することが、生産性の高いチームを生み出す第一歩なのです。

Lesson 2

自分の「働き方」を記録して「カッコ悪い自分」と向き合う

自分の「働き方」を可視化する

「マネジャーとしての仕事」に重点を置く――。

これが、プレイングマネジャーの働き方の大原則です。この認識をもったうえで、「自分の働き方」を見つめ直す必要があります。方法は簡単。「記録」です。毎朝、**働き始める前にその日一日のスケジュールを見積もり、終業後に、実際にどのように仕事を進めたかを記録**していくのです（本書では、この「記録」を「ワークログ（work log）」と呼びます（22～23ページの【図3－1】【図3－2】参照）。

おそらく、多くの方は「自分の仕事に追われて、マネジメントに十分時間を割けていないかも……」「メンバーの突発案件の対応に追われて、いつも予定が狂ってしまう……」など、感覚的に問題意識をもっていても、ほんとうの状態や改善点についてはなかなか気づけていないのではないでしょうか。そこで、実際にどのように働いているのかを記録することによって、**「自分の働き方」を可視化**するのです。

この「ワークログ」を継続して（少なくとも2週間から1ヶ月）、その結果を集計・分析すると、どのような仕事にどれだけの時間を費やしているのか、朝立てた予定がどのようにずれていくのか、本来優先すべき仕事にどのくらいの時間を使えているのかなど、「自分の働き方」を客観的に把握することができます。そして、働き方のクセや問題点など、たくさんの気づきを与えてくれるのです。

「カッコ悪い自分」と向き合う

まず、一定期間に「プレイヤーとしての仕事」と「マネジャーとしての仕事」にどのくらいの時間を費やしたのかを【図2-1】のように集計することで、実際にどのようなバランスで働けているかを客観的に把握します。

図2-1 時間配分の集計で「明確な問題意識」をもつ

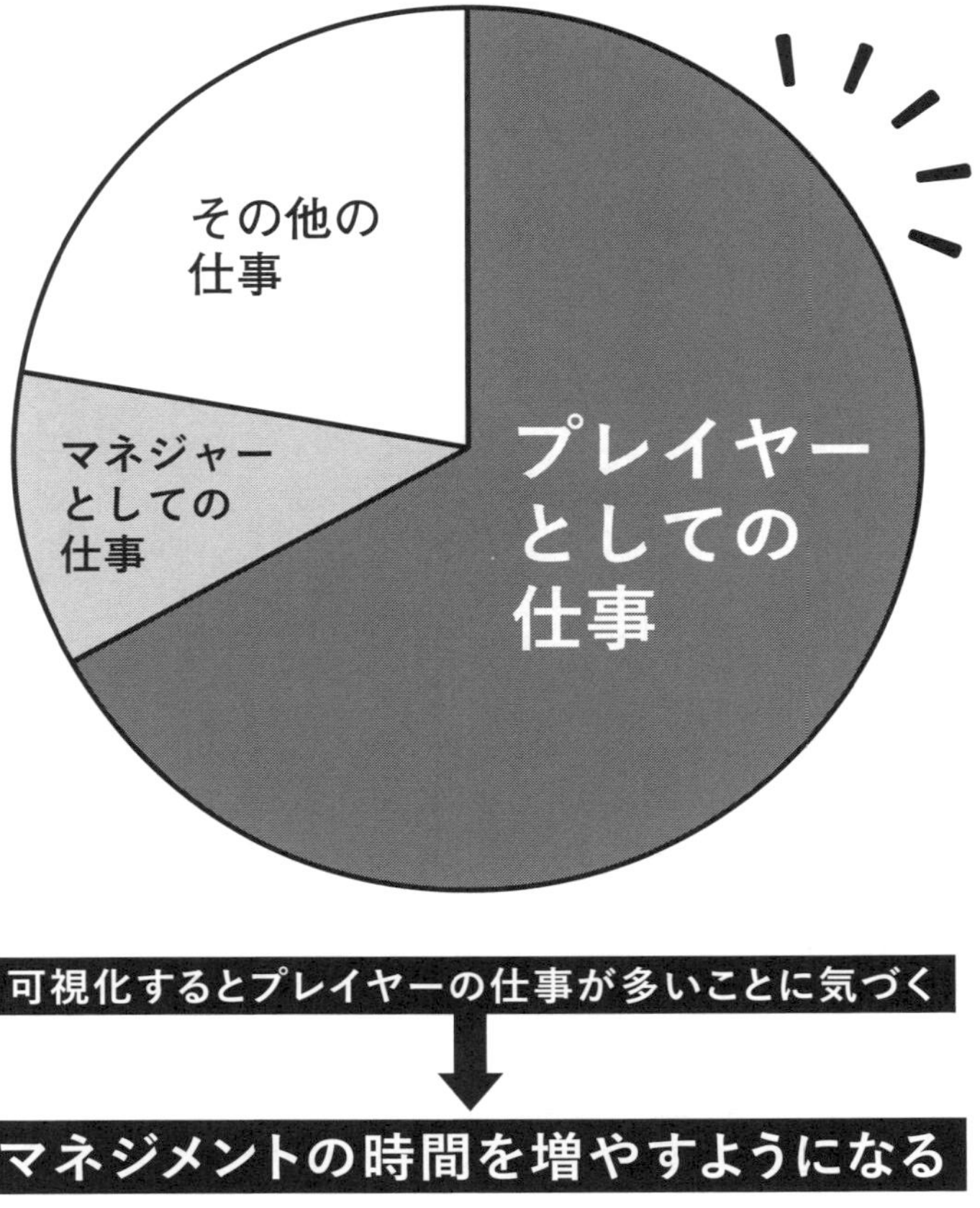

私もそうでしたが、初めて「自分の働き方」を可視化すると、イメージしていた「自分の働き方」とはかなり違う**「カッコ悪い自分」に直面させられる**ものです。

おそらく、想像以上に「マネジャーとしての仕事」に時間を割けていなかったことがわかるはずです。しかし、それが現実。現状を受け止め、「もっとマネジメントに注力する時間を増やさなければならない」と明確な問題意識をもつチャンスです。

そして、**【図2－2】**のように「自分のめざすべき働き方」をイメージします。

「マネジャーとしての仕事」を増やすためには、「プレイヤーとしての仕事」などにかける時間を圧縮するほかありません。自分の仕事の効率を上げる、部下に仕事を任せる、不要な仕事を洗い出すなど、いろいろな方法があるはずです。

それに、できれば**定時出社・定時退社を実現して、健康・家族・社会・勉強などのための時間も生み出したい**ですよね？

目の前の仕事に追いたてられて疲弊するだけでは、人生100年時代といわれる現代を生き抜くことは難しいでしょう。自分の「知の泉」を豊かにするために、新たな「知識」をインプットする時間もほしいですし、人生の後半に備えて体も鍛えておきた

図2-2 めざすべき働き方をイメージする

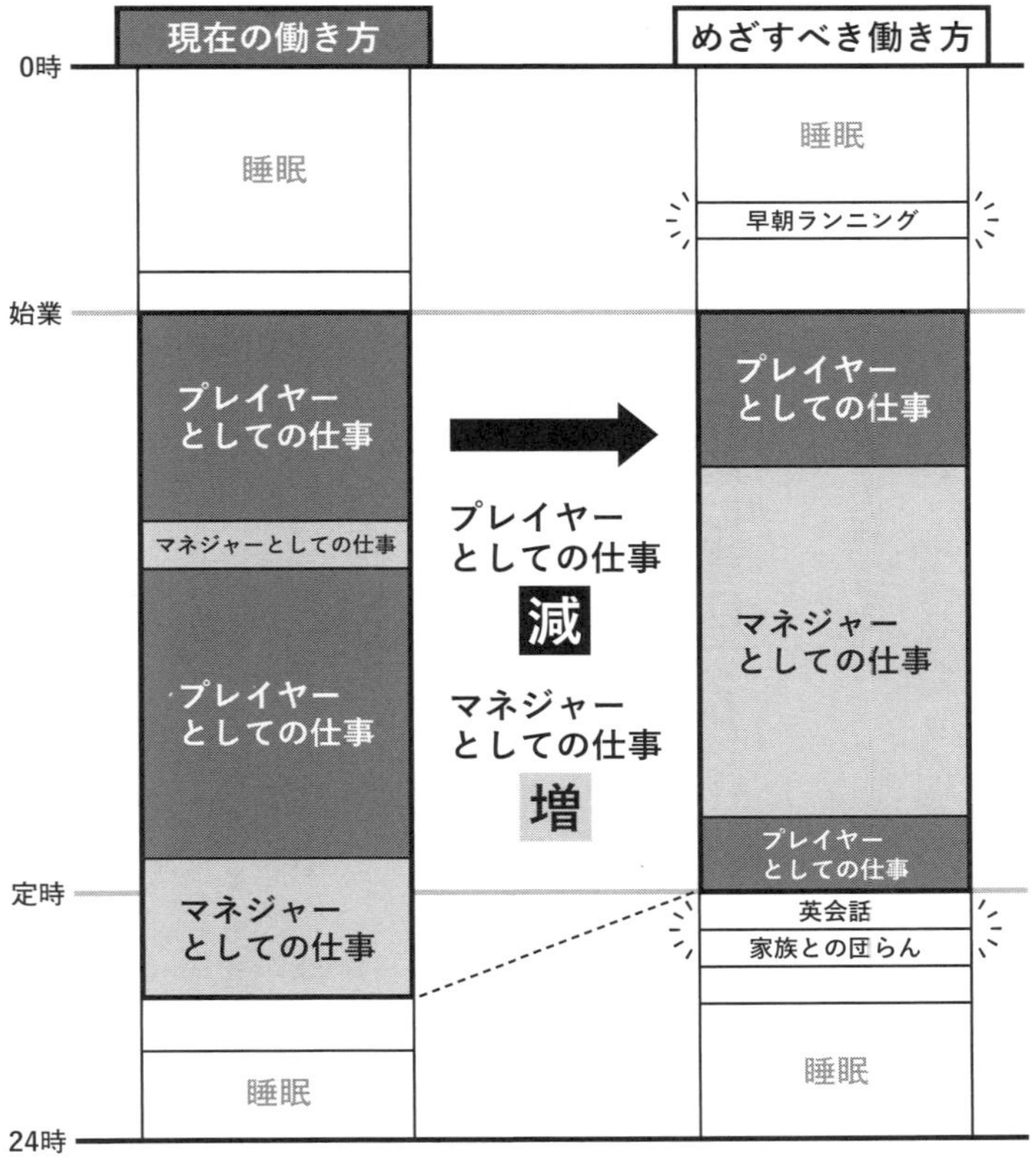

充実した生活をイメージしてどうすれば実現するか考える

いものです。

また、日々の仕事に疲れ果てて、悲壮感がただよっているマネジャーを目の当たりにしたメンバーが、「マネジャーにはなりたくない……」と、キャリアアップへの意欲を失ってしまうことも見逃せません。**マネジャーが充実した生活を送っている姿を見せることが、メンバーのモチベーションアップに直結する**のです。

そのためにも、仕事以外の「ライフ」を充実させることは、とても大切なことです。早朝ランニングをしたり、家族との団らんを楽しんだり、夜に語学を学んだり……。そんな充実した生活を送る自分をイメージして、そのためにはどのように「働き方」を変えていけばいいのかを具体的に考えていただきたいのです。

「見積もり」と「実績」の差に着目する

ここでも、「ワークログ」が力を発揮します。

たとえば、【図2－3】のように、一定期間のなかで、「見積もった時間」と「実際にかかった時間（実績）」を比較してみます。すると、「見積もり」と「実績」の差が

図2-3 「見積もり」と「実績」の差を把握する

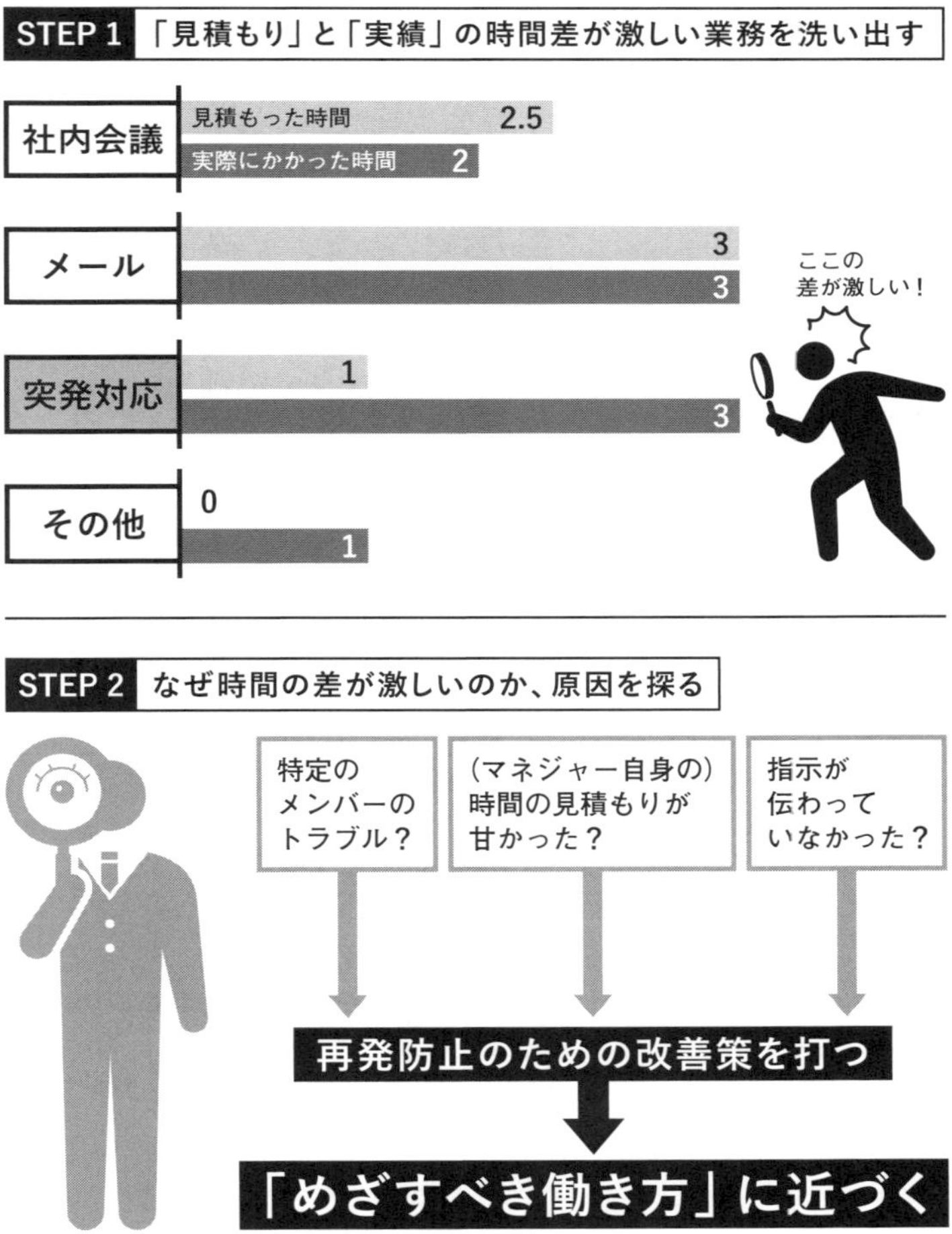

激しい項目があることに気づきます。そこには何らかの問題がある可能性があります。【図2－3】で最も差が激しいのは「突発対応」です。仕事にはトラブルはつきものですから、ある程度の「突発対応」は避けられませんが、それがあまりにも多いのは仕事を非効率的にする大きな問題であると言えます。

そこで、「なぜ、突発対応が多いのか？」をさらに分析します。「ワークログ」をつぶさに確認すると、「特定のメンバーのトラブルが頻発していて、そのフォローに追われている」ことがわかるかもしれません。であれば、そのメンバーとともにトラブル要因を整理して、再発防止のための改善策を練り、実行する必要があるでしょう。

あるいは、メンバーがクライアントとのトラブルを頻発させるのは、そもそもメンバーの育成に十分な時間が割けていないことに原因があるのかもしれません。であれば、意識的に「メンバー育成」のための時間を増やす工夫をする必要があるでしょう。

「改善策」を実行してＰＤＣＡを回す

また、どのタスクに多くの時間を割いているかを分析するのも有効です。【図2－3】では「メール」に最も多くの時間を割いていますので、それが妥当かどうかを改めて考えてみます。そして、改善すべきであれば、定型的なメールをテンプレート化するといいかもしれません。

このように、「ワークログ」を集計・分析することによって、自分の働き方の「問題点」を明確にして、具体的な「改善策」を打つことができるようになります。もちろん、「改善策」がうまくいかないこともありますが、その場合には、また別の手を試してみればいいのです。

大切なのは、**「ワークログ」の実施・分析を継続しながら、コツコツとPDCAを回すこと。**そうすれば必ず、【図2－2】でイメージした「めざすべき働き方」に近づいていくのです。

そのためにも、まず「ワークログ」を始めましょう。

これから、「ワークログ」をつけるうえでの注意点や活用法をお伝えしていきますので、ぜひチャレンジしてみてください（フォーマットはどんなものでも大丈夫ですが、私たちの会社が提供している「朝メール.com」https://work-life-b.co.jp/service/tools.htmlでは、簡単に集計・分析ができるので便利です)。

なお、この記録をとる手法は、第3章以降でご説明する、チーム全体で働き方を変えていくプロセスでも登場します。メンバー全員に始業前、終業後に記録をつけてもらって、メールで共有するのですが(「朝メール・夜メール」と名づけています。以後「朝夜メール」と表記します)、これが非常に重要な役割を果たすのです。この「朝夜メール」を実行するためにも、まずはプレイングマネジャーである皆さんは「ワークログ」のつけ方をマスターしてください。

Lesson 3

「15分単位」で時間感覚を磨く

「働き方」を記録するシンプルなルール

「働き方」を変える第一歩は、日々の仕事を記録する「ワークログ」をつけることです。ここでは、その基本ルールについてご説明します。まず始業前に、その日一日のスケジュールを見積もるときには、次の4つのルールを意識してください（図3－1）。

①時間は15分単位で考える
②業務とそれにかける時間（時間見積もり）をセットで考える
③残業を見込まず、就業時間内で終わるようにスケジュールを立てる

図3-1 始業前の「ワークログ」のルール

時間は15分単位を基本に考える

業務と時間見積もりをセットで考える

08:00	出社
08:00〜08:15	全体朝礼
08:15〜08:30	メールチェック・今日のスケジュール確認
08:30〜09:00	ミーティング資料確認
09:00〜10:00	幹部ミーティング
10:00〜10:30	メンバーへの予算割り振りを考える【優先順位１】
10:30〜11:00	Ｂさんとの面談
11:00〜11:30	ランチ
11:30〜12:30	Ａさんと打ち合わせ
12:30〜14:00	Ｃ社営業資料作成【優先順位２】
14:00〜15:00	チームミーティング資料作成
15:00〜15:30	チームミーティング
15:30〜16:00	移動
16:00〜17:00	共催イベント内容打ち合わせ
17:00	帰宅

〈本日優先すべき仕事〉

「メンバーへの予算割り振り」「Ｃ社営業資料作成」を優先したい

各業務の優先順位を明確にする

残業を見込まず、就業時間内でスケジュールを立てる

図3-2 終業時の「ワークログ」のルール

08:00	出社
08:00～08:15	全体朝礼
08:15～08:30	Z社からクレームを受けたと、Bさんから相談を受ける
08:30～09:00	チームメンバーでの対応を考え、リーダーのAさんに依頼
09:00～10:30	幹部ミーティング（30分オーバー）
10:30～11:00	クレームの件で進捗確認、Cさん病欠につきリカバリー対応
11:00～11:30	Z社へ電話
11:30～12:30	ランチ
12:30～13:00	C社営業資料作成（完成できず）
13:00～15:00	移動
15:00～16:00	Z社を訪問、謝罪
16:00～18:00	移動
18:00～19:00	イベント打ち合わせ（30分オーバー）
【以下残業】	
19:00～20:00	メンバーからの相談
20:00～22:00	メンバーへの予算割り振りを考える（1時間オーバー）
22:00～23:00	帰宅
23:00～24:00	自宅でC社営業資料作成（未完）

①時間見積もりと実績の差異を明確にする

〈今日の振り返り〉

②よかった点と反省点を振り返る

Z社からのクレーム対応で大幅にスケジュールが狂った。再発防止策を検討したい。
C社の営業資料もスキマ時間で進めておくべきだった。

〈明日のタスク〉

③翌日にやることをピックアップする

1）C社営業資料
2）チームでクレーム対応について話す

④各業務の優先順位を明確にする

前日の終業時に、翌日やることをピックアップしておけば、それほど手間をかけずに記入し終えることができるはずですが、慣れないうちは少し手間取るかもしれません。それは、これまで時間に対する意識が薄かったことのあらわれと言えます。

私たちのクライアントのなかにも、当初は「ワークログ」をつけるのに手間取る方たちがいらっしゃいましたが、率直に申し上げると、そういう方たちほど、時間の使い方が上手ではなく、成果も出せていない傾向がありました。

ただそれは、言い方を換えれば、それだけ「伸びしろ」があるということ。実際、頑張って「ワークログ」をつけ続けることで、どんな人でも5分以内で書き終えることができるようになりますし、それに伴って**時間の使い方もどんどん上達していきます。**「ワークログ」をつけるのは、仕事を効率的に進める訓練にもなるのです。

また、終業時、実際にどのように仕事を進めたかを記録するときには、次の3つのルールを意識します（図3－2）。

①時間見積もりと実際にかかった時間（実績）の差異を明確にする
②よかった点と反省点を振り返る
③翌日にやることをピックアップする

このうち、②と③は終業時に行う必要がありますが、①については、仕事中にひとつのタスクを終えるたびに記入していく方法でもOK。これによって、仕事にリズム感も出てくるのでおすすめです。そして、③をもとに翌朝、「見積もり」を記入するというサイクルをグルグル回していくわけです。

日々の振り返りで「時間の見積もり」が上達する

「ワークログ」のルールはこれだけです。

要するに、15分単位で一日のスケジュールを見積もったうえで、優先順位を意識しながら仕事を進め、終業時に振り返るというだけですから、負担に感じることなく取り組んでいただけるはずです。移動中の電車内などでも簡単にできます。

また、残業をしないという前提で見積もりをしますが、やってみた結果、思うようにいかず、残業せざるをえなくなっても、そこにばかり注目しないようにしてください。それよりも重要なのは、「予定どおりできなかった理由は何か？」「本当に優先すべきものは何だったのか？」などと日々振り返ることによって、**小さな改善を積み重ねていくこと**なのです。

たとえば、突然、上司から頼まれた仕事を優先してこなすために、当初の予定が狂って残業が発生。その後、頼まれた仕事を提出したときに、上司から「そんなに急いでもらう必要はなかったのに……」と言われたとします。このような場合には、「これからは、仕事を頼まれたときに、必ず納期を確認し、必要に応じて交渉するようにしよう」と、改善点を明確にすることができるでしょう。

あるいは、時間見積もりに入れていなかった案件について、突然、取引先から問い合わせが入って予定が狂ってしまった場合には、「取引先のせいで残業になってしまった」と考えている限り、成長することはできません。それよりも、「もしかしたら、自分が取引先に十分な情報を提供していなかったから、不安になって問い合わせてきたのかもしれない。これからは、取引先を不安にさせないように、しっかり情報提供をしよう」と反省するほうがよほど有益でしょう。このような**振り返りを習慣化すること**によって、確実に仕事を効率化することができるようになるのです。

仕事では、次々とタスクが発生します。それらを効率よくこなすためには、そのタスクの所要時間や優先順位を正確に見積もって、適切にスケジュールに組み入れる感覚を磨く必要があります。そして、その感覚を磨く最善の方法が、「ワークログ」をつけながら、その日の仕事をその日のうちに振り返ることによって、日々、「働き方」に小さな改善を加えていくことなのです。

「スキマ時間」の活用法を究める

もう一点、お伝えしておきたいことがあります。

それは、「ワークログ」をつけるときに、「スキマ時間」の使い方にも注意を払うということです。15分単位で記録する意味も、そこにあります。

仕事を効率的に進めることができる人をよく観察すると、**「スキマ時間」を実にうまく活用している**ことがわかります。たとえば移動時間。効率的に仕事をする人は、たとえ10~20分ほど電車に乗るだけであっても、その時間に何ができるかを考えます。

座席に座れる時間帯であっても、パソコンを開いて資料作成ができるでしょうし、混んでいる時間帯であっても、つり革につかまりながら資料を読むことができるでしょう。「ワークログ」をつけるときに、このような「スキマ時間」で何をやるかを考えて、あらかじめ準備をしておけるかどうかで、仕事の効率には雲泥《うんでい》の差が生じるのです。

また、「スキマ時間」だからといって、小さな仕事しかできないわけではありません。時間のかかる難易度の高い仕事も、「スキマ時間」を活用することで、より効率的に進めることができます。

私も、丸一日かけて難易度の高い仕事をするためにスケジュールを空けておいたのに、その日になっていざ取りかかろうとすると、「あ、あの資料がないとわからない」とか「あの人に確認してからでないと進められない」などと気づいて、結局、ろくにできずに終わってしまったことが何度かあります。

このような事態を避けるためには、**「スキマ時間」に難易度の高い仕事に少し手をつけておくのが正解。**そのときに、「あの資料が必要だな」「あの人に確認しておかなければ」と気づくことができれば、下準備ができるので、時間のロスをふせぐことができるのです。

しかも、難易度の高い仕事は、とっつきにくくて着手するのに心理的ハードルを感じますから、ついつい先延ばしにしてしまって、あとであわてることになりがちです。そうならないためにも、重い仕事は小分けにして、「スキマ時間」でちょっとずつ進めておくのがベターなのです。

たとえば、「企画書の作成」であれば、「参考書籍のピックアップ」「過去の事例収集」「先輩へのヒアリング」などと小分けしておけば、それぞれの仕事は意外と軽く感じられます。しかも、それらの小分けした仕事を進めると、少しずつ全体が見えてきて、「よし、あとは一気に仕上げよう」という気持ちにもなるのです。

このように、「スキマ時間」を意識しながら、日々、15分単位で記録し続けることで、**大幅にロスタイムを省き、仕事の効率を上げる**ことができるようになります。ぜひ、その意識をもって「ワークログ」を続けてください。

Lesson 4

「働き方」を分析するシンプルな方法

仕事のカテゴリーごとに分析する

「ワークログ」には、もうひとつルールがあります。

一つひとつのタスクを無秩序に書き込むのではなく、「資料作成」「会議」「外出」などのカテゴリーごとに「項目」を立てたうえで、それに該当する個別タスクを記入するようにしてください。理由は簡単で、「項目」を立てておかなければ、【Lesson❷】（11ページ）でご紹介したように、一定期間の「ワークログ」を集計・分析することができないからです。

また、「項目」は「大項目」と「小項目」の2階層にすると便利です。たとえば、大項目として「会議」と立て、小項目として「社内会議」「社外会議」などと立てたうえで、「会議・社外会議・A社とPR戦略ミーティング」などと記録しておけば、仕事時間の何割を「会議」に費やしているかを把握したうえで、さらに「社内会議」「社外会議」に何割ずつ使っているか、そしてその内訳までも詳細に把握することができます。

もしも、あまりにも「会議」に時間を費やしていて、なかでも「社内会議」が過剰になっていることがわかれば、その内訳を調べて、「チームの定例会議を短縮できないか？」「単なる報告会議はメンバーに任せようか？」などと具体的な解決策を検討することができます。そのためにも、「大項目」「小項目」の2階層で「項目」を設定しておく必要があるのです。

なお、項目の数は多すぎても少なすぎてもいけません。「大項目」は5～10個程度、「小項目」は2～5個程度ずつ設定するのが理想です。ただ、最初からきっちり「小項目」まで決めようとすると取り組みのハードルが上がりますので、まずは「大項目」をざっくり決めてスタートし、ブラッシュアップしていくのがいいでしょう。

また、どの項目にも該当しないタスクは「その他」という項目で処理しますが、気がつくと、なんでもかんでも「その他」に分類されていることがあります。それでは、意味のある集計・分析ができませんから、「その他」が3割を超えるようならば、改めて適切な項目を検討したほうがいいでしょう。

「増やしたい仕事」と「減らしたい仕事」に着目する

では、プレイングマネジャーが「ワークログ」をつけるときには、どのように「項目」を設定すればいいのでしょうか？

ここで大切にしなければならないのが、【Lesson❷】（11ページ）でイメージした「自分がめざすべき働き方」です。あそこで、どのような「働き方」をイメージしたかを思い出してください。「マネジャーとしての仕事」を増やすために、「プレイヤーとしての仕事」を減らすことによって、マネジメントに軸足を置く「働き方」に切り替えようとイメージしたはずです。

この「増やしたい仕事」と「減らしたい仕事」に着目して「項目」を立てると、非常に効果的な「ワークログ」になります。なぜなら、現時点において「増やしたい仕事」と「減らしたい仕事」にどれくらいの時間を割いているかを可視化して、**「自分がめざすべき働き方」とのギャップを明確にする**ことができるからです。そうしてはじめて、そのギャップを埋めるための具体的な解決策を考えることができるのです。

そこで、プレイングマネジャーがはじめて「ワークログ」をつけるときには、「マネジャーとしての仕事（増やしたい仕事）」と「プレイヤーとしての仕事（減らしたい仕事）」が明確になるように「大項目」を設定するといいでしょう。

たとえば、「資料作成」には、マネジャーとして作成する資料と、プレイヤーとして作成する資料がありますから、「マネジャー資料作成」「プレイヤー資料作成」と「大項目」を設定します。一方、「営業」は、すべてプレイヤーとしての仕事ですから、「プレイヤー営業」だけを「大項目」として設定します。このような要領で【図4－1】のように「大項目」を設定。そして、それぞれの「大項目」の主だったタスクを「小項目」に設定していくわけです（これはあくまでも例なので、有効な分析ができるよう、ご自身の仕事内容に適した大項目・小項目を設定してみてください）。

図4-1 「大項目」と「小項目」の2階層で記録する

大項目	小項目
マネジャー資料作成	社内資料
	社外資料
	情報収集
マネジャー打合せ	報連相
	面談
	突発的ミーティング
	その他
マネジャー会議	全体朝礼
	部門会議
	チーム会議
	その他
マネジャー管理業務	情報収集
	売上データ分析
	出退勤確認
	その他
メール	メール作成・対社内
	メール作成・対社外
	メールチェック

大項目	小項目
プレイヤー資料作成	社内資料
	社外資料
	プレスリリース
	情報収集
プレイヤー打合せ	報連相
	打合せ
	勉強会
プレイヤー営業	新規営業
	ルート営業
	移動
	アフターフォロー
プレイヤー事務処理	交通費精算
	請求書作成
	見積書作成
	日報・月報作成
その他	

ここが3割を超えたら要注意

図4-2 プレイングマネジャーの「ワークログ」

[マネジャー資料作成]が大項目、[社内資料]が小項目

08:00　出社
08:00〜08:15　[マネジャー会議・全体朝礼]
08:15〜08:30　[メール・メール作成対社外] X社、Y社、Z社
08:30〜09:00　[マネジャー資料作成・社内資料] Aチーム会議用資料作成
09:00〜10:00　[マネジャー会議・チーム会議] Aチーム会議参加
10:00〜10:45　[マネジャー管理業務・売上データ分析] 8月の売上データ集計【優先順位1】
10:45〜11:00　[プレイヤー営業・移動] D社
11:00〜11:45　[プレイヤー営業・ルート営業] D社（納品）
11:45〜12:00　[プレイヤー営業・移動] 会社
12:00〜13:00　[その他] ランチ
13:00〜13:15　[メール・メールチェック]
13:15〜13:45　[マネジャー打合せ・面談] Eさん（来期目標の件で）
13:45〜16:00　[プレイヤー資料作成・社外資料] C社（商品資料）【優先順位2】
16:00〜17:00　[プレイヤー営業・ルート営業] C社（商談）
17:00〜18:00　[マネジャー会議・チーム会議] Bチーム会議参加
18:00〜18:15　[メール・メール作成対社外] C社
18:15〜19:00　[マネジャー打合せ・面談] Fさん（来期目標の件で）
19:00　帰宅

〈本日優先すべき仕事〉
「8月の売上データ集計」「C社・商品資料作成」を優先したい

「項目」が決まったら「ワークログ」をスタートさせます。意味のある集計・分析をするためには、最低でも2週間から1ヶ月は同じ「項目」で記録し続ける必要がありますから、まずは1ヶ月間「ワークログ」を続けることを目標にするといいでしょう。

そして、1ヶ月たったら「ワークログ」を集計・分析します。

すると、あなたが現在、「マネジャーとしての仕事」と「プレイヤーとしての仕事」にどのくらいの時間をかけているかが明確になります。

思っていた以上に、「マネジャーとしての仕事」に時間をかけられていない実情が見えてくるかもしれませんが、それで大丈夫です。これはあくまでも出発点。**まずは現実をしっかりと認識することが大切**です。

実際、私たちのクライアントのプレイングマネジャーの皆さんも、当初は「マネジャーとしての仕事：プレイヤーとしての仕事」＝「2：8」くらいの割合の方がほとんどでしたが、その後、少しずつ改善することによって、「8：2」までもっていった方もたくさんいらっしゃいます。

問題がありそうな「タスク」に注目する

さらに、「大項目」の傾向を分析すると、たとえば、「プレイヤー営業」に思った以上に時間が取られている、などに気づくかもしれません。それが問題だと思うならば、「小項目」をチェックすることで、特にどのタスクに時間が取られているかを分析するといいでしょう。

そして、たとえば、「ルート営業（既存の顧客に対する営業）」に割いている時間が非常に多いようであれば、それを他のメンバーに任せることによって、「プレイヤーとしての仕事」に費やす時間を減らすとともに、メンバー育成の機会にすることができるかもしれません。

あるいは、「マネジャー打合せ」に問題がありそうだと思えば、「小項目」でその実態を分析します。もしかすると、日常的な「報連相」が少なく、「突発案件に対応するためのミーティング」が多いことに気づくかもしれません。そこから、**「メンバーが自分に気軽に報連相しづらい状況にあるために、トラブル案件の把握が遅れているの**が、突発的なミーティングの増加につながっているのかもしれない」という問題意識に結びつけることもできるでしょう。

　このように、日々の仕事のなかで問題のありそうなタスクを「項目」として立てることによって、「そこに本当に問題があるのか？」「その問題を生み出している要因は何か？」「解決策は何か？」などと掘り下げて考えることができるのです。

Lesson 5

「仕事を増やす」ために「仕事を減らす」

「問題の原因」を掘り下げる

「ワークログ」をつけ始めたら、「現状把握」→「問題点の発見」→「原因の特定」→「解決策の実行」というサイクルを回していきます。

ここで重要なのは、「原因の特定」です。たとえば、「資料作成に時間がかかりすぎている」という「問題点」を発見したときに、「資料作成を効率的にしなければ」とやみくもに頑張っても、問題解決に結びつけるのは難しいでしょう。

ここでもう一段、「その問題が生じる原因は何か?」と深掘りして考えることが大切です。「問題の原因」を特定したうえで、「その原因」を解消する適切な手立てを講じたときに、はじめて「問題」は解消されるのです。要するに、**問題は〝根っこ〟から断たなければならない**ということです。

たとえば、「資料作成に時間がかかっている」のは、「メンバーから声をかけられるために資料作成に集中できない」のが原因かもしれません。であれば、重要な資料は社外で作成したり、会議室にこもって作成するという解決策を導き出すことができるでしょう。

そして、その解決策を実行してみて、一定期間後、再び「ワークログ」を集計・分析します。その結果、多少改善されてはいても、もっと減らしたいと思えば、さらに別の原因を考えてみます。

もしかすると、**そもそも必要のない資料をつくっている**のかもしれません（実はこれは、私がクライアント先で最もよく見かけるケースです）。その可能性が少しでもあるなら、簡単な資料で十分ではないのか、といった観点で見直してみるといいでしょう。**作成する資料の量そのものを減らすことができれば、資料作成にかける時間を大幅に削減することができるからです。**

このように、「現状把握」→「問題点の発見」→「原因の特定」→「解決策の実行」というPDCAサイクル（図5－1）をグルグル回していくことによって、確実に「働き方」を変えていくことができるのです。

「仕事のムダ取り」に走ると「生産性」が悪化する？

ただ、このサイクルを回すうえで注意していただきたいことがあります。

「残業ゼロ」を目標にしてしまうと、ついつい「仕事のムダ取り」に走るという誤りを犯しがちだということです。もちろん、「ムダ取り」をすることによって「減らしたい仕事」を減らすことは、とても大切なことです。しかし、**「ムダ取り」にばかり意識が集中し始めると大きな弊害が生まれる**のです。

というのは、それだけでは、必ずしも仕事の生産性が上がらないからです。下手をすれば、逆に生産性を下げてしまうことすらありえるのです。

生産性は、「投入した資源（人・モノ・金・時間）」を分母に、「得られた成果（仕事

図5-1 「現状把握」〜「解決策の実行」までのPDCAサイクルを回す

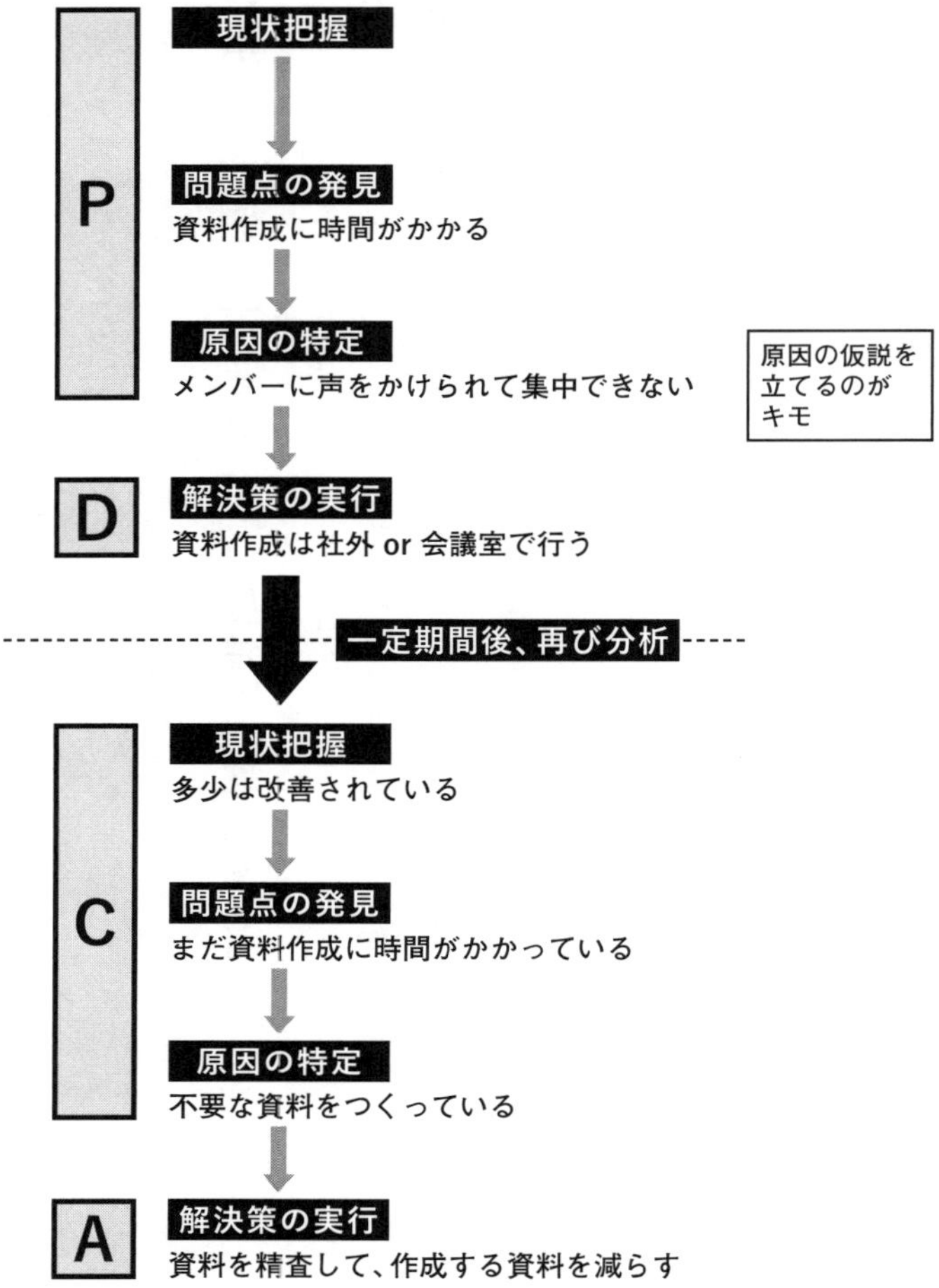

の結果)」を分子にした分数によって計算されますから、生産性を向上させるためには、「分母＝投入した資源」を最小化するとともに、「分子＝得られた成果」を最大化する必要があります(図5－2)。つまり、「仕事のムダ取り」によって「分母」を圧縮するのはいいのですが、その結果、「分子」まで小さくなるようであれば、生産性は悪化する可能性があるということです。

では、プレイングマネジャーが「分子＝仕事の成果」を最大化するために最も大切なことは何でしょうか?

すでに何度もお伝えしたように、**もっている資源をできる限り「マネジャーとしての仕事」に投入する**ことです。にもかかわらず、「仕事のムダ取り」にばかり意識を向けて、「マネジャーとしての仕事」を充実させなければ、生産性はむしろ悪化する結果を招いてしまうのです。

ですから、「仕事のムダ取り」をすることによって生まれた余力を、「マネジャーとしての仕事」に投入する意識を絶対に忘れてはなりません。**重要な仕事を「増やす」ために、重要ではない仕事を「減らす」**。これが、「働き方改革」の大原則なのです。

図5-2 生産性とは?

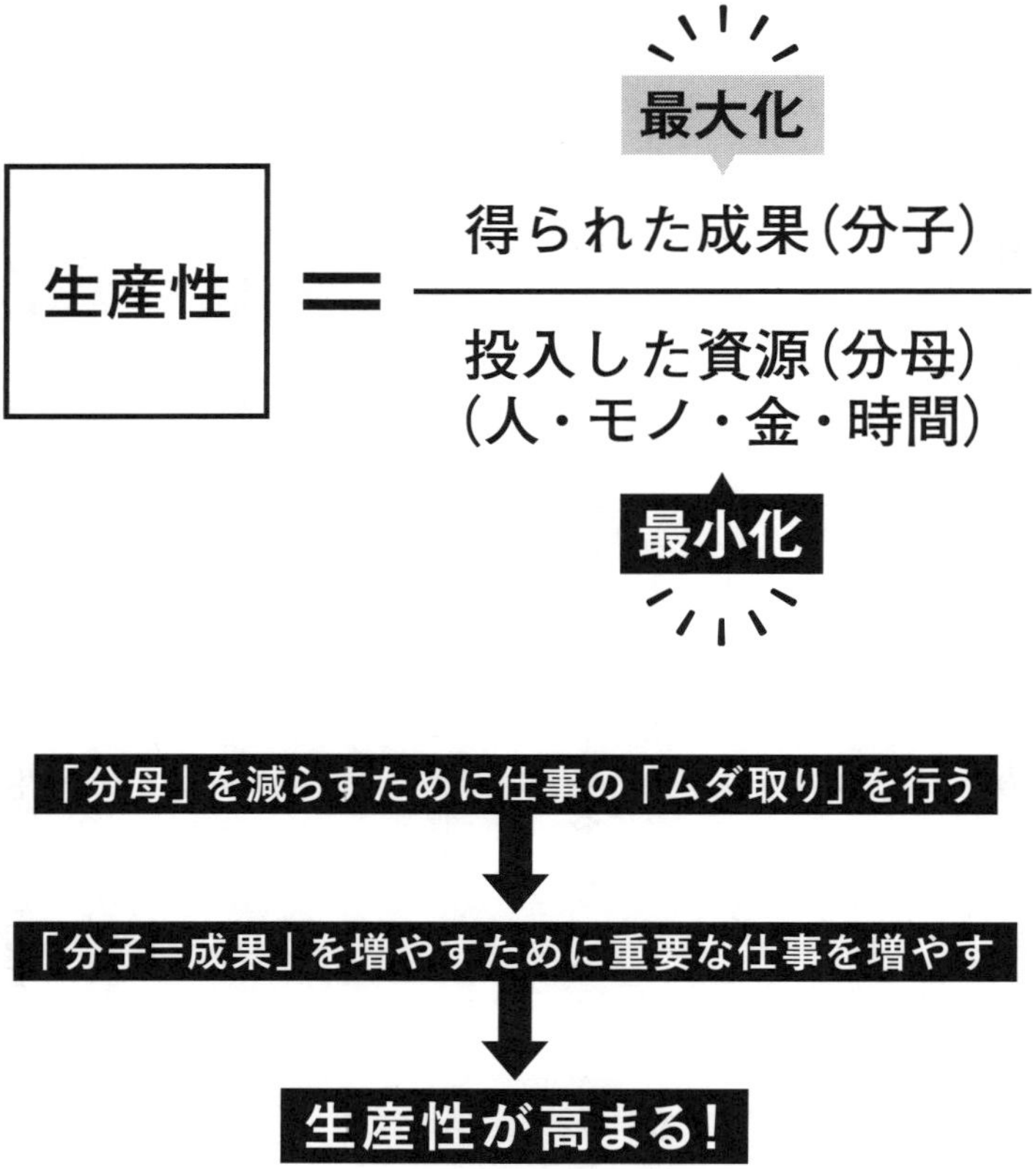
最大化
生産性
得られた成果(分子)
投入した資源(分母)
(人・モノ・金・時間)
最小化
「分母」を減らすために仕事の「ムダ取り」を行う
「分子=成果」を増やすために重要な仕事を増やす
生産性が高まる!

マトリクスで仕事の重要性を把握する

そこで、私がおすすめしているのが、「どの仕事がプレイングマネジャーにとって重要か？」を確認するために、【図5－3】のマトリクスを使って自分の仕事を整理することです。

まず、自分がやるべき仕事をひとつずつ付箋に書き込んでいきます。ここで大切なのは、「メンバーとのコミュニケーション」「チーム状況の観察」「メンバーの育成」など、これまで十分にできていなかった「マネジャーとしての仕事」をできる限り書き出すことです。

そして、1枚ずつ、「①緊急かつ重要な業務」「②緊急だが重要ではない業務」「③緊急ではないが重要な業務」「④緊急でも重要でもない業務」の該当する場所に貼りつけていきます。すべての付箋を貼りつけたら、全体を見渡してください。

注目していただきたいのは「③緊急ではないが重要な業務」です。おそらく、ここに「マネジャーとしての仕事」がたくさん貼りつけられているはずです。「メンバーとのコミュニケーション」「チーム状況の観察」「メンバーの育成」など、本来であれば

図5-3 マトリクスで「自分の仕事」を整理する

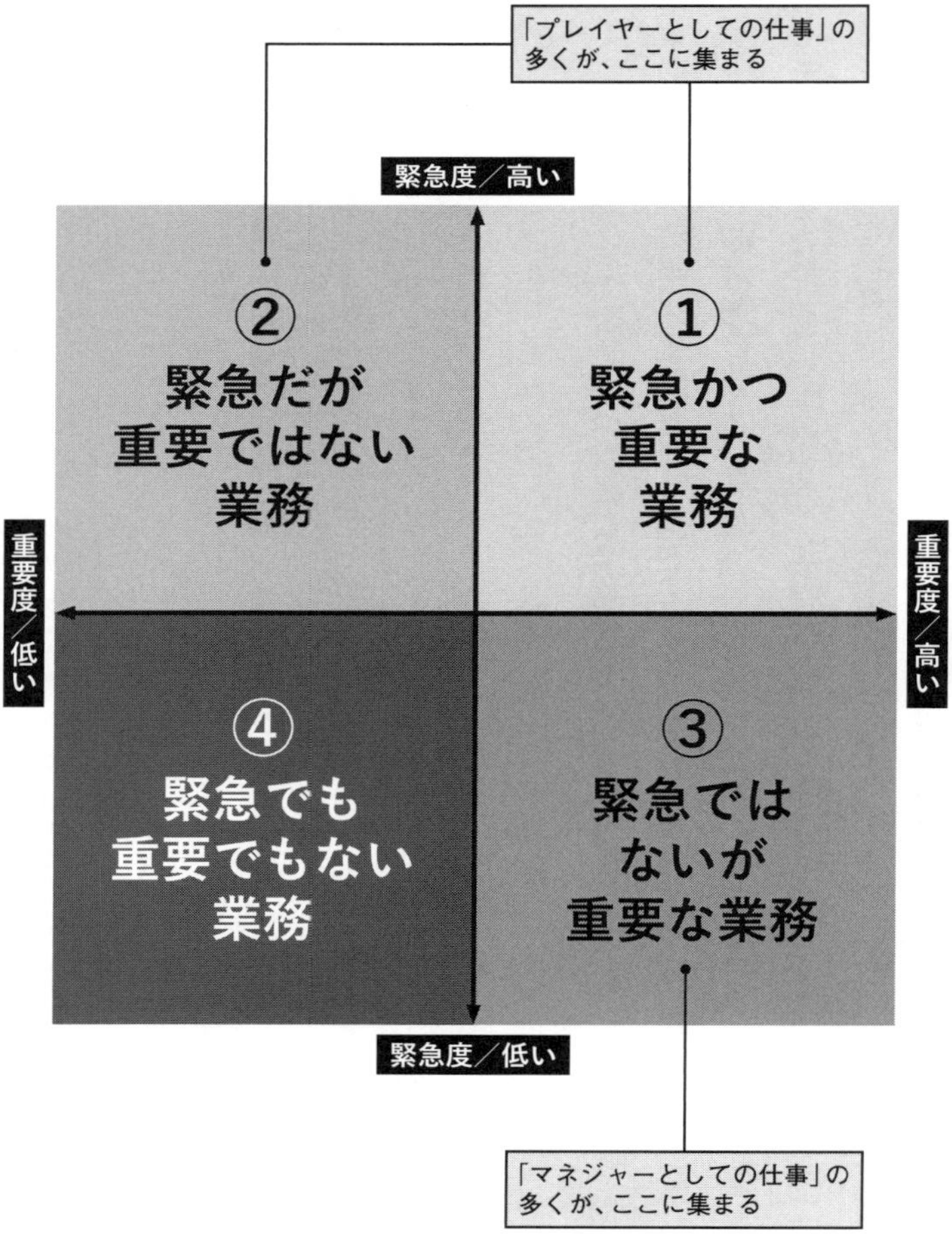

最も力を注ぐべき仕事が、「緊急ではない」という理由から、ほとんどアクションに移せていないことに気づくのではないでしょうか。

一方、「①緊急かつ重要な業務」「②緊急だが重要ではない業務」には、「プレイヤーとしての仕事」が多く貼られているはずです。「緊急だから」という理由で、より重要性の高い「マネジャーとしての仕事」よりも優先的に対応してしまっているのですが、これは、人間の習性のようなもの。人間は誰しも、「緊急性の高いものごと」に気を取られてしまいがちです。その結果、最も重要な「マネジャーとしての仕事」が放置されるという事態を招いてしまうのです。

ですから、プレイングマネジャーが「自分の働き方」を変えるときには、「③緊急ではないが重要な業務」にできる限りの時間を投入できるように、**「①緊急かつ重要な業務」「②緊急だが重要ではない業務」を減らすことを強く意識する必要がある**のです。

Lesson 6

チームの「戦力図」を描く

「自分ひとりで変えられるもの」には限界がある

ここまでお伝えしてきたように、「ワークログ」をもとに「働き方」を変えるサイクルを回し続けることによって、数ヶ月程度の時間は要するかもしれませんが、少しずつ変化を感じられるようになってきます。

以前より「メンバーとのコミュニケーション」が増えて、チームの雰囲気がよくなったかもしれませんし、家に仕事を持ち帰る機会が減少したかもしれません。どんなに小さな変化でも、それを実感できると、「働き方」を変えることに対するモチベーションがさらに高まっていくに違いありません。

ただ、変化を感じ始めるとともに、きっと限界も感じ始めるはずです。マネジャーがひとりでは解決できない問題のほうが多いことが明らかになるからです。

しかし、メンバーを巻き込んでいくときには、慎重に準備を進める必要があります。たとえば、最も効果的なのは仕事をメンバーに任せることですが、その手順を間違えると、逆に大きな問題を生み出してしまうこともあるからです。

安易に仕事を任せてしまうと、「やりたくもない面倒な仕事を丸投げされた」と曲解《きょっかい》するメンバーがいるかもしれませんし、実力不足のメンバーがトラブルを頻発《ひんぱつ》させるかもしれません。それでは、「マネジャーとしての仕事」に集中して、チーム全体を成長させるどころか、**チームを危機的な状況に追いやってしまいかねないでしょう。**

そのような事態を招かないためには、メンバーを巻き込む前に、しっかりと準備をしておく必要があります。

「ひとり作戦会議」でマネジメントの準備をする

では、何から手をつけたらいいでしょうか？

私がおすすめしているのが「ひとり作戦会議」です。

現段階で把握しているメンバーに関する情報をもとに、チームの戦力分析をしたうえで、どのようなシナリオでチームを成長させていったらいいかを自分なりにイメージするのです。

たとえば、【図6－1】のように、それぞれのメンバーの特性や担当業務などを箇条書きにしながら、現在のチームの「戦力図」を描いてみるといいでしょう。

出来上がった「戦力図」を前に、「彼女は成長意欲が高そうだから、もう少し難易度の高い仕事を任せてもいいかも」「彼には仕事の一部を新人と分担しながら、指導役にもなってもらえるといいかも」などと作戦を考えながら、それを自分がマネジャーとしてどうサポートするかをイメージします。そして、未来（たとえば、1年後）にめざすべきチームの「戦力図」を描いてみるのです。いわば、**チーム全体の成長をシミ**

図6-1 チームの戦力図を描く

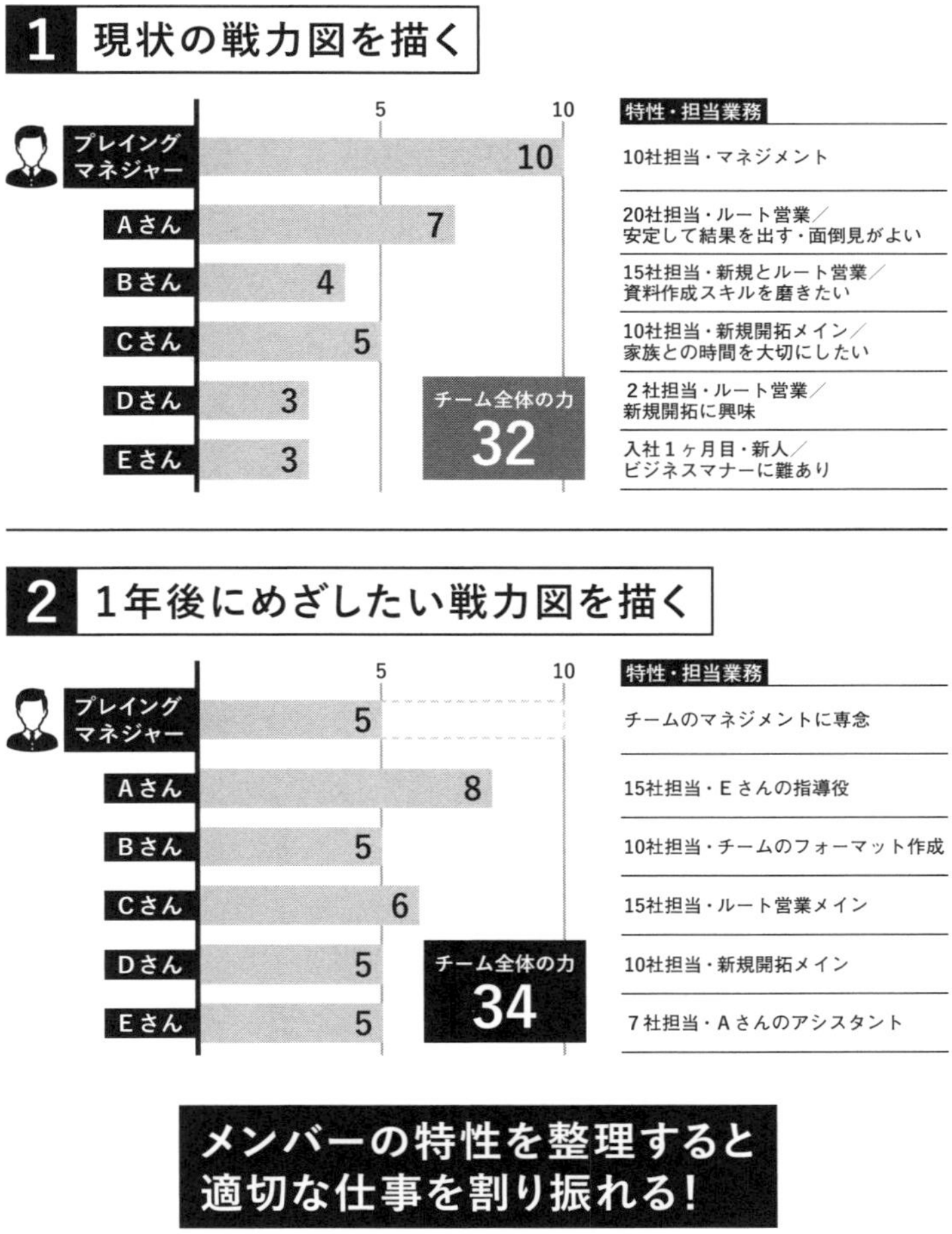
1 現状の戦力図を描く
5
10
特性・担当業務
プレイングマネジャー
10
10社担当・マネジメント
Aさん
7
20社担当・ルート営業／安定して結果を出す・面倒見がよい
Bさん
4
15社担当・新規とルート営業／資料作成スキルを磨きたい
Cさん
5
10社担当・新規開拓メイン／家族との時間を大切にしたい
Dさん
3
２社担当・ルート営業／新規開拓に興味
Eさん
3
入社１ヶ月目・新人／ビジネスマナーに難あり
チーム全体の力
32
2 1年後にめざしたい戦力図を描く
5
10
特性・担当業務
プレイングマネジャー
5
チームのマネジメントに専念
Aさん
8
15社担当・Ｅさんの指導役
Bさん
5
10社担当・チームのフォーマット作成
Cさん
6
15社担当・ルート営業メイン
Dさん
5
10社担当・新規開拓メイン
Eさん
5
７社担当・Ａさんのアシスタント
チーム全体の力
34
メンバーの特性を整理すると
適切な仕事を割り振れる！

ュレーションするわけです。

「戦力図」は1枚の紙に手書きするかたちで十分です。ただ、やってみると実感されると思いますが、かなり集中が求められる作業ですし、メンバーに見られる場所だとやりづらいものです。そこで、会議室などにこもったり、オフィス以外の場所に移動して行うのがいいでしょう。そして、数時間かけて、じっくりと取り組むことをおすすめします。

メンバーのことを知らなければ「戦力図」は描けない

「戦力図」を描くうえで重要なのは、個々のメンバーが抱えている仕事はもちろん、**それぞれの特性を把握すること**です。

「どんな仕事をやりたいと考えているのか?」「どんなキャリアを望んでいるのか?」「どんなスキルを身につけたいと思っているのか?」「得意なことと苦手なことは?」「問題行動はあるか?」「育児・介護などの事情はあるか?」など、知っている限り書き出してください。その情報こそが、仕事の割り振りやメンバーへのアプローチをイメージするうえで必要不可欠なのです。

たとえば、営業スキルよりも資料作成スキルを磨きたいと思っているメンバーがいれば、マネジャーが担当している営業先を任せるよりも、チームで共有できる資料のフォーマット作成に取り組んでもらうほうが、チームへの貢献度もモチベーションも高いはずです。

あるいは、ビジネスマナーに難を抱える新人がいれば、マネジャーが担当している重要な顧客を、実力ナンバー2のメンバーと新人に担当させて、実力ナンバー2のメンバーに新人教育を任せるといいかもしれません。

このような作戦を立てるためには、メンバーの特性を把握しておくことが大前提となります。しかし、これを実際に書き出そうとすると、おそらくメンバーのことを**意外と知らない自分に愕然《がくぜん》とする**はずです。「プレイヤーとしての仕事」に意識を奪われて、メンバーとのコミュニケーションをおざなりにしてきたために、いざメンバーを育成しようと思っても必要な情報がそろっていないことに気づくのです。

でも、最初はそれで大丈夫です。むしろ、自分がメンバーのことを知らないことに気づくことのほうが大事。その認識がもてたとき、はじめてメンバーのことを知らなけれればという意識が生まれるからです。

ボロボロになるまで「戦力図」に修正を加える

ともかく、この段階では、メンバーに関する不十分で不確かな情報であっても、それをもとに、「こんなふうになるといいな」という未来のチームの「戦力図」を描いてみることが大切です。

もちろん、最初は「夢」のようなものですから、それを無理やり実行しようとしないほうがいいでしょう。それよりも、まずはメンバーと接する機会を増やすことを意識すべきです。

メンバーとの1対1のミーティングを増やすことができればいいのですが、忙しいプレイングマネジャーには難しいかもしれません。そんなときには、「スキマ面談」をするといいでしょう。

たとえば、メンバーと一緒に外出するときに、駅のホームで**電車を待つ数分の「ス**

キマ時間」を利用して面談を行うのです。「最近仕事で嬉しかったことはありましたか？」「私は□□に憧れてこの会社に入ったのですが、○○さんはどうして入ろうと思ったんですか？」「いつかこういう仕事をしたいとか思うことってありますか？」などと、メンバーの「モチベーションの源」を把握するような質問をするといいでしょう。

また、仕事上の悩みを聞いてアドバイスをしたり、どのようなスキルを身につけたいのかを聞くこともできるでしょう。〝あらたまった場〟ではないからこそ、プライベートも話題にしやすく、**メンバーが置かれている状況を把握しやすい**のです。

このようなコミュニケーションの機会を増やすことによって、メンバーに対する理解が深まったら、そのたびに「戦力図」を加筆修正していきます。そのために、一度書き上げた「戦力図」を手帳に挟むなどして常に携帯しておくといいでしょう。ちなみに、私の「戦力図」は余白に書き込みがびっしりとあって、用紙もボロボロ。でも、こうして何度も修正を加えることで、チームの未来像はより明確になるとともに、実現可能性を高めていくのです。

そして、ある条件が整ったと思ったときに、この作戦を実行に移すべくメンバーへの働きかけを開始します。その条件とは、「はじめに」でも触れた「関係の質」です。マネジャーがメンバーと良質な人間関係を築くことができれば、それがやがてチーム全体の「関係の質」の向上につながっていきます。そのような状況が生まれたときにはじめて、マネジャーは上手にメンバーを巻き込んでいけるようになるのです。

では、「関係の質」を高めるためにはどうすればいいのでしょうか？

それを第2章でご紹介していきます。

第1章 「8割マネジメント」の働き方

第2章

「関係の質」がすべて

「関係の質」を高めることが、生産性の高いチームをつくる基本。そのためにマネジャーは何をすべきなのか？　前提となる知識と具体的な対応策をご紹介します。

第3章 「働き方改革」のキックオフ

第4章 「働き方」を可視化する

第5章 チームの「生産性」を高める

第6章 「働き方」を劇的に変える

Lesson 7

マネジャーが「いちばん大切」にすべきこと

「関係の質」がすべての大前提

プレイングマネジャーの本職はマネジメントです。

そして、ミドルマネジメント（中間管理職）に求められているのは、ごく簡単に言えば、「組織から与えられたリソースを最大限に生かして、チームの目標を達成すること」。「限られたリソースを活用して、生産性高く成果を上げること」と言ってもいいでしょう。

そのためにマネジャーがやらなければならないのは、「チーム目標を全員で共有すること」「メンバーを育成し成長をうながすこと」「仕事の配分に配慮すること」「プロジエクトのスケジュール進捗を管理すること」など多岐にわたりますが、これらはすべて、**チームメンバーとのコミュニケーションによって生み出していくもの**であることを心に留めておく必要があります。

マネジャーが一方的に何かを押しつけても、メンバーは心から納得することができないばかりか、本心では反発を感じてしまいます。それではマネジメントは成立しませんし、生産性の高いチームを生み出すこともできないでしょう。

つまり、マネジャーとメンバーが、お互いの信頼関係をベースに、双方向で意《い》思《し》疎《そ》通《つう》を行うコミュニケーションを成立させるだけの**「関係の質」を構築することが「マネジャーとしての仕事」を行う大前提**であり、それなくして生産性の高いチームを生み出すことは不可能だということです。

しかし、そう言われても、「何を心がければいいのか？」「具体的にどうすればいいのか？」と戸惑う方も多いでしょう。そこで、第2章では、マネジャーが「関係の質」を高めるために欠かせない知識について解説してまいります。

グーグルが発見した「生産性の高いチーム」の共通点とは？

そもそも、今あるリソースを使って生産性も成果も上げているチームには、どのような共通点があるのでしょうか？

これを実に4年の歳月をかけて明らかにした会社があります。

グーグル（現・アルファベット）です。

同じ会社の社員なのに、なぜ、生産性の高いチームと、そうではないチームが生まれるのか？　この問題を解明するために、２０１２年に「プロジェクト・アリストテレス」を立ち上げて、社内調査を開始。調査結果をデータ分析することで、生産性の高いチームに共通する働き方のパターンを解明しようとしたのです。

彼らはまず、生産性の高いチームを生み出す要件について、過去50年間の学術調査を見直すことから着手しました。そして、社内のチームのメンバー構成に手がかりがあるのではないかと仮説を立てて、「どれくらいの頻度《ひんど》でチームメイトとオフィス以外で交流しているか」「同じ趣味をもっているか」「学歴が似ているか」「全員の性格が似ているか」などを調査。しかし、生産性の高いチームに共通するパターンを見出すことはできませんでした。

ただ、おもしろい発見がありました。

正反対の特性をもつチームでもほとんど生産性に違いがないことがわかったのです。

たとえば、あるチームでは、メンバー同士の仲が非常によく、オフィス外でも一緒に過ごすような関係でした。一方、別のチームは、仕事上必要なこと以外はほとんどコミュニケーションをとらないような関係でした。しかし、どちらも同じく生産性が高かったのです。

また、あるチームでは、リーダーのもとに階層的なメンバー構成をとっており、別のチームではフラットな構成をとっていましたが、この2つのチームにも、生産性にほとんど違いがありませんでした。

驚いたのは、メンバーの優秀さも、生産性にはほとんど影響がなかったことです。

グーグルでは、ひとりの社員が複数のプロジェクトにかかわるため、2つのチームでほとんど参加メンバーが同じというケースもあったのですが、一方のチームは生産性が高く、もう一方は低いというケースが発見されたのです。つまり、「チームメンバーの性格（外交的か内向的か）や能力、経歴などの要素」も、「チーム構成のあり方」も、生産性にはほとんど影響がないということがわかったのです。

「心理的安全性」がカギを握る

このように、当初の仮説は外れたかたちでしたが、なんらかの暗黙《あんもく》の「チームの規《き》範《はん》・文化」が生産性に影響を与えている可能性があるらしいと思われたため、プロジェクトチームはさらにデータを分析して、「どんな規範が効力をもつのか」を追究しました。

しかし、ある規範をそなえたチームにはポジティブに働き、別のチームにはネガティブに働くといったケースが多く、何が生産性に貢献する普遍的な規範なのかを突き止めることはできませんでした。

そこでプロジェクトチームは、ある実験を行いました。生産性の高いチームに共通するパターンを明らかにするべく699人を雇用し、小さなチームに分けて、さまざまな種類の協力が必要になる課題を与えたのです。

すると、ひとつの課題でうまくいくチームは他の課題でもうまくいき、逆に、ひとつの課題がうまくいかないチームは他の課題でもうまくいかないことが判明。データを分析したところ、すべての「よいチーム」に共通している特徴がわかったのです。

それが、次の2つです。

「チームメンバーがだいたい同じだけの発言量である」
「チームメンバーが人の気持ちへの感受性が高い」

この2つの特徴をもつチームは、メンバーの集合知によって問題を解決し、この2つの特徴をもたないチームは、個々のメンバーが優秀であっても、チームをダメにしてしまうというのです。

誰かひとりだけが話し続け、他のメンバーがほぼ黙り込んでいるチームはうまくいかず、逆に、途中で遮られることはあっても、メンバーがほぼ均等に発言するチームはうまくいくということです。

この結果を受けて、彼らはこう結論づけました。

「心理的安全性（psychological safety）が共有されたチームの生産性が高い」と。心理的安全性とは、「このチームなら、自分の意見を笑われない、拒絶されない、叱られない」と思える安心感のことです。

もちろん、このような規範を誰かが押しつけるのではなく、自然とそのような暗黙のルールが共有されることが重要。また、これは「仲のよさ」とも違います。先ほども触れたように、「仕事以外のことでは口をきかない」ようなチームであっても、このルールが共有されているチームの生産性は高いのです（図7－1）。

マネジャーが「心理的安全性」を左右する

このグーグルの研究成果を読んで、深く納得したのを覚えています。

というのも、私たちがコンサルティングをしてきた多種多様な企業でも、まさにそのような傾向があったからです。

図7-1 「心理的安全性」が生産性の根源

チームには、さまざまな人がいます。外向的な人もいれば内向的な人もいますし、スキルアップを図ってきたベテランもいれば、まだ経験の浅い新人もいます。気の合う人もいれば、そうではない人もいます。一人ひとり価値観も違えば、仕事観も違う。それが、人間の集団であるチームの現実です。

その違いを受け入れて、立場の違いを超えて、お互いの発言に耳を傾ける。そして、相手の気持ちをくみとりながら、その発言を理解しようとコミュニケーションを図っていく。このように**「心理的安全性」が保証されることが、「関係の質」を担保する根本的な要因**だと思うのです。

そして、この「心理的安全性」を育《はぐく》むのも壊すのも、マネジャーのあり方にかかっています。

グーグルの研究でも指摘しているように、これはマネジャーが明確なルールとして示したら実現するような類《たぐ》いのものではありません。むしろ、マネジャーがメンバーの「心理的安全性」を保証する言動を積み重ねることで、徐々に醸成されていくものです。

プレイングマネジャーの〝落とし穴〟

ところが、プレイングマネジャーには、「心理的安全性」を壊してしまう傾向があるのが現実です。というのは、プレイングマネジャーは、とにかく忙しいからです。「個人目標」と「チーム目標」を達成するプレッシャーを感じながら走り回らなければなりませんから、メンバーとじっくりコミュニケーションをとる余裕が、時間的にも精神的にもなくなりがちです。ついつい、メンバーの話にしっかり耳を傾けず、相手の気持ちも考えず、マネジャーの目線で一方的な指示を出してしまうのです。

そして、思うように動いてくれないメンバーがいた場合、その「穴」を埋めるために「プレイヤーとしての仕事」に力を入れ出すと、さらに状況は悪化します。「なぜ、自分がこんなに頑張らなければならないのか……」といった被害者意識が生まれ、ついついメンバーに対して「責める」ような言葉が出てしまうのです。

これでは、メンバーが「思ったことを口にする」ことなどできるはずがありません。「心理的安全性」は木っ端《こっぱ》みじんに砕け散ってしまうのです。

ですから、チームの生産性を高めたいと願うならば、**メンバーの「心理的安全性」**

を何よりも大切にすることを強く意識しなければなりません。

極論を言えば、**目先の「目標達成」を多少犠牲にしてでも、「心理的安全性」を優先すべき**とも言えます。

「心理的安全性が保証されている」とメンバーが感じ始めてくれれば、そこから「関係の質」は自然と高まっていきます。そして、はじめにでも触れたように、「関係の質」が高まれば「思考の質」が高まり、「思考の質」が高まれば「行動の質」が高まり、「行動の質」が高まれば「結果の質」も高まるグッドサイクルが始まります。

目先の「結果」にとらわれるよりも、このグッドサイクルを回し始めることが重要なのです。たとえ、当初は目標達成ができなかったとしても、「心理的安全性」を優先することによってグッドサイクルが回り始めれば、あとから「結果」はいくらでもついてきます。当初払った犠牲も、すぐに取り戻せるはずです。長い目で見れば、「心理的安全性」を優先するほうが、よほど効率的なのです。

Lesson 8

「メンバーより優秀」でなくていい

マネジャーの「思い込み」が災いを生む

チームづくりにおいて、「心理的安全性」がいかに重要かはおわかりいただけたかと思います。では、その「心理的安全性」を保証するために、マネジャーはどのようなスタンスでいるといいのでしょうか？

まず第一に、**「マネジャーはメンバーより優秀でなければならない」という思い込みを捨てること**だと、私は考えています。そうした思い込みがあると、ついメンバーの話を遮《さえぎ》って、「自分の考え」を押しつけようとしてしまいます。するとメンバーはますます話しかけづらくなり、「心理的安全性」を失ってしまいかねません。

もちろん、「メンバーより優秀でなければ」という思い込みの背景には、マネジャーとしての使命感や、「メンバーより多くの給料をもらっているから」という責任感もあると思いますが、これも誤解です。

会社は、メンバーよりも優秀だから「高い給料」を払っているわけではありません。あなたがチームの生産性を高めてくれることを期待して「高い給料」を払っているのです。であれば、**「自分の優秀さを証明する」ことよりも、「心理的安全性を重視する」ことこそが求められている**と言えるでしょう。

チームが生まれ変わった瞬間

こうした思い込みを、勇気をもって捨てた人物のエピソードが、【Ｌｅｓｓｏｎ❼】（58ページ）でご紹介したグーグルの研究に記されています。

その人物とは、グーグルの日系人マネジャーであるサカグチさん。彼は、中途入社でグーグルのマネジャーとなりましたが、担当したチームでうまく成果を出すことができませんでした。そして、新しいチームのマネジャーになり、「今度こそは……」と意気込んで熱心に仕事をしていたのですが、そこでもメンバーからの反応は冷たかったそうです。

そんなある日、彼はチームの課題を話し合うために、メンバー全員を集めて会議を開きました。そして、ここで発した一言が、チームを大きく変えることになります。サカグチさんは、議題に入る前に、自分ががんを患っていることを打ち明けたのです。

その瞬間、誰も何を言っていいかわかりませんでした。

しかし、しばらくすると、ひとりのメンバーが立ち上がって、自分の健康問題について話し始めました。それが終わると、今度はまた別のメンバーがつらい失恋話を打ち明けたそうです。

その後、チームの課題について話し合ったのですが、多くのメンバーが、自分たちが仕事に関して抱いていた不満を正直に話すのが、はるかに簡単になっているように感じられたと言います。「心理的安全性」が生まれた瞬間と言えるかもしれません。

サカグチさんは、マネジャーとして、「メンバーより優秀であること」を証明するのではなく、自らの「悩み」「弱み」を開示しました。その結果、**メンバーも自己開示を**

することができ、「心理的安全性」が生まれたのです。

そして、この会議の結論として、「(サカグチさんが)チームの仕事が会社にどんな影響を与えているかをもっとメンバーに伝える」「誰かが疎外感を感じたり落ち込んだりしていないか、お互いに気を配る」というチームの規範をつくることが決定。こうして新たな一歩を踏み出し、素晴らしいチームへと育っていくのです。

「弱み」を開示すると職場が変わる

自らの「弱み」を開示することが、マネジャーに「力」を与えてくれる——。

私も、それを経験したことがあります。

実は、かつての私も、「メンバーより優秀でなければ」という思い込みで苦しんでいました。2006年に、産後3週間で株式会社ワーク・ライフバランスを起業したのですが、当時は、「ワーク・ライフバランス」も「働き方改革」もほとんど社会的に認知されていない時代。「なんとか会社を軌道に乗せなければ」というプレッシャーのもと、仕事と育児を必死で両立させる毎日を送っていました。

そして、メンバーを引っ張っていくためには、「弱音を吐いてはいけない」「メンバーより優秀であることを証明しなければならない」と思い込んでいたのです。

そんな気負いが強かったからでしょう、精神的な余裕があるときはそんなこともなかったのですが、苦手な仕事やハイプレッシャーな仕事があると、ついついメンバーに強く言いすぎてしまうことがありました。そして、そのあとには決まって、「メンバーを傷つけてしまったのでは……」と申し訳ない気持ちでいっぱいになるとともに、自己嫌悪に陥り、とても苦しい思いをしていたのです。

転機が訪れたのは、2013年のことです。

その年、NHKのニュース番組にナビゲーターとして毎週生出演することが決まりました。ところが、実は、私はテレビに出演するのがものすごく苦手で、オファーを受けるのに強い恐怖を覚えていました。

それでも出演を決めたのは、ようやく「ワーク・ライフバランス」や「働き方改革」が認知され始めたこのタイミングで、テレビでその重要性を訴えなければならないという使命感があったからです。しかし実際に出演し始めると、そのストレスは想像を超えるものでした。何度も「もう限界かも……」と、胸のうちでつぶやいていました。

そんなとき、ちょうど会社の合宿がありました。

日中のプログラムを終えた後、メンバーと食事をしながらいろいろな話をしていたのですが、その間もずっと翌週のテレビ出演のことが頭から離れず苦しい気持ちでいた私は、思い切って皆にその不安を打ち明けました。

「私、テレビ番組に出るのが本当に苦しいの……」

それまで、メンバーに弱音を吐いたことは一度もなかったのですが、あまりの苦痛にそうせざるをえなかったのです。するとメンバーたちは驚いて、「えっ、そんなにつらかったんですね。どうしてですか?」と聞いてくれたので、正直に話しました。

「だって、聞いたこともないような国のニュースが飛び込んできたらコメントしなきゃいけないんだよ? 私はワーク・ライフバランス一筋でやってきた〝ワーク・ライフバランス馬鹿〟だから、どんな話題でも適切なコメントができるような知識人のようにはできないの。全然ダメなの。教養がないの!」

これを聞いたメンバーたちは、拍子抜けしたようにポカンとした表情を浮かべました。

そして、「そんなことで悩んでたんですか？　小室さんも〝普通の人〟だったんですね、安心しました。そんな小さいことで悩まないでください。ヤバいと思ったら、SNSで私たちにヘルプを出してくれたら、すぐに教えますから」と助け船を出してくれたのです。そのとき、胸のつかえがスッと取れたような気がしました。

そして、それ以来、番組が始まると、メンバーたちがテレビの前でスタンバイして見守ってくれるようになりました。実際に、SNSで助けてくれたこともあります。しかも、番組が終わると「今日も頑張りましたね～」と褒めてくれるようになりました。なんとか無事に1年間のテレビ出演をやり遂げることができたのは、メンバーのサポートのおかげだったのです。

「弱み」こそがマネジャーの武器である

これは、私にとって大きな出来事でした。

もちろん、メンバーが助けてくれたことも嬉しかったのですが、それ以上に、「メンバーに対して強がる必要なんてないんだ」と思えたことが大きかったのです。

私は、「弱み」があることを隠そうとばかりしていましたが、この経験を通じて、**「自分が弱みだらけの人間であること」を受け入れられるようになりました。**そして、自分の「弱み」「悩み」を開示して、素直に助けを求めることではじめて、「私」という存在はメンバーに受け入れられ、心も楽になることを学んだのです。

しかも、この一件以来、徐々にメンバーも自己開示をしてくれるようになり、職場の雰囲気が柔らかくなっていきました。こうして、チームに自然と「心理的安全性」が芽生えていったのです。その後、会社の業績を非常に大きく伸ばすことができたのは、この出来事と無関係ではなかったと思っています。

ですから、皆さんにも、ぜひ「メンバーより優秀でなければならない」という思い込みから自由になっていただきたいと願っています。優秀である必要なんてありません。むしろ、**「弱み」があることは、マネジャーの「武器」**にすらなります。なぜなら、「弱み」を思い切ってメンバーに開示すれば、そこに「心理的安全性」が生まれるからです。

もちろん、それには、誰よりも「チームの目標達成」や「メンバー全員がいきいきと働けること」などに強い思いをもっていることが大前提です。そのうえで「弱みを明かせること」「助けを求めることができること」こそが、優秀なマネジャーになる重要なポイントなのです。

もっと言えば、**もう「仕事用の仮面」をかぶるのはやめたほうがいい**のかもしれません。

先ほどご紹介したサカグチさんの言葉に、次のようなものがあります。

「今まで自分の人生を仕事と私生活とに分けて考えてきたが、自分の時間のほとんどを仕事に費やすわけで、仕事は自分の人生そのものであり、それは私以外のメンバーも同じこと。もし仕事で自分の気持ちを打ち明けたり、正直になれなければ、自分が本当に生きているとは言えないんじゃないか」

そのとおりだと思います。

誰もが本当は「仕事用の仮面」をとって、自分の正直な気持ちを伝えたいと思っているのではないでしょうか？　それに抵抗感があるのは、弱みを見せてバカにされるのが怖いからかもしれません。でも、その一歩をマネジャーが踏み出せば、誰もが仮面をとり始めるはずです。そして、チームが根っこから変わり始めるのです。

Lesson 9

マネジャーに「答え」はわからない

なぜ、マネジャーは話しすぎるのか？

チームメンバーがだいたい同じだけの発言量である――。

これが、グーグルが見出した生産性の高いチームに共通する第一の特徴ですが、そのようなチームをつくるために、マネジャーはどうすればいいのでしょうか？

「しゃべりすぎるメンバーがいたら、それを制する」「順番に発言者を指名して、全員に均等に話してもらう」など、いくつかの方法が思い浮かぶのではないかと思います。

たしかに、会議などの場で発言に偏りがあるような場面では、マネジャーが適切にコントロールする必要があるでしょう。

しかし、メンバーのコミュニケーションをコントロールしようとする意識が強くなりすぎると、逆効果をもたらすこともあります。なぜなら、メンバーが「マネジャーがコントロールしようとしている」と感じたとき、彼らの「心理的安全性」が脅かされるおそれがあるからです。

ですから、メンバーをコントロールしようとするよりも先に、**自分をコントロールする意識を強くもつ**ことが大切です。自分の「考え」を伝えることよりも、メンバーの発言に耳を傾けることを優先する。たとえ、自分の「考え」と違ったとしても、メンバーの発言を尊重する。そのような姿勢を徹底することが、何よりも大切なのです。

ところが、これはなかなか難しいことです。

なぜなら、業務経験が豊富なマネジャーは、何らかの問題解決が求められたときに、メンバーより先に「答え」がわかってしまうことが多いからです。

悩んでいるメンバーに、ついつい「答え」を教えてあげようとしてしまう。その結果、マネジャーの発言量が多くなってしまうのです。「メンバーより優秀でなければならない」という思い込みがあればなおさらです。「優秀である」ことを証明するために、メンバーを圧倒するように「答え」を話し続けてしまうのです。

実際、これまで数多くのチームのコンサルティングをしてきましたが、**生産性の低いチームの会議の多くは、マネジャーの独演会**のようになっていました。誰もがチームをよくしたいと思って一生懸命にしゃべっているのですが、この行動によって、他のメンバーが発言しづらくなっていたのです。

そもそも、マネジャーの「発言力」が強いことを忘れてはいけません。

たとえば、メンバー同士でアイデアを出し合って盛り上がっているところに、マネジャーが「いや、こうするべきだよ」などと、たった一言でも口を出したらどうなるでしょうか？　間違いなく、一瞬で白けた雰囲気になるはずです。マネジャーが発言した瞬間に、議論の主体がメンバーからマネジャーに移ってしまうからです。

その結果、メンバーは、「自分たちで『答え』を見つけようとしているのに、結局、マネジャーが決めるんだな。だったら、最初からマネジャーのほうで決めてくれ」という考え方に陥ってしまうのです。それでは、モチベーションの高いチームを生み出すことはできないでしょう。

ですから、「答え」がわかったとしても、マネジャーは安易にそれを口にすべきではありません。それよりも、**メンバーが自分で「答え」を見つけるのを待つ。**これが、マネジャーの鉄則なのです。

「答え」を教えるのではなく、「答え」を引き出す

メンバーから報連相を受けるときも同じです。

まず、黙って聞く。「答え（＝解決策）」がわかったとしても、それを口にするのをグッとこらえましょう。そして、【図9－1】のように質問を投げかけて、メンバーに話してもらいながら、「答え」に自らたどりつくように思考を深めてもらうのです。つまり、「答え」を教えるティーチングではなく、相手から「答え」を引き出すコーチングを基本にすえるわけです。

もちろん、新人など業務経験の少ないメンバーには自ら考える「材料」「知識」がありませんから、最初はきちんとティーチングする必要があります。しかし、経験を積んだメンバーにティーチングを行ってしまうと、彼らから「自分で『答え』を見つけ

図9-1 「答え」を教えるのではなく、「答え」を引き出す

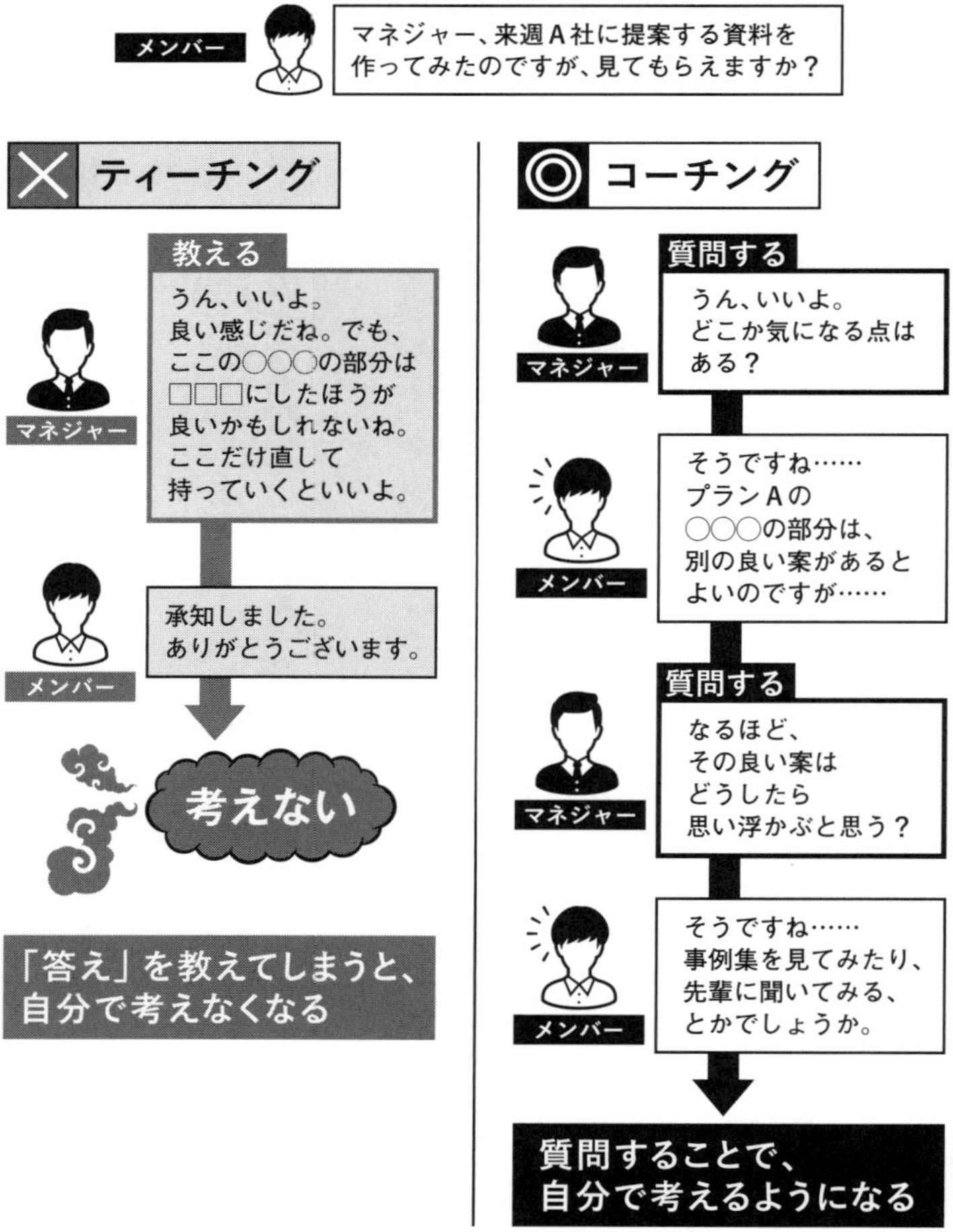

メンバー
マネジャー、来週A社に提案する資料を作ってみたのですが、見てもらえますか？
ティーチング
教える
マネジャー
うん、いいよ。良い感じだね。でも、ここの◯◯◯の部分は□□□にしたほうが良いかもしれないね。ここだけ直して持っていくといいよ。
メンバー
承知しました。ありがとうございます。
考えない
「答え」を教えてしまうと、自分で考えなくなる
コーチング
質問する
マネジャー
うん、いいよ。どこか気になる点はある？
メンバー
そうですね……プランAの◯◯◯の部分は、別の良い案があるとよいのですが……
質問する
マネジャー
なるほど、その良い案はどうしたら思い浮かぶと思う？
メンバー
そうですね……事例集を見てみたり、先輩に聞いてみる、とかでしょうか。
質問することで、自分で考えるようになる

る力」を奪ってしまうという結果を招くのです。

ここで、こんな疑問を感じるマネジャーもいらっしゃるでしょう。

「そうは言っても、コーチングは非効率ではないか？」と。たしかに、メンバーが自分の力で「答え」を見つけるのをサポートするコーチングには、それなりの時間がかかります。「答え」を教えて、その通りにやってもらうティーチングのほうが〝手っ取り早い〟のは事実でしょう。

ですから、「会社は学校ではない。仕事には決められた納期があるのだから、最速で最高の結果を生み出すために、マネジャーが『答え』を教えてどんどん仕事を前に進めてもらうべきだ」と主張するマネジャーの気持ちもよく理解できます。

しかも、それでなくてもマネジャーは忙しいですから、コーチングに時間をかけるのが難しいという現実もあります。丁寧にコーチングしたいと思っても、次のアポイントの時間が迫ってくれば、そうも言っていられません。そんなときには、手っ取り早くティーチングせざるをえないこともあるでしょう。

〝手っ取り早い〟のが効率的とは限らない

しかし、〝手っ取り早い〟のが効率的とは限りません。ティーチングは〝手っ取り早い〟かもしれませんが、実は、それゆえに非常に大きな非効率を生み出すのです。

たとえば、仕事の進め方に悩んでいるメンバーの相談を受けたとしましょう。経験豊富なマネジャーであれば、どうすれば仕事を効率的に進められるかという「答え」がすぐにわかるはずです。しかし、そのメンバーの話を聞いていると、その「答え」の半分くらいしか理解できていないようです。そのような場合には、残り半分の手順を指示（ティーチング）して、そのとおりやってもらえば〝手っ取り早い〟ように思えます。

しかし、そのメンバーは「残り半分」のやり方を自分の頭で理解したわけではありませんから、指示された作業をしながら「あれ、これでいいんだっけ？」などと疑問がわきます。そのたびに、「ここって、どうしてこうなるのでしたっけ？」と何度もマネジャーに確認しに来ることになるのです。

その結果、マネジャーは何度もメンバーの指導をするために仕事を中断しなければなりませんし、メンバーが仕事を完成させるまでの全体のリードタイムも非常に長くなってしまいます。これは、実に非効率的ではないでしょうか？

しかも、いつもこのように指示（ティーチング）ばかりしていると、メンバーは指示がなければ動けなくなってしまい、このような非効率的なサイクルが延々と続くことになりかねないのです。

一方、最初の段階でメンバーとしっかり向き合ってコーチングをしておけば、どうなるでしょうか？

メンバーが「残り半分」の仕事の進め方を理解するまでには、それなりの時間がかかるでしょう。しかし、そのプロセスに辛抱強くつき合うことによって、メンバーが自分の力で「答え」にたどりつくことができれば、そのあとは、「ここって、どうしてこうなるのでしたっけ？」などとマネジャーに確認にくることもほとんどありませんから、ものすごく楽になります。

そのために大切なのは「待つ」ことです。

たとえばマネジャーが「役員に納得してもらうには、どのデータを出せばいいかな？」と聞いたとします。しかし、メンバーはなかなか答えない。そんなとき、つい「無言の時間＝ムダな時間」と判断し、沈黙を埋めるような発言（ティーチング）をしてしまいがちですが、相手は頭のなかで思考をめぐらせているのですから、ここではじっくり「待つ」ことが正解です。

私の実感では、メンバーはマネジャーの5～6分遅れで、想像しているレベルのものを出してきます。この「5～6分」を待てるかどうかが、その後の成否を分けるのです。最初は多少時間がかかっても、自分の頭で理解したメンバーは、次回から何度もマネジャーに確認するようなこともなくなります。そして、自力で仕事を完成させる実力を手に入れるのです。

このように、最初の段階でコーチングに時間をかけるのは、一見したところ非効率的ですが、**全体のリードタイムは大幅に短縮することができる**のです。

しかも、自分の頭で考える力をつけたメンバーは、そのほかの仕事でも、その力を発揮し始めます。その結果、マネジャーがコーチングにかける時間はどんどん短くなりますし、いちいち指示を出す必要もなくなっていきます。そして、そんなメンバーが増えれば、職場全体の生産性も自然と向上していくのです。

ですから、**〝手っ取り早い〟という理由で、マネジャーがすぐに「答え」を教えることには慎重であるべき**です。「答え」を言いたくなる気持ちをグッとこらえて、メンバーが自分の力で「答え」を見つけるのを待つことが大切なのです。

マネジャーの「答え」を押しつけてはいけない

もっと言えば、そもそも**マネジャーが「答え」だと思っていることは、実際には「答え」ですらない**ことがあります。要するに、「勘違い」なのです。

私自身、そんな「勘違い」をしそうになったことが何度もあります。たとえば、ある問題についてメンバーの相談に乗っていると、「解決策がわかった」と思う瞬間があります。もちろん、それを口にするのを耐えているのですが、内心では「早く答えにたどりついてくれないかな……」などと思っていることもあります。

ところが、しばらく考え込んでいたメンバーが妙案にたどりつくことがあります。それも、私が出していた「答え」とは次元の異なる、明らかに優れたアイデアだったりします。そのとき私は、「ああ、したり顔で〝答え〟を言わなくてよかった……」と胸をなでおろすとともに、「もしも、自分の〝答え〟を押しつけていたら、この優れたアイデアは生まれなかっただろう」と思い知らされるのです。

クライアントのエピソードをご紹介しましょう。

あるアパレルの店舗にコンサルティングに入ったときのことです。その店舗のマネジャー（店長）は、仕事熱心でメンバーのことを大切に思っている方でしたが、やや一方的に指示を出すことが多い傾向がありました。そこでまず、メンバーの意見を聞き出すことに専念してもらうことにしました。すると、実はマネジャーの指示が、メンバーを困らせていたことがわかったのです。

それまでマネジャーは、お客様の来店状況を見ながら、接客スタッフが足りないと判断したら、バックストックで商品を整理しているメンバーに「接客して」と指示をして、お客様が減ってきたら、「バックストックに戻って」と指示をしていました。マネジャーが機敏《きびん》に采配《さいはい》をふるうことで、最少人数でお店を回すことができると考えていたわけです。

マネジャーが「非」を認める

ところが、実際には、これがバックストックの作業ミスの増加を招いていました。商品整理をしている途中で、急に「店舗に出て」と言われるために、バックストックに戻ってきたときに、どこまで整理したのかわからなくなってしまうからです。また、接客スタッフからも、急に「バックストックに入って」と言われることがあるため、「接客に集中できない」という声があがってきました。結果として、残業も多い状況を生み出していたのです。

これを聞いたマネジャーは、非常にショックを受けていました。当然です。自分が「正解」だと思っていたことが、むしろ、メンバーを不安にさせたり、ミスを増やす原因になっていたわけですから……。

しかし、彼はその現実を受け入れて、やり方を抜本的に変えました。

何時ごろにお客様がどのくらい来店するかといったビッグデータをもとに、「この時間帯は店舗に3人」「この時間帯はバックストックに2人」などを開店前に決めて、ほとんど変えないようにしたのです。

その結果、店舗スタッフは接客に集中できるようになるとともに、バックストックの作業ミスも激減。しかも、自分たちの意見を受け入れてくれたマネジャーに対する信頼を深めたメンバーたちの士気が一気に高まりました。チーム内の「関係の質」が大幅に向上したのです。

その後、マネジャーは一方的に指示する姿勢を改めて、メンバーの意見に耳を傾けるようになりました。そして、次々とメンバーの意見を取り入れることによって、売上を伸ばすとともに、なんと「残業ゼロ」を達成することに成功したのです。

Lesson 10

「アドバイス」ではなく「フィードバック」に徹する

部下の問題行動には「フィードバック」で対応する

「マネジメントは待つことが大事」

「メンバーの『心理的安全性』を大切にする」

このようなお話をすると、多くのマネジャーの方から、「それでは、言うべきことも言えなくなってしまう。問題のあるメンバーにそれを指摘しなくていいのですか？ そのほうが本人のためにならないのでは？」という質問を受けます。

たしかに、「お客様への対応が不適切」「仕事のスピードが遅い」「職場でのコミュニケーションが悪い」といったメンバーの問題行動を、マネジャーとして放置するわけにはいきません。かと言って、厳しく指摘して「心理的安全性」を脅かしてしまえば、メンバーとの「関係の質」を大きく損ねてしまいかねません。皆さんも、どうすべきか苦慮されているのではないでしょうか？

しかし、この問題に適切に対応する方法があります。**「放置すること」と「厳しく指摘すること」の中間に位置する、「客観的事実をフィードバックする」という方法**です。

フィードバックとは、もともとは軍事用語で、砲弾が目標地点からどれくらいズレていたかを射手に伝えることを指します。**客観的な事実を伝えるだけで、そこに主観的な価値判断が入っていないことが重要**です。

アドバイスと対比するとわかりやすいでしょう。たとえば「的から左に2mズレていましたよ」と伝えるのは客観的事実に基づいたフィードバックですが、「もっと右を狙って撃ったほうがいい」というのは主観的な価値判断の入ったアドバイスです。

そして、相手の行動を修正するのに効果的なのは、アドバイスよりもフィードバックです。理由は2つあります。

第一に、フィードバックは客観的事実を伝えるだけですから、それを聞いた相手は抵抗感なく受け入れることができます。一方、アドバイスは〝上から目線〟と受け取られやすいため、相手が反発を覚えて、素直に受け入れてくれないことが多いのです。

第二に、フィードバックは「目標地点からのズレ」を伝えるだけですから、そのズレをどのように修正するかを考えるのは本人です。つまり、**フィードバックには本人が自発的に行動を修正するのをうながす力がある**のです。

一方、「修正すべきポイント」を示すアドバイスは、本人に考える余地を与えません。そのため、たとえアドバイスを受け入れて行動を修正したとしても、それは一時的な変化にとどまるケースが多いでしょう。**自発的に変わろうとしなければ、人は本質的に変わることはできない**のです。

ましてや、「なんでそんなに左寄りに撃ったんだ！」などと厳しく叱責することは、ただただ相手を委縮させるだけで、本人の自発性を損なわせる結果を招くでしょう。

「直後に、フラットに」伝える

具体的なシーンで考えてみましょう。

たとえば、お客様に対してカジュアルな口調で電話対応をしているメンバーがいるとします。友達と話しているかのような言葉づかいなので、そばで聞いていると、「お客様に対して失礼にあたるのではないか」とハラハラします。

そんなとき、つい「もっと丁寧に電話したほうがいいよ」と言いたくなりますが、これではアドバイスになってしまいます。「電話が丁寧ではなかった」とダメな点を指摘しているのと同じですから、メンバーは萎縮してしまうでしょうし、ときには憤りを感じることもあるでしょう。

では、どうすればフィードバックになるのでしょうか？

コツは、**「感じたこと」をそのまま伝える**ことです。この場合であれば、メンバーがカジュアルな口調で電話対応しているのを聞いて、「友達と話しているみたいだ」と感じたのですから、「いま、友達と電話してたの？」と尋ねればいいのです。

これは、マネジャーが「私はそう感じた」という事実を伝えただけですから、決してダメな点を指摘していることにはなりません。そして、このフィードバックを受けたメンバーは、「あれ？　クライアントと話していたのに、ちょっとマズかったかな？

ほかの人はどんな言葉づかいで電話しているんだろう？　ほかの人の電話をちゃんと聞いて、参考にしたほうがよさそうだな……」などと、自分の頭で考え始めてくれるはずです。

また、フィードバックをするときには、**「直後に・軽く・フラットに」**を心がけてください。問題行動があった直後に伝えると本人も振り返りやすいですし、なるべく軽い言い方をしたほうが受け取りやすいからです。

そして、「気づかせてあげる」といった〝上から目線〟ではなく、あくまでフラットに「不思議に思いました」と伝えるのが、感情的な反発を最小限にするコツなのです。

「深刻な問題行動」にどう対処するか？

ただ、ときには「直後に・軽く・フラットに」ではすまないこともあります。

問題行動が長期化していたり、周りにも悪影響を及ぼしているような場合には、じっくりと時間をかけて、1対1でフィードバックする必要があります。問題が深刻なだけに、相手の「心理的安全性」を傷つけずにフィードバックするのは、**マネジャー**

にとっては緊張を強いられる難しい仕事のひとつと言えるでしょう。

私も、そのようなフィードバックを何度か行ったことがあります。

なかでも、思い出深いケースをご紹介しましょう。

私たちの会社は「残業禁止」が絶対的な原則。メンバー全員が同じ時間のなかで、どれだけの成果を出せるかを競い合うのがフェアだと考えているからです。ところが、以前、転職して数ヶ月のメンバーが「隠れ残業」をしていることがわかりました。

残業そのものが問題というよりは、「隠れて」残業をしていることが問題です。というのも、「隠れ残業」を放置していると、私生活を犠牲にして作業をこなすクセがついてしまうからです。それでは、疲弊するだけで成長することができません。残業せざるをえなくなっている原因を明らかにして、その原因を解消していくからこそ成長できるのです。

また、最初は「隠れ残業」をすすんでやっていたとしても、時間がたてばたつほど、「会社のせいで自分が犠牲になっている。それなのに報酬が支払われないのはおかしい」といった被害者意識を強めていくものです。その結果、不本意なかたちで、会社を離れるような事態を招いてしまうのです。

そして、そのメンバーも、**「隠れ残業」を続けていたことで被害者意識が強くなっていました。**職場でのコミュニケーションもうまくいかず、少しずつ孤立を深めていたのです。そこで、「これ以上、放置してはいけない」と考えた私は、彼女に1対1の面談を申し入れました。

面談の冒頭で、私は、ルール違反を責めるような口調にならないように気をつけながら、彼女が「隠れ残業」をしている客観的事実を確認したうえで、「一緒に問題を解決しよう」と伝えました。

彼女は「隠れ残業」の事実はすぐに認めましたが、被害者意識からはなかなか抜け出すことができませんでした。しばらくは、「○○さんが、終業ギリギリの時間に仕事をムチャぶりしてくるんです」といった言葉が続いたのです。

「待つ」のがマネジャーの仕事

そこで私は、彼女の言葉に耳を傾けながら、「○○さんは仕事を頼むときに、絶対ひとりでやってと言ったのかな？」「仕事を頼まれた時点で、ヘルプを出せる人はいなかった？」などと時折、質問をはさみました。

すると、少しずつ、彼女はじっと考え込む時間が増えていきました。私も黙って、彼女が「答え」を見つけるのを待ち続けていると、やがて、彼女は顔を上げてこう言ってくれたのです。

「いま気づいたんですが、○○さんは、私がひとりでやるべきとは一言も言っていませんでしたし、オフィスには助けてくれる人がたくさんいました。私が、前職時代に身につけた習慣で、勝手にひとりでやり切らなきゃいけないと思い込んで、家に持ち帰っていたんです。それがイヤでこの会社に転職したのに、こんなことやってちゃダメですね！」

この言葉を聞いてホッとした私が、「SOSを出すのも仕事だからね。○○さんは、あなたがそれも含めてできると思って仕事を渡していたんだと思うよ。これからも、困ったときはいつでもサポートするので頼ってね」と伝えると、彼女は涙を流しながら「今日気づくことができて、ほんとうによかったです」と言葉を返してくれました。

こうして、彼女は被害者意識から脱して、「隠れ残業」をしないために建設的な努力を始めました。素直に周囲の「助け」を求めることもできるようになり、そこから見違えるように急成長していきました。

しかも、彼女は「隠れ残業」をしてしまう人の気持ちが誰よりもわかりますから、同じ問題で苦しんでいるクライアントの気持ちにもしっかりと寄り添うことができます。いまでは、多くのクライアントからの信頼を集める、わが社のスター・コンサルタントのひとりとして大活躍してくれているのです。

このフィードバック面談をきっかけに、彼女は大きく変化していったのですが、これはすべて彼女自身の力で成し遂げたことです。私は、特になにもしていません。「隠れ残業」の客観的事実をフィードバックしたあとは、彼女が自発的に問題に気づき、行動を修正するのを待っただけです。しかし、それこそが**マネジャーの大切な仕事**なのだと、改めて思うのです。

「ポジティブ・フィードバック」が9割

とはいえ、こんなにうまくいくケースばかりではありません。

どんなに丁寧にフィードバックをしても、メンバーの「心理的安全性」を傷つけてしまい、なかなか自らの問題に向き合ってもらえないこともあります。問題行動についてのフィードバックなのだから、それは避けられないのかもしれません。

ただ、成功確率を高める方法はあります。

というのは、フィードバックには、「ズレ」を指摘するネガティブ・フィードバックだけではなく、「目標地点に着弾している」と伝えるポジティブ・フィードバックもあるからです。普段から意識的にポジティブ・フィードバックをしておくことによって「心理的安全性」を高めておけば、ネガティブ・フィードバックをしなければならないときにセーフティ・ネットとして機能してくれるのです。

イメージとしては、**「ポジティブ・フィードバックを9回やったら、ネガティブ・フィードバックが1回できる」**くらいの感覚でいるといいでしょう。「そんなにたくさんポジティブ・フィードバックができるかな？」と思うかもしれませんが、メンバーをしっかり観察していれば、いくらでも長所を見つけることはできます。問われているのは、マネジャーの観察力なのです。

「褒める」よりも「事実」を伝える

ただし、**ポジティブ・フィードバックは、「褒める」のとは少し異なります。**「褒める」ときには、どうしても〝上から目線〟がまじりがちなので注意が必要です。そうではなく、「さっきのプレゼン、クライアントが身を乗り出して聞いていたね」「さっきの一言、○○さんがしっかりメモしてくれていたね」などと、相手の素晴らしい言動を、ここでも客観的事実として伝えるのです。そのほうが、メンバーは素直にその言葉を受け取ってくれるでしょう。

また、マネジャー自身が、**周囲からネガティブ・フィードバックをもらうことを歓迎する姿勢をあらわす**ことも大事です。自分に対するフィードバックに拒絶反応を示すマネジャーがいくらメンバーにフィードバックしようとしても、相手にされないからです。

もちろん、メンバーがマネジャーにネガティブ・フィードバックを直言することはほとんどないでしょう。しかし、言葉にしない代わりに、「チームの雰囲気が停滞している」といったかたちで表出してきます。マネジャーは、そのようなフィードバックに敏感でいなければならないのです。

もし、メンバーからネガティブ・フィードバックを受け取ったときは、真摯《しんし》に受け止め、修正する努力をします。マネジャーのそうした行動は、必ずメンバーたちに伝《でん》播《ぱ》していきます。フィードバックに対して一人ひとりが真摯に向き合うその積み重ねが、健全なチームをつくりあげていくのです。

Lesson 11

メンバーに上手に仕事を「任せる技術」

「最初の説明」に時間をかける

メンバーへの仕事の渡し方も、メンバーとの「関係の質」に大きな影響を与えます。マネジャーなら誰でも経験があると思いますが、メンバーに依頼した仕事が思ったように進まず、何度もやり直しを求めるような事態を招くと、仕事の効率が落ちるだけではなく、両者の関係にもヒビが入りかねません。

ですから、マネジャーは、まず自分の「仕事の渡し方」を振り返る必要があります。もちろん、「マネジャーの話をきちんと聞いていない」「スキルが足りない」など、メンバーにも問題のあるケースが多いかもしれませんが、それは二の次。その前に、マネジャー自身が仕事の「渡し方」を工夫することが大切なのです。

では、どのように仕事を渡せばいいのでしょうか？

まず、仕事をメンバーに説明する時間をしっかりとることを意識します。プレイングマネジャーは忙しいですから、ついつい手短に要件だけ伝えて済ませたいと考えがちですが、これが間違いのもと。「何がゴールなのか」が伝わらないまま「作業」のように仕事に取りかかってしまうと、何度もやり直しが生じてしまいます。

メンバーに仕事を渡してから完成するまで「10」の労力が必要だとすると、最初の打ち合わせで完成イメージをすり合わせるのに、「5」の労力をかけるのが理想です。**最初の段階でしっかり時間をかけることが、全体のリードタイムを最少にするコツ。**「目先の効率化」にとらわれるのではなく、全体のプロセスを意識して必要なところにしっかりと時間をかけるようにしましょう。

「完成イメージ」をしっかりと共有する

仕事を渡すときには、次の項目をしっかり確認するようにしてください。

- ゴールは何か（この仕事の目的）
- 誰がやるのか
- 何をやるのか
- いつまでにやるのか
- どうやってやるのか
- 所要時間はどのくらいか
- なぜ、そのメンバーがやるのか
- 誰と協力するといいか

たとえば、資料作成を依頼するのであれば、まず「商品○○の売上推移を役員会に報告する必要があるから、その資料をつくってほしい」などと、その**資料を作成する**

目的を伝えます。

また、「役員会にはたくさんの議題が上がるから、この報告に時間はかけられない。だから、パッと見た瞬間に内容が把握できるような資料にしてほしい」などと、**目的を果たすために重要なポイントをつけ加えたり、**「商品○○の売上が伸び悩んでいることを理解してもらって、さらなる販促策が必要なことを訴えるための資料なんだ」などと、**仕事の重要性を訴えて、使命感をもってもらうのも効果的**です。

こうして仕事の大きな方向性を共有することができたら、「パッと見て把握できるように、要点を1枚でまとめるといいと思う」「一応、詳しいデータは2枚目につけておこうか」「役員会議とはいえ、社内向けの資料だから、デザインに凝る必要はないよ。手間をかけすぎないようにしてほしい」というふうに重要なポイントを伝えます。

「対話」を通じて認識をすり合わせる

そして、メンバーがざっくりとした「完成イメージ」を思い描けるようになったら、「資料に盛り込む内容」「資料のレイアウト」「完成までのロードマップ」など、具体的なことをつめていきます。

ここで大切なのは、「対話」を通じて、お互いの認識をすり合わせていくことです。一方的な押しつけになることを避けるのはもちろん、「対話」することで、**相手の発言内容からその理解度を確認する**こともできます。

たとえば、「いまの説明を聞いて、この資料をつくるのにどれくらい時間がかかりそうだと思った？」と聞いてみます。メンバーが想定する時間が思った以上に長ければ、必要以上に資料をつくり込もうとしているのかもしれませんし、「自分だけですべてやらなければならない」と思い込んでいるのかもしれません。

そこで、「誰かに協力をあおぐ必要がありそう？」などと質問してあげるといいでしょう。もしも、そのメンバーが「自分ひとりですべてやらなければならない」と思い込んでいたのであれば、「他のメンバーに助けてもらってもいいんだ」と気づくことができるはずです。

その場合には、「○○さんはこの分野のスペシャリストだから、困ったときは相談するといいよ」と適任者の名前を伝えたり、「△△さんは、先週プロジェクトがひと段落しているから、手が空いているかもね」と、引き受けてくれそうなメンバーの名前を伝えるといいでしょう。このように、**メンバーと対話をすることによって、想定されるリスク要因をあらかじめつぶしておく**ことができるのです。

コミュニケーションは「投資」である

もうひとつ、絶対に忘れてはならない重要なポイントがあります。**マネジャーが途中経過をチェックするタイミングを必ず決めておく**ということです。どんなに事前にすり合わせをしていても、仕事を進める過程では必ず「ズレ」が生じます。また、大きめの仕事を頼んだ場合には、途方に暮れたメンバーが〝塩漬け〟にしてしまうこともよくあります。

もしも、それがデッドライン直前にわかったら、たいへんです。マネジャーが引き取って〝突貫工事《とっかんこうじ》〟でやらざるをえなくなるかもしれませんし、期日に間に合わせることができなくなってしまうかもしれません。とはいえ、「抜き打ち」で途中経過をチェックしようとすると、メンバーに「信頼されていないのか？」と、不信感をもたせてしまうでしょう。

そのようなことをふせぐためには、【図11－1】のように、最初の段階で、途中チェックのタイミングをメンバーと共有しておくことが不可欠です。

このように**「初期設定」をしっかりやっておけば、安心してメンバーに仕事を任せることができます。**メンバーも、迷わずフィニッシュに向けて仕事を進めることができるに違いありません。

「ずいぶん手間がかかるんだな……」と思われるかもしれませんが、マネジャーにとって、この手間は非常に重要な「投資」。**マネジャーがメンバーにスムーズに仕事を渡せば、生産性が上がるのはもちろん、両者の間に信頼関係が生まれます。**

そして、スケジュールどおりに質の高い仕事を仕上げてくれたメンバーには、自然と笑顔で「ありがとう」と伝えることができるはずです。一見遠回りに見えても、そんな機会を一つずつ増やすことが、「関係の質」を高め、さらには「思考の質」も高める最も効果的な方法なのです。

図11-1 正しい「仕事の渡し方」

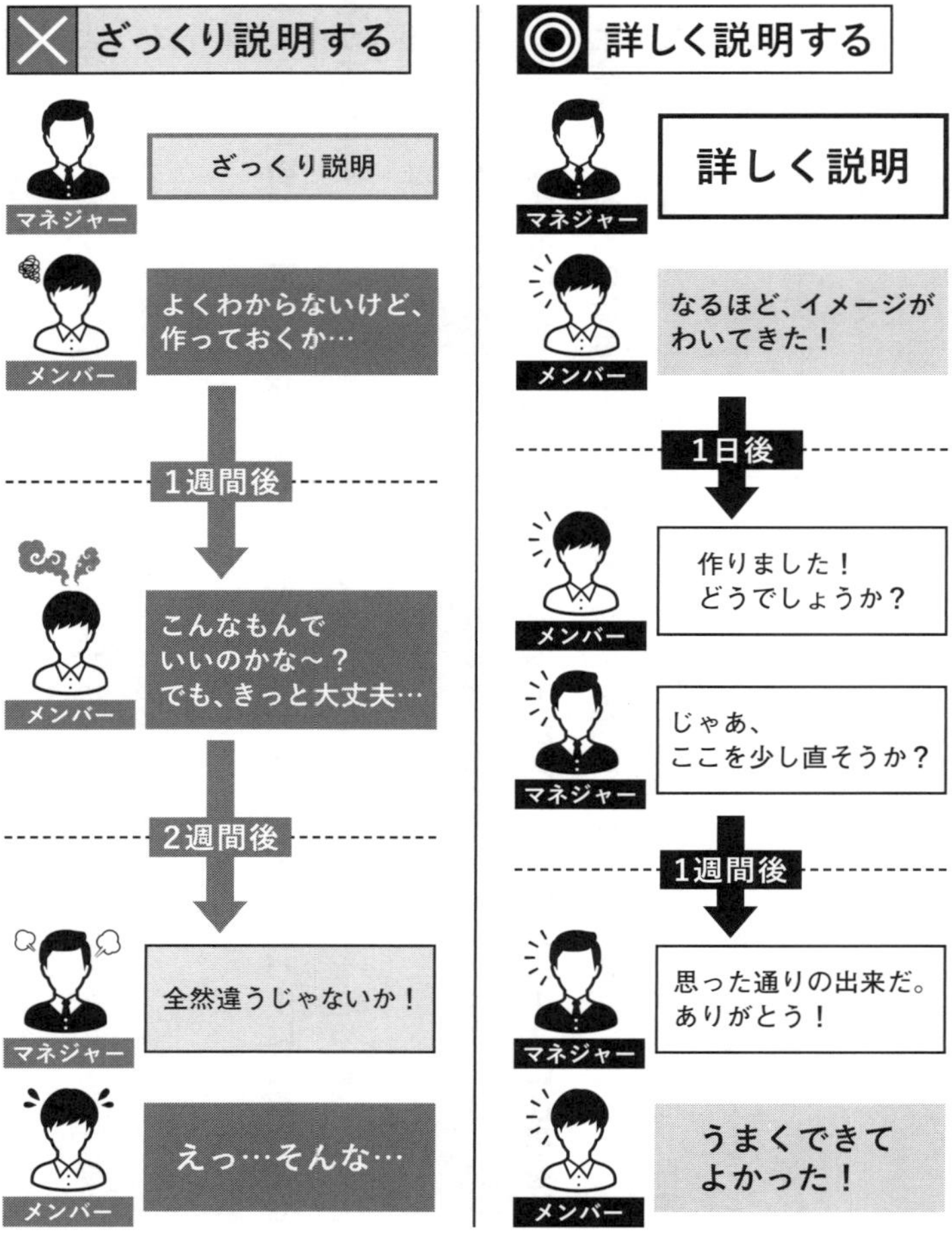

Lesson 12

「個人カルテ」でメンバーを知る

メンバーと対話する「台本」をつくる

これまでお伝えしてきたように、「マネジャーとしてのあり方」「コミュニケーションの仕方」を変えることができれば、それなりの時間はかかりますが、少しずつメンバーとの精神的な距離が縮まり、「関係の質」が高まっていくのを実感できるようになるはずです。

しかし、メンバーを巻き込んだ「働き方改革」に着手するのはまだお待ちください。**人間関係は非常にもろいものですから、じっくり時間をかけて信頼関係を構築することが大切**です。そして、その間に、着々と準備を進めていただきたいのです。

準備とは情報収集です。

【Ｌｅｓｓｏｎ❻】（48ページ）で「チームの戦略図」を描いたときに、思いのほかメンバーについて知らないことに気づいたはずです。そこで、メンバーとのコミュニケーションを通じて情報を集めて、その「穴」をどんどん埋めていくのです。

私は、「個人カルテ」と名づけたシート（図12－1）に、メンバーに関する情報を随時書き込んでストックしています。

「個人カルテ」をつくる目的は、仕事を任せるときや、モチベーションアップを図りたいときなどに、的確な個別対応ができるようにすることです。メンバー一人ひとりが何に喜びを感じ、何をモチベーションとするのか、何を苦手としていて、何を克服していきたいと思っているのか……。そのような情報をストックして、メンバーと向き合う際の参考にするわけです。

形式は、ノートでも、手帳でも、エクセルでもなんでもＯＫ。大事なのは、新しい情報を得たときに、手軽に書き込めるようにしておくことです。私は、手帳にペーパーを挟んでおいて、何か気づいたときにすぐに書き込むようにしています。ただし、個人に関する大切な情報ですから、扱いには十分に気をつける必要があります。

図12-1 個人カルテの例

観察のポイント	Aさん	Bさん	Cさん	Dさん	Eさん
困っていること	両親の介護負担	子どもの病気が悪化	残業が多い	夫が入院中	ワンオペ育児
成功体験	営業No.1	セミナー講師	月1000万円受注	3年連続皆勤賞	部署の利益率アップ
得意分野	新規開拓	人前で話すこと	医薬業界への提案	資料作成	電話対応
苦手分野	エクセル	話を聞くこと	事務仕事	プレゼン	資料作成
将来挑戦したい仕事	法人営業	講師として全国で登壇	新規事業立ち上げ	会社パンフレット作成	社内キックオフで司会
性格・特徴	独断	納得しないと動かない	スピード重視	周りと相談	責任をとろうとしない
やりがいを感じること	数字を上げる	人を喜ばせること	未知の仕事	チームで働くこと	電話対応
休日の過ごし方	介護	セミナー主催	博物館めぐり	本を読む	育児
家族や友人などの人間関係	兄弟と疎遠	奥さんの愚痴をよく言う	子どもとあまり話せない	良好	子どもと仲が良い

仕事を割り振る「判断材料」にする

「個人カルテ」は、次のような項目を立てて整理するといいでしょう。

- 困っていること
- （転職の場合）前職の経歴、成功体験／（新卒の場合）入社理由、成功体験
- 得意分野
- 苦手分野
- 将来挑戦したい仕事
- やりがいを感じること
- 性格・特徴
- 本人が成長していきたい方向性
- 休日の過ごし方
- 家族や友人などの人間関係
- 育児・介護・看護などの状況　ほか

決して、これがベストというわけではありません。マネジャーの個性やチームが置かれている状況に応じて、項目を立てていただきたいと思います。ただし、特に次の2点について意識しておくといいでしょう。

第一に、**メンバーの仕事に対する志向を意識する**ことです。

「個人カルテ」は、「どの仕事を任せればいいか？」「仕事を任せるときに、どのように伝えればいいか？」「どうすればモチベートできるか？」などを考えるときに的確に判断するためのものですから、それに役立つ項目を充実させるわけです。

たとえば、メンバーに新たな仕事を任せるときには、「たしか、将来的に○○業界に関する仕事がしたいと言っていたよね。この仕事はその業界の方と接点が多いから、やってみる？　人前で話す場面も多くなるので、話すのが得意なあなたなら高い成果を出せるんじゃないかな」などと、本人の「キャリアイメージ」や「得意なこと」とつなげて伝えると効果的です。

そのためには、メンバーが「何が得意なのか」「どんなキャリアをめざしているのか」「どんなときにモチベーションが上がるか」など、「仕事に対する志向」をしっかり把握しておかなければならないのです。

メンバーの「プライベート」に配慮し、個性を生かす

第二に、プライベートに関する情報も重要です。

女性の部下をもつ男性のマネジャーには、ハードルが高く感じられるかもしれませんが、**メンバーの未婚・既婚、子どもの年齢、育児・介護などの状況を把握しておくのは、「マネジャーとしての仕事」を適切に行うために不可欠なこと**です。

たとえば、ある女性メンバーが、仕事に集中できていないとしましょう。そのようなとき、背景も知ろうとせずに「やる気がないのか……」と短絡的に思い込んでコミュニケーションをとれば、相手をおおいに傷つけてしまうでしょう。

もしかすると、子どもの病気が悪化したのかもしれませんし、両親の介護負担が増えているのかもしれません。事実、多くの女性たちは、家庭の事情があるのにもかかわらず、「仕事にやる気がない」と判断されて苦しんできました。そんな事情を思いやるためにも、メンバーのプライベートを把握しておくことは非常に大切なのです。

逆に、一人ひとりのメンバーのプライベートな事情に配慮し、的確にサポートできるチームにすることができれば、「心理的安全性」をより高めることができるでしょう。

私自身、かつて家族の看護で仕事に集中できない期間を過ごしたことがあるのですが、葛藤《かっとう》を経て事情を打ち明けてからは、メンバーがいつも気持ちよくフォローしてくれました。そのメンバーたちに対する感謝の気持ちは、忘れたことがありません。

「個人カルテ」に書きためた情報は、日々のメンバーとの適切なコミュニケーションにたいへん役立ちますが、数ヶ月おきに定期的に行う「ひとり作戦会議」で「チームの戦力図」を更新する際にも不可欠です。

チームの未来像を描くためには、**メンバーの個性を生かし、その希望を叶えるという視点が不可欠**です。一人ひとりの仕事に対する志向に思いを馳《は》せつつ、未来像を描かなければ、メンバーの力を最大限に引き出すことはできないでしょう。

また、メンバーのプライベートもしっかりと意識しておく必要があります。たとえば、いま中心的な役割を果たしてくれているメンバーの両親が高齢であれば、いずれ介護負担が重くなるかもしれませんから、あらかじめ周囲がサポートに入れる体制を考えておく必要があるでしょう。
このように、マネジャーは、長期的な視点でサステナブル（継続的）に成果を出せるチームづくりをめざさなければなりません。そのためには、「個人カルテ」を充実させておくことが重要なのです。

もちろん、安易に情報を探るようなことをしてはいけません。【Ｌｅｓｓｏｎ❽】（69ページ）でも触れたように、まずはマネジャー自身が自己開示することが大切です。そして、「すべてのメンバーに活躍してほしい」という思いをもって、日々メンバーと丁寧なコミュニケーションをとりながら、フラットな目線で観察をする。その姿勢があれば、**自然と必要な情報は集まってくる**はずです。

そして、時間をかけてメンバーとの信頼関係を深めるとともに、「チームの戦力図」のイメージが深まってきたとき、機は熟したと言えるでしょう。いよいよ、チーム全体で「働き方改革」に着手する段階です。そのプロセスを、第3章からご説明していきます。

第3章 「働き方改革」のキックオフ

いよいよ「チームの働き方改革」のキックオフです。

このキックオフで「働き方改革」の初期設定がうまくできるかどうかが、改革の成否を決めます。

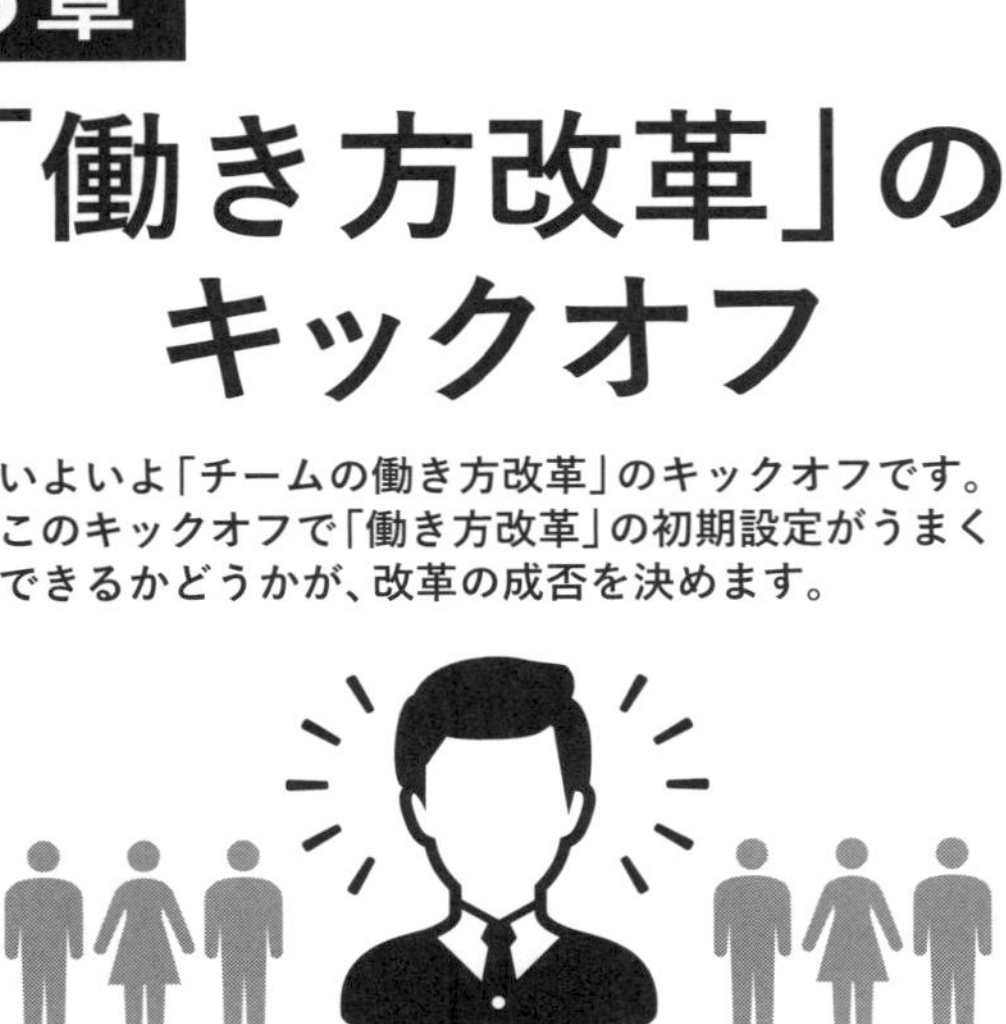

Lesson 13

「働き方改革」のエンジンをつくる

時間をかけて「味方」を増やす

本章からは、チーム全体で「働き方改革」を進めるステップを解説していきます。何度も申し上げているとおり、この取り組みを成功させるには、マネジャーがメンバーとの間に一定の「関係の質」を構築していることが前提となります。

メンバーはただでさえ忙しくしているわけですから、マネジャーが不用意に「チームの働き方を改革したいから、協力してほしい」と訴えても、余計な仕事を押しつけられるのではないかと不安に思ってしまいます。メンバーに主体的に参加してもらうためには、マネジャーの思いを、そのまま受け取ってもらえるような信頼関係が不可欠なのです。

そのためには、**日ごろからメンバーの悩みや不満に耳を傾ける**ことが大切です。誰しも、「もっと効率的に仕事を進めたい」「仕事に追われるのはイヤだ」などという思いをもっているものです。そんな思いに耳を傾けながら、「チーム全体で仕事の進め方を見直してみたほうがいいかもしれないね？」などと問いかけることによって、「働き方改革」への賛同者を増やしていくのです。

特に、重要なのがムードメイカー。チームには必ず、ひとりかふたり、他のメンバーに影響力をもつ人がいます。彼らを味方につけることができれば、「やってみよう」というチームの空気をつくり出してくれるはずです。

そのような条件が整ったら、定例会議などで「みんなで働き方改革をしたいと思っています。力を貸してくれませんか？」などと呼びかけるといいでしょう。きっと、前向きな反応が返ってくるはずです。

また、直属の上司を通じて、**上層部の賛同を得ておくことも非常に重要**です。上層部が「働き方改革」を進めることを応援してくれれば、安心してチャレンジすることができるからです。

チーム全体で「働き方改革」のサイクルを回す

メンバーの賛同が得られたら、最初に提案してほしいことがあります。「働き方改革」についてメンバーでディスカッションをする「会議」の定期開催です。私たちはこの会議を、働き方を「カエル」・早く「カエル」・人生を「カエル」という3つの意味を込めて、「カエル会議」と名づけています。

チームの「働き方改革」は、マネジャーがコントロールしようとしてもうまくいきません。全員で「何が問題か?」「その原因は何か?」「解決策は何か?」についてディスカッションをし、全員で実行して振り返る。このサイクルを全員で回すことによってはじめて、少しずつ「働き方」を変えていくことができるのです。

そのためには、定期的にメンバー全員でディスカッションする「カエル会議」が不可欠。これが、「働き方改革」のエンジンとなるのです。チームの定例会議とは別に

「カエル会議」を行うことに負担を覚えるメンバーもいるかもしれませんが、将来的に業務負担を軽くするための「投資」です。「必ず楽になるから、一緒に頑張ろう」と力強く背中を押していただきたいと思います。

「カエル会議」は、基本的には、1~2週間に一度、30分~1時間程度で開催することをおすすめしています。「働き方」を変える具体策を実行して、その効果を検証するためには、1~2週間ほどの間隔を空けるのが望ましいからです。もちろん、繁忙期《はんぼうき》に入ったときなどには、ムリして開催する必要はありません。1ヶ月程度間隔を空けて、仕事が落ち着いてから再開しましょう。

また、1回の会議が長時間におよぶと負担が増しますから、できれば1回30分、長くても1時間で終わるようにします。ただし、議論が十分に煮詰まらなかった場合には、ムリに結論を出す必要はありません。**重要なのは、全員が腹落ちすること。**次回に持ち越すことがあってもいいでしょう。

また、人数は7~10人がベストです。これ以上多いと、議論の焦点が定まらず収拾がつかなくなります。ですから、メンバーがこれより多い場合には、複数のチームに分けて進めていくのがいいでしょう。

最初にグランドルールを決める

「カエル会議」の開催が決まったら、まず最初にグランドルールを設定します。建設的な「カエル会議」にするために、メンバーに守ってほしいことを明示するのです。私たちは、次のようなルールを設定することをおすすめしています。

①年齢・役職にかかわらず発言していい
②相手の意見やアイデアを否定しない
③テーマや議題は、毎回自分たちで考える

お気づきのとおり、①と②は「心理的安全性」に関するルールです。「働き方改革」はチームの協働作業ですから、グランドルールで「心理的安全性」を保証しておくことは非常に重要なポイントです。

メンバーの主体性を保証する③のルールも大切です。メンバーたちが問題意識をもっていることについて議論して、解決策を導き出すというプロセスを踏まなければ、誰も本気で実行しないからです。逆に言えば、あまりマネジャーがテーマや議論を主導しすぎないほうがいいということでもあります。

もちろん、「カエル会議」をスタートさせるタイミングでは、マネジャーがある程度会議の方向性をリードする必要がありますし、議論が膠着状態《こうちゃくじょうたい》に陥ったときなども、マネジャーが打開策を打ち出す必要があるでしょう。ただし、その場合でも、マネジャーはあくまでも議論の方向性を示すだけ。議論の行方をコントロールしようとしたり、**結論を押しつけようとせず、メンバーの主体性を尊重する**ようにしてください。

また、チームで話し合って、先ほどの3つのルール以外のルールを設定してもいいでしょう。たとえば、「議論が脱線しているときは、みんなで声をかけ合って修正する」「ほかの人が発言しているのを遮らない」などのルールをつけ加えると有意義だと思います。

そして、「カエル会議」は楽しみながら行うのがコツです。

「よりよいチームの未来」をつくりだすための会議ですから、ふだんの会議とは違う雰囲気で行うほうがいいでしょう。業務上不可欠な会議ではなく、あくまで自主的な会議なので、**メンバーが楽しめなければ長続きしません。**

場所は、景色のよい社外のミーティングスペースなど、ふだんとは違う場所で行うのもひとつの方法です。BGMをかけたり、アロマを用意してリラックスした雰囲気を演出するのも効果的。またコーヒーやお菓子を用意して話すようにすると、自然と「カエル会議」は盛り上がっていくでしょう。

大切なのは、**あまり真面目になりすぎない**こと。楽しみながら、明るい未来をみんなで共有できるように努めてください。それが、「カエル会議」を成功させる最大の秘訣なのです。

Lesson 14

「付箋ワーク」で誰もが発言しやすい場をつくる

「付箋ワーク」で全員が発言できる

「カエル会議」では、付箋を使ってディスカッションすることをおすすめしています（私たちは「付箋ワーク」と呼んでいます）。「活発なディスカッション」を実現するとともに、**「メンバーの発言量」を均等にするために最も効果的な方法**だからです。

たとえば、「チームの仕事のやり方で変えたいことは何か？」というテーマでディスカッションを始めるときに、「皆さん、自由に意見を言ってください」と呼びかけるとどうなるでしょうか？　シーンと黙り込む時間が長く続いてディスカッションがなかなか盛り上がらないことが多いですし、〝声の大きな人〟が話し続けてディスカッションを制圧してしまうようなこともあります。それでは、有意義な会議にすることはできません。

もちろん、マネジャーがひとりずつ指名して発言をうながす方法もありますが、この場合には、どうしても最初の発言者の意見に引きずられたり、**〝声の大きな人〟の発言に影響を受けたりする人が出てきやすい**という問題が生じます。

ところが、付箋を使えば、これらの問題を一挙に解決することができます。

「チームの仕事のやり方で変えたいことについて、5分間で、皆さんの意見をできるだけたくさん付箋に書いてください」と呼びかければ、メンバーは黙々と付箋に自分の意見を書いてくれるでしょう。そして、時間がきたら、一人ひとり順番に、書いた付箋を1枚ずつ示しながら読み上げてもらいます。

こうすれば、シーンとすることもありませんし、「メンバーの発言量」も均等にしやすいでしょう。しかも、周囲と相談せずに書きますから、特定の意見に影響を受けることもありません。**付箋は、有意義な会議を実現する非常に優れた「武器」**なのです。

「付箋ワーク」はワイワイ楽しく行う

そこで、「カエル会議」をスタートさせる段階で、付箋の使い方についてもルールを設定しておくといいでしょう。私たちは、次のようなルールをおすすめしています。

- 周囲と相談せずに書く
- 長方形サイズの小さな付箋を使う
- 1枚の付箋には1点のみ意見を書く
- 太いペンを使い、他の人にも読みやすい大きさで書く
- キーワードだけではなく、意味の通じる表現を心がける
- 3～5分程度で時間を区切って書く

重要なのは、周囲と相談せずに自分の「本音」を書くことです。「心理的安全性」がある程度保証されていることが前提ですが、「これを書いたら、誰かが傷つくだろうか？」「これは、あの人の意見に反するかもしれない」などと忖度《そんたく》をせず、**思っている**

ことを正直に書く。これが、本当の意味で建設的な会議を行うための鉄則です。

そのためにも、「付箋ワーク」をするときには、普段の会議のように堅苦しい雰囲気ではなく、ワイワイと楽しい雰囲気で行うことがなによりも大切です。堅苦しい雰囲気だとお互いに遠慮が生じますが、和気藹々《わきあいあい》とした雰囲気であればお互いに配慮しながらも自発的に発言しやすくなるからです。

グルーピングで「意思決定」が正常化する

また、みんなが出した意見をグルーピングしやすいのも、会議で付箋を使う大きなメリットです。

メンバーには、付箋を1枚ずつ示しながら、手短にその内容を説明してもらうのですが、発表の終わった付箋は、ホワイトボードやテーブル中央に広げた大きな紙に、どんどん貼りつけていきます。そして、同じような意見を書いた人は「同じ意見です」と言いながら、自分の付箋をすぐそばに貼っていくのです。

たとえば、【図14－1】は、メンバーに「やりたいけれどできていないこと」「でき

図14-1 付箋を使ってグルーピングする

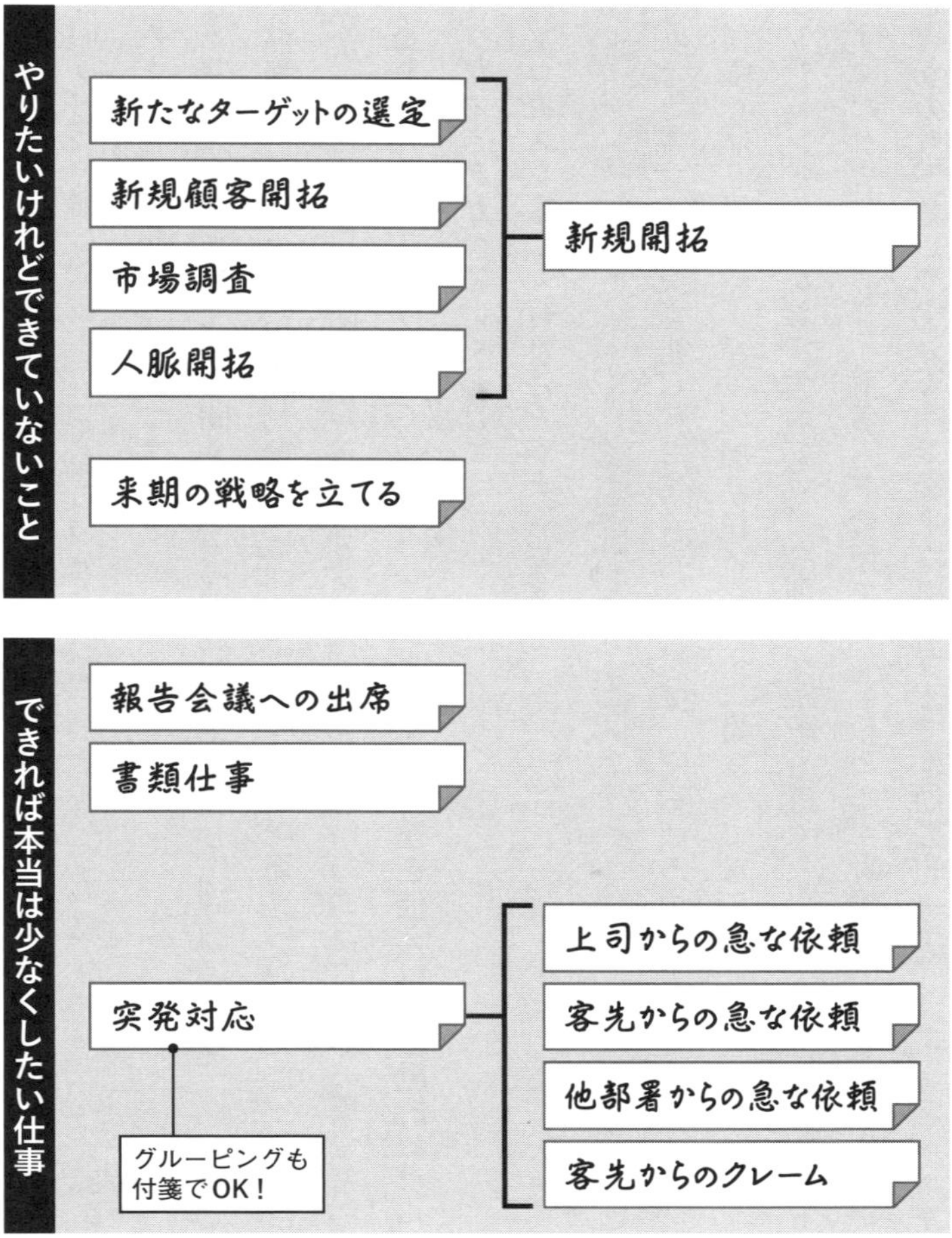

れば本当は少なくしたい仕事」を書き出してもらったものですが、ひとりが「突発対応」という付箋を出したら、「上司からの急な依頼」「客先からの急な依頼」「客先への謝罪」などの付箋が集まってきます。

また、他のメンバーの発表を聞きながら別の問題や課題を思いついたら、その場で新しい付箋を書きます。「突発対応」について複数の付箋が集まるのを見て、新たに「客先からのクレーム」「他部署からの急な依頼」などを思いついたら、その場でどんどん付箋を書いて貼りつけていくのです。このように、**付箋を使えば、自動的にグルーピングができあがっていく**わけです。

このプロセスも楽しく行うことが大切です。

楽しいからこそ、他のメンバーの意見に触発されて、「そういえば、これもあるね！」などと次々と本音の意見が飛び出してくるからです。そのような雰囲気をつくるためには、付箋を貼り出すペーパーの周りにメンバーに集まってもらって、近い距離でディスカッションするのがおすすめです。心理的な距離も近くなって、お互いの意見を言いやすくなります。ホワイトボードに集まってもらって、身振り手振りを加えながら話し合うのも、話しやすい雰囲気を生み出すうえでは効果的です。

もちろん、マネジャーはすべての発言を否定してはいけません。的外れのように思える意見であっても、「なるほど、そういう見方もあるよね！」「これは、新しい意見だね！」などと、メンバーの「発言する勇気」を後押しするようなコメントを心がけてください。メンバーのディスカッションが盛り上がってくれば、あとはそっと見守っていれば大丈夫。きっと、メンバーの本音がたくさん出てきているはずです。

そして、全員の発表が終わったら、全体を見渡しながらもう一度グルーピングを検討します。すると、何が重要な問題なのかが一目瞭然となります。【図14－1】であれば、「新規開拓ができていない」「突発対応が多い」という2つの問題から解決を図ろうという意思決定がしやすくなるわけです。

これも、付箋の重要なメリットです。なぜなら、〝**声の大きな人**〟**がムリやり自分の意見を通すことが難しくなる**からです。付箋の数が多いということは、その意見に賛同する人が多いという証拠。付箋をグルーピングすることによって、それが明確に示されるために、より民主的な意思決定を実現することができるのです。「働き方改革」は、**みんなの納得感をベースに進めていくことが重要**ですから、この付箋のメリットを最大限に生かすようにするといいでしょう。

Lesson 15

チームの「もったいないところ」を共有する

「ふだんは言えないこと」を吐き出す

【Lesson⑬】（120ページ）でご紹介した「カエル会議」のグランドルールが決まったら、いよいよ「働き方改革」のキックオフです。

私たちがコンサルティングをするときは、企業にもよりますが、このキックオフに1～2ヶ月ほどの時間をかけます。【図15－1】のように、「カエル会議」でメンバーとディスカッションを重ねていくイメージです。このプロセスは、いわば今後の「働き方改革」の初期設定となるもので、非常に重要なものだと考えています。

図15-1 「働き方改革」キックオフのスケジュール・イメージ

時期	大まかなスケジュール
4月	**チームが「働き方改革」に合意！** ➡「カエル会議」のグランドルールを決める 2週目 第1回カエル会議 ➡チームの素晴らしいところ、もったいないところを共有 4週目 第2回カエル会議 ➡仕事の「本来の目的」は何か？を考える
5月	2週目 第3回カエル会議 ➡チームの「ありたい姿」を言葉にする 4週目 第4回カエル会議 ➡チームの「ありたい姿」を言葉にする

では、第1回の「カエル会議」では何をするといいのでしょうか？

私たちがおすすめしているのが、「チームの素晴らしいところ」と「もったいないところ」を付箋を使って共有することです。これは、いわばウォーミングアップ。狙いは大きく2つあります。

第一に、それぞれのメンバーがチームに対して感じていることを出し合うことで、ざっくりと「これからも大事にしたいこと」「これから変えていきたいこと」を共有すること。第二に、普段はなかなか言い出せなかったことを吐き出すことで、**「こんなことを言っても許されるんだ」**と、**「心理的安全性」を感じてもらう**ことです。この2つが達成できれば、出発点としては大成功と考えていいでしょう。

とくに大切なのは、「チームの素晴らしいところ」を出し合うことから始めることです。いきなり、「もったいないところ」＝「チームのネガティブなところ」を指摘するのは、かなり心理的ハードルが高いものです。自分の発言が誰かを傷つける心配もあり、遠慮して「本音」を言い出せず、モヤモヤが残ることになりがちです。

一方、「素晴らしいところ」については、誰かを傷つける心配がないため、比較的容易に発言できます。そして、お互いに「チームの素晴らしいところ」を出し合うことによって相互承認が進みますから、その後であれば「もったいないところ」についても**本音を言いやすくなる**わけです。

会議の冒頭で、マネジャーがこのように呼びかけるといいでしょう。

「今日は、皆さんが、このチームについて感じていることを出し合ってみたいと思います。まず、このチームのどのようなところが『素晴らしい』と思うのか付箋に書いていただけませんか？　一点お願いしたいのは、『このチームは〇〇』などとチームを主語にしてもらうことです。よろしくお願いします」

ポイントは、**主語を「チーム」にする**ことです。個々のメンバーを主語にすると、後半の「もったいない」のパートで個人攻撃の様相を帯びてしまうおそれがあるからです。あくまで主語は「チーム」。この点に注意をうながしておくと、あとでギスギスした空気を生むリスクを抑えることができるでしょう。

マネジャーは黙って「観察」に重点を置く

全員が付箋を書き終わったら、順番に発表してもらいます。

「経験豊富なメンバーが多く、相談に乗ってもらえる」「他部署に比べると、〝課内飲み〟が多く、コミュニケーションがとれている」「トラブルが発生したときには、お互いに助け合える環境がある」「互いに尊敬し、信頼し合っている」など、ポジティブな意見が出てくるはずです。

ここで**マネジャーは、一歩引いた立場でメンバーの反応を観察する**ことが重要です。たとえば、一枚の付箋に対して「自分も同じ意見です」と、何枚もの付箋が集まると場が盛り上がることがあります。そこにマネジャーも加われば、さらに会議が盛り上がるように思うかもしれませんが、それは決して得策ではありません。

むしろ、一歩引いて「その輪に加われないメンバーがいないか?」といった視点で観察したほうが得るものが多いでしょう。「他部署に比べると、〝課内飲み〟が多く、コミュニケーションがとれている」という意見で数人のメンバーが盛り上がっていると きに、〝課内飲み〟に参加するのが難しい、育児中で時短勤務をしているメンバーは寂しそうな表情をしているかもしれません。そのような「温度差」をキャッチして解消する方法を考えるのが、マネジャーに求められていることなのです。

そのためには、あまり**ディスカッションを牽引《けんいん》しようとするのではなく、「観察」に**

重点を置くことです。「個人カルテ」で、個々のメンバーの置かれている状況や特性（個性）を把握していれば、より深い観察が可能になるはずです。

また、そもそも「働き方改革」や「カエル会議」に積極的ではないメンバーの様子をそっと観察しておくことも大切です。そういうメンバーは必ずいるものですから、決して否定的な目で見るべきではありません。それよりも、どのような話題のときに、何かを言いたそうなそぶりを見せるか、といった視点で観察するといいでしょう。

そして、何かを言いたそうなそぶりを見せたときに、「○○さんはどう思いますか？」と、水を向けるのです。彼らが、「カエル会議」を肯定的にとらえてくれるようになる最大のチャンスは、「言いたかったことを言えたとき」です。そのような瞬間に発言をうながして、率先してマネジャーが受け止めることができれば、徐々にスタンスを変えてくれるはずです。

「長所と短所」はコインの裏表

「チームの素晴らしいところ」について意見が出尽くしたら、グルーピングをしたうえで、「私たちのチームの素晴らしいところについて皆さんから多かったのは、『〇〇』と『〇〇』ということですね。それ以外にも、『〇〇』とか『〇〇』といった意見もありました。こうした素晴らしい点を、これからも大切にしていきたいと思います」などと、**多数意見だけでなく、少数意見も承認しながら総括する**といいでしょう。

なお、その際に、自分のもっていきたい方向に誘導するような総括の仕方ではなく、あくまでもさらっと客観的なスタンスで総括するように注意しましょう。

その後、「チームのもったいないところ」に移行します。

マネジャーは、「では次に、このチームについて『もったいないな』と思うことを付箋に書いてください。先ほどと同じように、主語は『チーム』にするようにしてくださいい」などと呼びかけます。「これから、みんなでもっとよいチームにしていくために大切なことなので、ぜひ率直な意見をお願いします」とつけ加えることによって、単なる「不満出し」ではなく、あくまで「よりよいチームにしていくための意見がほしい」という趣旨を強調するといいでしょう。

やってみるとおもしろいのは、「素晴らしいところ」と表裏一体の意見が多く出されることです。たとえば、【素晴らしいところ】「経験豊富なメンバーが多く、相談に乗ってもらえる」→【もったいないところ】「経験豊富な人に業務が集中している」、【素晴らしいところ】「他部署に比べると、〝課内飲み〟が多く、コミュニケーションがとれている」→【もったいないところ】「〝課内飲み〟に参加できない人もいるので不平等」といった具合です。つまり、「素晴らしいところ」を残しつつ、「もったいないところ」を解消するアイデアが求められるケースが多いということです。

そして、意見が出尽くしたら、みんなでグルーピングをしたうえで、その付箋を眺めながら、「どんな意見が多かったかな？」とメンバーにコメントをうながし、「たしかに、『〇〇』と『〇〇』という意見は多いですね」などと簡単に総括するといいでしょう。

「耳が痛い意見」を素直に受け止める

こうして「チームのもったいないところ」についての意見が出そろったところで、マネジャーに注意していただきたいことが2つあります。

第一に、メンバーから出される付箋の内容を素直に受け止めることです。というのは、付箋のなかには、**マネジャーが「よかれ」と思ってやっていることが否定的にとらえられていることもある**からです。そのような指摘があると内心苦しいですが、つらい気持ちをグッと抑えて、素直に受け入れることが大切です。もしも、そのような意見に対してネガティブな感情を表現してしまえば、チームの「心理的安全性」を傷つけてしまいますから、十分に気をつけていただきたいと思います。

逆に、自分に対する否定的な意見を素直に受け止めることができると、それだけで大きな効果を生み出すこともあります。

たとえば、私たちがコンサルティングに入ったチームではこんなことがありました。メンバーから、「会議が長い」「しゃべりすぎる人がいる」といった意見が相次いだのですが、〝犯人〟は明らかにマネジャー。本人はたいへんショックを受けていましたが、黙ってメンバーの話に耳を傾けていました。

そして、こう問いかけたのです。

「どうすれば、会議でしゃべりすぎるのをふせぐことができるだろうか？」と。すると、「発言時間の上限を設けて、キッチンタイマーで知らせるのはどうですか？」という解決策が出て、みんなが賛同。マネジャーも、その場でその解決策を採用することを決めたのです。

会議に同席していた私は、この瞬間に「カエル会議」に対するメンバーの姿勢がグッとよくなったのを実感しました。メンバーたちが、「言いたいことを言っていいんだ」という安心感を得るとともに、**「マネジャーは本気でチームをよくしようと思っているんだ」という信頼感**をもったからです。

「問題解決」しようとする姿勢を示す

第二のポイントは、メンバーから出された**問題点に対して目をそむけず、解決しようとする姿勢を見せる**ことです。

これは、非常に重要なポイントです。せっかく問題点を出したにもかかわらず、マネジャーが共感を示し、解決に向かって動こうとしなければ、メンバーは「なんだ、本気じゃないのか？」と思い、「カエル会議」への期待が一気にしぼんでしまうのです。

逆に、マネジャーが積極的に解決しようとする姿勢を示せば、メンバーの気持ちも乗ってきます。

もちろん、「経験豊富な人に業務が集中している」といった大きめの課題を解決するためには、いくつかのステップを踏んでいく必要がありますので、そのような場合には、「たしかに、そうですね。この問題は、今後『カエル会議』で具体的に検討して解決策を考えましょう」と、議題として取り扱うことを約束するといいでしょう。

しかし、すべての案件を次回以降の「カエル会議」に持ち越してしまうと、議論が進んでいる感じがしません。出された付箋のなかには、**マネジャーが決断すれば、簡単に解決できることもある**はずです。そうしたものについては、**その場で解決策の提案を呼びかける**のがいいでしょう。

たとえば、「〝課内飲み〟に参加できない人もいるので不平等」という問題であれば、「これから〝課内飲み〟は17時開始にしよう。そうすれば、育児中のメンバーも参加できるんじゃないかな？」「夜は参加できないメンバーのために、お昼の時間帯に個室の取れるお店でランチ会をやるのはどう？」などとアイデアが出るはずです。そのなかで賛同者の多いアイデアを、実際にやってみればいいのです。

あるいは、「メールではなく電話での連絡が多いお客様の対応に時間が取られている」というメンバーがいれば、「この点については、今度私がお客様のところを訪問したときに依頼してみるよ」などと、率先して動く姿勢を示すといいでしょう。

このように、小さなことでも、「カエル会議」を通じて、「よい変化」が起きることを体験したメンバーは、「カエル会議」への期待を高めてくれるに違いありません。

Lesson 16

「仕事の目的」を深掘りする

「働き方改革」の目的は「残業ゼロ」ではない

【Ｌｅｓｓｏｎ⑮】（１３４ページ）でお伝えしたように、第1回の「カエル会議」では、「チームの素晴らしいところ」と「もったいないところ」を共有します。そのうえで、第2回では**「私たちの仕事の『本来の目的』は何か？」**をメンバー全員で考えてみることをおすすめしています。

唐突に感じられるかもしれませんが、「仕事の本来の目的」をメンバー全員で共有することは、「働き方改革」を進めるうえで絶対に欠かせないことです。これは非常に重要なポイントなので、「働き方改革」の原点にさかのぼって考えてみたいと思います。

そもそも、「働き方改革」とは何でしょうか？

それは、決して「残業ゼロ」「残業削減」を目的とするものではありません。ましてや、「残業代カット」を目的とするなどありえないことです。このような誤解をメンバーに与えてしまえば、「働き方改革」は成功しません。あくまでも、**チームの生産性を上げ、「ワーク」と「ライフ」を充実させることが「働き方改革」の目的であり、「残業削減」「残業ゼロ」は、あくまで通過点**なのです。

では、生産性とは何でしょうか？

【Ｌｅｓｓｏｎ❺】で紹介した計算式（図５－２、44ページ）をもう一度、確認してください。

ご覧のとおり、生産性は「投入した資源（人・モノ・金・時間）」を分母に、「得られた成果」を分子にした分数によって計算されます。つまり、生産性を向上させるためには、**「分母＝投入した資源」を最小化**するとともに、**「分子＝得られた成果」を最大化**する方法を考える必要があります。

「最も重要な仕事は何か？」を明確にする

そのためには、どうすればいいのでしょうか？

通常、企業では「分子＝得られた成果」は売上・利益で測定されますから、それを最も効率的に最大化する方法を考えればいいわけです（公益的な組織であれば、公共の利益の最大化を考えます）。

つまり、売上・利益を上げるために、「最も重要な仕事は何か？」を明確にするということです。それさえ明確になれば、その「最も重要な仕事」にできる限り多くの資源を投入するために、それ以外の仕事を圧縮すれば、自然と生産性が高くなります。これが、**「働き方改革」の本質**なのです。

そこで重要になるのが、「私たちの仕事の『本来の目的』は何か？」という問いを立てることです。これを、メンバーとともに深く掘り下げることによって、チームとして「増やしたい仕事」と「減らしたい仕事」を探り当て、それを実現するための具体策を講じていけばいいのです。

これを実践することで生産性を大幅に向上させたチームがあります。結婚情報誌を出版する企業の営業部門です。このチームの主な業務は、結婚式場などに営業をして広告記事を出稿してもらうことなのですが、とにかく雑務が多くて忙しい。あまりにも残業が多くてメンバーが疲弊していたため、コンサルティングのご依頼をいただきました。

私たちは「カエル会議」で「皆さんの仕事の『本来の目的』は何ですか？」と尋ねました。すると、全員一致で「営業」と回答。たしかに営業部は、営業をして利益・売上が上がるわけですから、当然のことです。

ところが、チームの「働き方」を分析したところ、雑務のなかでも資料作成などの業務に特に時間が取られ、本来の目的である「営業」に十分に時間を割けていないことが明確になりました。そこで、「減らすべき仕事＝資料作成など」を徹底的に効率化して、そこから生まれた時間を「増やすべき仕事＝営業」に投入するという作戦を実行。その結果、営業獲得件数も増加し、生産性は向上しました。

しかし、しばらくすると、メンバーから「ちょっと違和感がある」という声が上がり始めました。「営業件数を増やすことで成果は上がるようになったが、そもそも結婚式場に広告を出してもらうのが、自分たちの仕事の『本来の目的』なのか？」という疑問を口にする人が出てきたのです。

チームの「本来の目的」を深掘りする

そこで、再び「カエル会議」で「本来の目的」を掘り下げてもらうことにしました。ここでのディスカッションが非常に有意義なものになりました。いろいろな意見が交わされるなかで、「そもそもなぜ、この仕事をやっているのか？」という問いが生まれ、最終的に「私がこの雑誌で仕事をしているのは、結婚したいと思う人を増やしたいから」「日本の少子化問題の解決にもつなげたい」というような意見に共感が集まったのです。みんなが、「そうだよね」「そう思うよ」と賛同。まさに、チームの「本来の目的」が深掘りされた瞬間でした。

さらに、議論は続きました。ということは、広告出稿のための営業が、自分たちの「本来の目的」ではないんじゃないか？　だったら、むやみに営業件数を増やすよりもやるべきことがあるはずだ。それは、結婚を考えている人々が、結婚式に何を求めているのか、どんな夢を描いているのかを、もっと知ることではないのか？

それがわかれば、営業先の結婚式場に「いま、こんなニーズが高まっているから、こんな結婚式プランをやってみませんか？」と提案営業することもできる。そうすれば、営業先にも喜んでもらえるし、でき上がった誌面も読者に喜んでもらえるだろう。その結果、結婚に踏み切るカップルが増えるかもしれないし、ひいては少子化問題の解決にも貢献できるかもしれない……。

このように議論はどんどん深まっていったのですが、これが可能になったのは「カエル会議」を通じて、雑務に追われて疲弊している状況が徐々に改善されるとともに、心理的安全性が高まっていたからです。

そして、メンバー全員で、むやみに「営業件数」を増やすことに注力するのではなく、「結婚を考えている人々のニーズ」を調査する時間を増やすべきだという方針を決定。その時間を生み出すために「減らしたい仕事」をさらに圧縮するとともに、アンケート調査や勉強会を行ったり、婚姻数が伸びている市町村に視察に行くなどの活動を積極的に展開していったのです。

その結果、**心の底から「意味がある」と思える仕事に注力できることから、メンバーのモチベーションが向上。**「行動の質」も高まったことで営業成績がさらに上がり、チームの生産性も劇的に向上したのです。

私は、これこそが「働き方改革」だと考えています。

「何のために働いているのか？」、その本質を、メンバーとともに深く掘り下げる。そして、みんなが共感できる「本来の仕事」を明確にできさえすれば、あとは簡単。試行錯誤を繰り返しながら、「増やしたい仕事」に注力する時間を増やすために、「減らしたい仕事」を圧縮していけばいいのです。

ただし、先ほどの例にもあったように、必ずしも一回の「カエル会議」で「これだ！」と思える結論にたどりつく必要はありません。それよりも、まずは一度みんなで「本来の目的」を掘り下げてみる。そして、なんらかの「仮説」をもとに「働き方」を変えてみる。それでうまくいかなければ、再び「本来の目的」を掘り下げてみる。このサイクルを繰り返すことで、必ず本質にたどりつくことができるはずです。

Lesson 17

「チームのありたい姿」を言葉にする

「働き方改革」の指針をつくる

ここまでの内容を簡単に振り返っておきましょう。

まず、第1回の「カエル会議」で、「チームの素晴らしいところ」と「もったいないところ」を共有したうえで、第2回で「チームの仕事の『本来の目的』は何か？」を確認しました。これを踏まえて、次にやっていただきたいのが、**「『チームのありたい姿』を言葉にする」**ことです。

これが、今後「働き方改革」を進めていくうえでの指針となります。また、改革の方向性に迷ったり、メンバー間で意見が食い違ったりしたときには、全員で立ち戻る原点にもなります。いわば、「働き方改革」の基軸となるものですから、非常に大切なものです。時間をかけても、しっかりしたものをつくってください。

「チームのありたい姿」を考える材料として、これまでのカエル会議で話し合ってきた、「チームの素晴らしいところ」「もったいないところ」「仕事の本来の目的」を用意します。

「素晴らしいところ」は、さらに強化してチームの「強み」に育て、「もったいないところ」は改善していく。さらに、「仕事の本来の目的」を果たすために、「増やすべき仕事」と「減らすべき仕事」を明確にする。そして、これから始める「働き方改革」を通じて、「達成したいと心から思えるワクワクするゴールイメージ」をメンバー全員で言葉にしてみるのです。

「カッコいい言葉」はいらない

最も重要なのは、**全員が共感できる言葉にする**ことです。

そのためには、キャッチフレーズのような短い言葉にしないことが大切です。カッコいいワンフレーズにすると見栄えはするのですが、そのワンフレーズに共感できないメンバーを置き去りにしてしまうおそれが高まります。

それよりも、少々不格好でも、いくつかの文節を組み合わせながら、さまざまなテーマを盛り込んでいくほうがいいでしょう。「チームのありたい姿」のなかに、メンバー一人ひとりがどこかに共感できる言葉があれば、まずは大成功なのです。

次に掲げるのは、これまで私たちがコンサルティングをした企業で、大きな成果を上げたチームがまとめた「チームのありたい姿」です。

①製造業設計部門

ルーチンワークの徹底的な効率化とコミュニケーションを取りやすい環境づくりにより、お互いの能力を伸ばし合い、最大限に生かせる設計者集団。

②IT企業SE部門

チーム内での自分の役割がわかる。チームに活気が出るよう対話を増やす。また情報共有・効率化を進め残業を減らし、○○君に彼女ができるようにする。

③メーカーCS部門

「生き生き元気よく、積極性と協調性を持って情報共有・スキルアップ・無駄の排除・業務分散して、突発業務もなんのその！と片づけるフレッシュグローバルCS部」「自己研さんのWednesday、家族と自分のためのFriday」

④メーカー技術部門

チーム内で協力し、業務の平準化および共有化を実施して、リスク回避を行いチーム全員が有給取得100％を目指す職場。

⑤メーカー研究開発部門

明確なゴールを定め全員で共有し、高いモチベーションを落とさずに、作業の標準化や会議の質を上げるなどで無駄な時間をそぎ落とし、創造・実験活動に多くの時間を割けるようにすることで、生産性を上げてチームの価値を最大化する。

いかがでしょうか？

どれも、カッコいいキャッチフレーズとは真逆ですよね。第三者が見ると、文章が長くて頭に入ってこないかもしれません。しかし、これがいいのです。実際に、こうした「チームのありたい姿」をつくったチームは、メンバーが協力し合いながら「働き方改革」を実現していきました。それは、全員が共感できる言葉が盛り込まれているからだと、私は考えています。

「増やしたい仕事」と「減らしたい仕事」を明確にする

さらにくわしく、「チームのありたい姿」を見てみましょう。

例に挙げた「②ＩＴ企業ＳＥ部門」では、「もったいないところ」を改善することを重視した内容にしています。「チーム内で自分の役割がわかりづらい」「対話が少ない」

「情報共有・効率化が足りず、残業が多い」といった「もったいないところ」を改善するために、「増やすべきこと＝対話、情報共有、効率化」と「減らすべきこと＝残業」を記述したわけです。

おもしろいのは、「○○君に彼女ができるようにする」という最後の一文です。○○君はメンバーのなかで最も若い独身男性。その○○君のプライベートに関することが、盛り込まれていることに違和感を感じる方もいらっしゃるかもしれません。しかし、この一文に、この「ありたい姿」のよさが凝縮《ぎょうしゅく》しているとも言えるのです。

このチームは、もともとコミュニケーションが少ないことが課題でした。しかし、「カエル会議」で悩みを共有するなかで「そうか、みんな同じことを思ってたんだね」と共感が生まれ、「それじゃ、仕事以外の話ももっとしよう」とライフの充実についても付箋を出し合うことになりました。

そのときに、あるメンバーが、「残業が多くてデートもできない○○君に彼女ができるくらい、『働き方』が変わるチームになりたい」という付箋を出したのです。「カエル会議」を通じてチームに温かい雰囲気が生まれていたこともあって、○○君も嬉しそうに笑い、他のメンバーも「それ、いいね！」と、おおいに盛り上がりました。

そして、「〇〇君に彼女ができるようにする」という一文を「あるべき姿」に盛り込むことが全員一致で決定。このような経緯でつくられたからこそ、**メンバー全員が「あるべき姿」を大切に扱いました。**そして、チームは一歩ずつ「あるべき姿」に近づいていったのです。

「生産性」の向上をゴールにする

一方、「仕事の本来の目的」を明記したのが、「⑤メーカー研究開発部門」のチームです。

注目したいのは「作業の標準化や会議の質を上げるなどで無駄な時間をそぎ落とし、創造・実験活動に多くの時間を割けるようにする」という一文。これは、「作業の標準化が進んでいないこと」「会議の質が低いこと」で時間を取られ、「仕事の本来の目的」である「創造・実験活動」に十分な時間をかけられていない現状を踏まえたものです。

このように、「増やしたい仕事」と「減らしたい仕事」を「ありたい姿」に明記すると、「働き方改革」の明確な指針になるので非常に有効です。

また、このチームでは「残業削減」ではなく、「生産性を上げてチームの価値を最大化する」ことをゴールにしているのもポイントです。くり返し述べているように、「生産性向上」こそが「働き方改革」の本質であり、それを追求する姿勢をメンバーで共有することに大きな意味があるからです。

メンバー全員が共感できることが大切

メンバーからの意見が出尽くしたら、最後に「チームのありたい姿」を読み返して、全員が共感できる内容になっているか確認します。みんなが納得できているようであれば、「それでは、これを当面のゴールイメージにしましょう。次回からは、この『ありたい姿』に近づけるために具体的にどうしていくかを話し合いたいと思います」のように締めくくるといいでしょう。「じゃあ、みんなで拍手しよう」と言って、ゴールイメージの完成を印象づけるのも効果的です。

なお、**確定した「チームのありたい姿」を、常にメンバー全員の目に触れるような場所に張り出す**といいでしょう。メンバーの手帳に「ありたい姿」を印刷したペーパーを挟むのもいいですし、オフィスのパーテーションやカレンダーのそばに張ってもいいでしょう。

ある行政機関では、「カエル会議」に関する資料を綴《と》じるファイルの表紙に大きな字で「ありたい姿」を書いていました。「カエル会議」のたびに、その表紙の文章をしっかりと目に焼きつけるので、有意義なディスカッションができるといいます。

とにかく、「ありたい姿」を日頃から目にすることで、「チームのありたい姿」を全員の心のなかに浸透させることが重要です。日常業務においても意識が高まりますし、**「働き方改革」に向けた一体感も生まれてくる**からです。

このように「チームのありたい姿」を言葉にすることができたら、「働き方改革」の初期設定は終了です。

ここから、いよいよチーム全体で具体的な「働き方改革」を実行するステップに入っていきます。ぜひともチャレンジしていただきたいのが、第1章でもご紹介した「ワークログ」です。第1章では、マネジャーが自分の「働き方」を変えていくことがその目的でしたが、ここでは、メンバー全員が始業前、終業後に「ワークログ」をつけてメールで共有することによって、各メンバーの「働き方」を自発的に改善してもらうとともに、チーム全体の問題点を明確にし、改善策を見出すことが目的となります。

私たちは、これを「朝夜メール」と名づけて、コンサルティングに入ったすべてのチームで実行していただいていますが、多くの方々がその絶大な効果を実感してくださっています。第4章で詳しくご説明しますので、ぜひメンバーの皆さんとともにチャレンジしてください。

第1章 「8割マネジメント」の働き方

第2章 「関係の質」がすべて

第3章 「働き方改革」のキックオフ

第4章

「働き方」を可視化する

ここから具体的な「働き方改革」のプロセスがスタート。チーム全体の「働き方」の問題点を可視化して、解決策を実行する方法を詳しく解説します。

第5章 チームの「生産性」を高める

第6章 「働き方」を劇的に変える

Lesson 18

メンバー全員の「スケジュール」を共有する

「働き方改革」の最強の武器とは？

前章では「働き方改革」を進めるにあたり、「カエル会議」第1回～4回までにやっておくべきことをご説明しました（チームによっては、このプロセスにもっと多くの会議を要することもあります）。そして、「チームのありたい姿」をメンバー全員で共有できたら、次にその「チームのありたい姿」を実現するために、メンバーとともに具体的な解決策を考案・実行するサイクルに入っていきます。

そのために必須なのが「朝夜メール」。いわば、チーム版「ワークログ」です。

この「朝夜メール」は、メンバーに「仕事が増えるの？」といった印象をもたれ、一部から否定的な反応が返ってくる可能性もありますが、個人にとってもチームにとっても、生産性を上げるための「最強の武器」となってくれるツールです。

私たちがコンサルティングした多くのチームでも、最初は若干の抵抗があるものの、しばらくすると「朝夜メールをやってよかった！」というメンバーが続出。さらに、数ヶ月後には**「仕事が楽になった！」**と感謝の言葉をいただくようになります。ぜひ、チャレンジしてみてください。

では、「朝夜メール」についてご説明します。

基本的には、【Ｌｅｓｓｏｎ❷】（11ページ）でご説明した「記録（ワークログ）」と同じものです。すべてのメンバーに、毎朝、働き始める前に、その日一日のスケジュールを15分単位で見積もり、終業後に、実際にどのように仕事を進めたのかを記録してもらうのです。異なるのは、朝と夜にそれぞれ記録したものを、メールで送信してチームで共有するという点です（図18－1）。

また、マネジャーがひとりで記録するときは、始業前に「本日優先すべき仕事」を、

図18-1「朝夜メール」の例

朝メール

宛先:第2営業部ML
件名:【本日の予定】山田太郎_20180802
本文:第2営業部各位

08:00　出社
08:00～08:15　全体朝礼
08:15～08:30　[メール・メールチェック]
08:30～09:00　[資料作成・社内資料] Aチーム勉強会資料最終チェック
09:00～10:00　[打合せ・勉強会] Aチーム勉強会
10:00～10:30　[営業・移動] Z社
10:30～11:30　[営業・ルート営業] Z社(アフターフォロー)【優先順位1】
11:30～12:00　[営業・移動] 会社
12:00～13:00　[その他] ランチ
13:00～13:15　[メール・メールチェック]
13:15～13:45　[打合せ・報連相] Bさん(セミナーの内容共有)
13:45～15:00　[資料作成・社外資料] C社提案書作成【優先順位2】
15:00～15:30　[営業・移動] W社
15:30～16:30　[営業・新規営業] W社(訪問2回目・クロージング)
16:30～17:00　[営業・移動]会社
17:00～17:15　[メール・メール作成対社外] W社
17:15～17:45　[打合せ・報連相] Fさん(W社の件)
17:45～18:00　[事務処理・日報・月報作成] 日報作成
18:00　帰宅

〈本日優先すべき仕事〉
「Z社(アフターフォロー)」「C社提案書作成」を優先したい

〈一言メッセージ〉 ← メンバーに一言メッセージを書き込んでもらう
- C社向けの提案書を作っています！
  医療品業界で盛り込んだほうが良いテーマがあれば教えてください！

〈返信〉
- 先月S社に提案した資料が社内共有フォルダの「S社」の中に入っているよ。
  参考にしてみて！　好評だったよ～！

終業後に「今日の振り返り」をメモしますが、「朝夜メール」ではそれに加えて、メンバーに「一言メッセージ」を書き込んでもらいます。

「一言メッセージ」はなんでもかまいません。「3日連続出張でバタバタだけど、頑張ります！」でもいいですし、「このプロジェクトを絶対成功させます！」などと決意表明をしていただいてもかまいません。

あるいは、「週末は娘の運動会でした！」「ペットの猫が病気で心配です」といったプライベートなことでもOKです。「C社向けの提案書を作っています。医療品業界で盛り込んだほうがいいテーマがあれば教えてください！」といった具体的な相談を書き込むのもいいでしょう。重要なのは、各メンバーの状況をチームで共有すること。そして、「一言メッセージ」に他のメンバーが返信することで、**コミュニケーションが促進される**ことです。

返信する内容も自由です。

たとえば「3日連続出張でバタバタだけど、頑張ります！」に対して、「私も2日連続出張。お互い頑張りましょう！」と返してもいいですし、「私は今日、ずっと内勤なので、何か手伝えることがあったらお声がけください！」とサポートを申し出てもいいでしょう。先ほどの具体的な相談に対する回答として、「先月S社に提案した資料が社内共有フォルダの『S社』の中に入っているよ。参考にしてみて。好評だったよ～！」と返すと、受け取った相手は、次のアクションを起こしやすくなります。

とにかく大切なのは、何かを返信すること。それだけで、「朝夜メール」が楽しくなってくるからです。特に、マネジャーの返信には、メンバーの気持ちを高める重要な効果がありますから、積極的に返信するようにしてください。返信してもらったメンバーは「承認されている」という安心感をもってくれますし、メンバー間のコミュニケーションを活性化させることもできるからです。

優れたメンバーの「働き方」を学ぶ

「朝夜メール」のメリットを整理しておきましょう。

大きく2つあります。第一に、**メンバー一人ひとりが自らの「働き方」を可視化することで、的確に改善していくことができる**こと。第二に、チーム全体の「働き方」

を集計・分析することで、**チームの課題を明確にして、具体的な解決策をディスカッションできるようになる**ことです。

第一のメリットについては、【Lesson❷】（11ページ）でご紹介した「ワークログ」を続けてきたマネジャーであれば、実感していただけるはずです。

始業前に見積もったスケジュールと、実際の仕事ぶりの差異を毎日振り返ることで、着実に「働き方」を改善していくことができますし、一定期間ごとに、自分の「働き方」を集計・分析することで、さらに深い洞察をすることができます。マネジャー自身が「ワークログ」をつけることで体験したメリットをメンバーにシェアすれば、チーム全体で「朝夜メール」にチャレンジすることを納得してもらいやすいはずです。

また、「朝夜メール」には、ひとりでつける「ワークログ」にはない、大きなメリットがあります。

というのは、メンバーがお互いの「朝夜メール」を見ることができるため、「あの人って、こんなに速く資料が作れるのか」「こんなに少ない営業回数で契約が取れるのか」など、**周りのメンバーの仕事の進め方から多くのことを学べる**からです。

たとえば、私たちがコンサルティングをしたある営業チームでは、「朝夜メール」をつけることで、いちばん効率よく働いているのが時短勤務の女性だとわかりました。そこで、他のメンバーが彼女に「なぜ、あんなに少ない営業回数で契約が取れるのですか？」と尋ねたところ、彼女が「決め手」となる営業資料を常に持参していることを伝授。早速それを取り入れたことで、すべてのメンバーの営業効率がグッと上がったのです。

このように、「朝夜メール」でお互いの「働き方」をオープンにすることで、一人ひとりが大きく成長する機会を得るケースを数多く見てきました。

さらに、「朝夜メール」によって、チーム内でそれぞれのメンバーがどのような仕事・プロジェクトを進めているのかを共有できることにも、大きな意味があります。内容的に重複した仕事をしていることがわかって改善しようという話になったり、他のメンバーの仕事に役立つ情報や人脈を提供できたりします。他のメンバーがスケジュールに追われていることがわかったときには、サポートを申し出ることもできるでしょう。

このように、チーム内のスケジュールを全員で共有することによって、**自発的にお互いに協力し合う機運を生み出すことができる**のです。

なお、これはマネジャーにとっても大きなメリットをもたらしてくれます。マネジャーは忙しいので、一人ひとりのメンバーの一日の行動予定や業務状況を細かく把握するのは難しいものです。しかし、「朝夜メール」があれば、それらを簡単に把握でき、的確なサポートができるからです。

しかも、マネジャーの一日の行動予定もオープンにしていますから、メンバーも「この時間なら、マネジャーに相談に乗ってもらえる」などと判断しやすくなります。その結果、メンバーとのコミュニケーションも豊富になるのです。

「朝夜メール」は管理のためのツールではない

ここで注意していただきたいのは、「朝夜メール」は決して**〝管理のためのツール〟ではない**ということです。

もちろん、マネジャーが「朝夜メール」でそれぞれのメンバーの「働き方」を見て、必要であれば、個別にフィードバックすることによって改善をうながすのは大切な仕事です。

あるいは、「朝夜メール」によって、業務分担が偏りすぎていることがわかったり、メンバー間の協力体制の弱さを認識したときには、マネジャーとして何らかの手立てを講じる必要があるでしょう。

しかし、あくまで、**「朝夜メール」は、メンバーをサポートしたり、育成したりするためのツールだということを忘れてはなりません。** 決して、メンバーの「働き方」を監視して、マイクロマネジメントをするためのツールではありません。そのような使い方をすれば、メンバーは強い反発を感じて、「朝夜メール」に真剣に取り組んでもらえなくなってしまうでしょう。

ですから、「朝夜メール」の実施をメンバーに呼びかけるときは、「これは、管理ツールではありません。自分も含めて、全員が成長するためのツールです」と強調することをおすすめします。

そして、「仕事は思っているようには進まないものだから、『朝メール』どおりに働けなくても構いません。マネジャーとして、なんらかのフィードバックをすることはあっても、そのことを咎《とが》めるようなことは絶対にありません」などと明確に伝えるといいでしょう。

「朝夜メール」でチームの課題が浮き彫りになる

次に、「朝夜メール」の第二のメリットについてご説明しましょう。

第二のメリットは、「チームの課題を明確にして、具体的な解決策をディスカッションできるようになること」でした。

チーム全体で「働き方改革」を進めていくうえでは、こちらのほうがより重要と言えます。

「チームのありたい姿」のなかに、「作業の標準化や会議の質を上げるなどで無駄な時間をそぎ落とす」という文言を盛り込んだとしても、「では、具体的にどうするか？」と問われれば、あるメンバーは「定例会議を短くしたほうがいい」と言い、あるメンバーは「クライアントとの会議が多すぎる」と主張するかもしれません。そして、どちらのほうがより優先順位が高いのか、誰にも判断がつきません。どうしても、**明確**

な根拠のないフワフワとした議論になってしまうのです。

そこで力を発揮するのが「朝夜メール」です。一定期間にわたって、全メンバーが記録した「朝夜メール」を集計・分析すれば、チーム全体で「どの仕事に時間を取られているか？」「どの会議に時間を取られているか？」が一目瞭然になります。

たとえば、【図18-2】のような集計結果が出たとすれば、「社外会議より社内会議に多くの時間が取られている」ことが明確になります。そこで、「まず、社内会議の適正化」について検討を進めようという意思決定を行うことができるわけです。

このように、客観的データを共有することで、はじめて「カエル会議」で建設的な議論をすることができるのです。つまり、「朝夜メール」がなければ、勘に頼った「働き方改革」になってしまい、きわめて非効率的な試行錯誤を余儀なくされるということです。

このことをメンバーが理解できれば、「朝夜メール」に積極的に取り組むようになるでしょう。

図18-2「朝夜メール」を集計・分析する

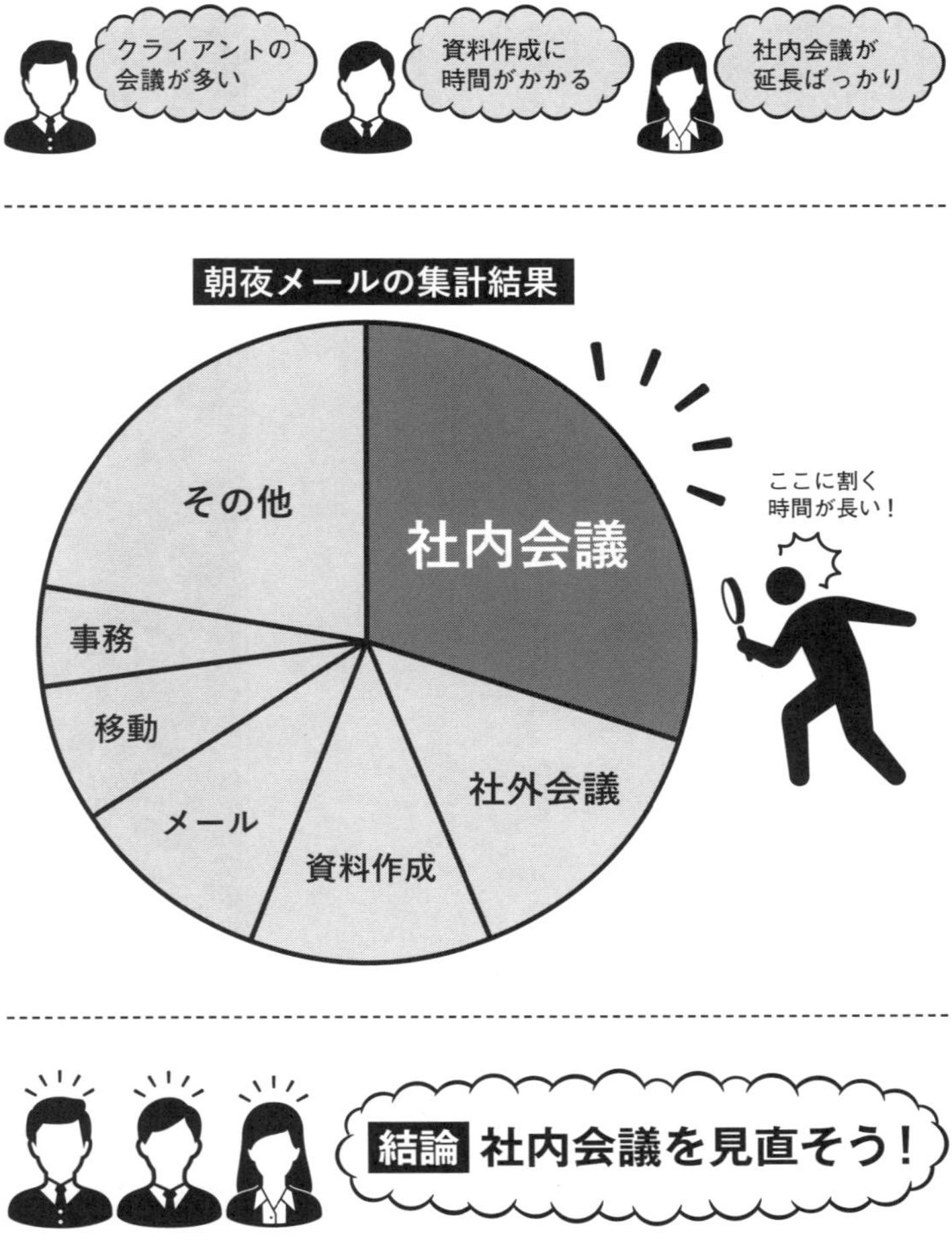

Lesson 19

チームの「働き方」を分析する

何を分析したいかを考える

「朝夜メール」を始めるときに、最初に考えなければならないのが、【Lesson❹】（30ページ）でもご説明した「項目」の設定です。

改めて、おさらいをしておきましょう。「朝夜メール」の最大のメリットは、一定期間の「朝夜メール」を集計して、チーム全体で「何にどれだけの時間を使っているのか？」を把握できることにあります。

そして、「朝夜メール」を集計・分析するためには、メンバー全員が「資料作成」「会議」「外出」などの「共通した項目」を立てたうえで、それに該当する個別タスクを記入しておく必要があります。メンバーがバラバラに個別タスクを記入していては、チーム全体の「働き方」を集計・分析することは不可能だからです。

そこで、マネジャーは、自分がつけてきた「ワークログ」と「集計・分析結果」をメンバーに示しながら、「項目」の重要性を伝えるといいでしょう。そして、「カエル会議」でメンバーとともに、どのような「項目」を立てるかを議論するのです。

ここで、議論の土台となるのが「チームのありたい姿」です。

特に重要なのは、「ありたい姿」に盛り込んだ、チーム全体で**「どの仕事を増やし、どの仕事を減らしたいのか？」**という部分です。次のような「ありたい姿」を共有したチームで、どのように「項目」を決めていくかシミュレーションしてみましょう。

「明確なゴールを定め全員で共有し、高いモチベーションを落とさずに、作業の標準化や会議の質を上げるなどで無駄な時間をそぎ落とし、創造・実験活動に多くの時間を割けるようにすることで、生産性を上げてチームの価値を最大化する」

このチームでは「増やしたい仕事」として「創造・実験活動」を挙げるとともに、「作業の標準化や会議の質を上げる」ことで「無駄な時間を減らしたい」と明記しています。そこでこの認識をベースとしてメンバーに、具体的な「増やしたい仕事」「減らしたい仕事（効率化したいこと）」を付箋に書いてもらいます。

「増やしたい仕事」を分析する

そして、【図19－1】のように付箋がグルーピングされたとします。

ここから、「項目化」すべきテーマが見えてきます。

まず、「増やしたい仕事」から見てみると、「研究活動」というグルーピングがありますから、これを「大項目」として立てるといいでしょう。一定期間「朝夜メール」を続けて集計・分析すれば、総労働時間のうち何割を「研究活動」に使えているかが明確になるはずです。その割合が予想以上に少ないようであれば、「何割まで増やしたいか」を話す必要があります。

図19-1 「増やしたい仕事」と「減らしたい仕事」をグルーピング

チームのありたい姿

「明確なゴールを定め全員で共有し、高いモチベーションを落とさずに、作業の標準化や会議の質を上げるなどで無駄な時間をそぎ落とし、創造・実験活動に多くの時間を割けるようにすることで、生産性を上げてチームの価値を最大化する」

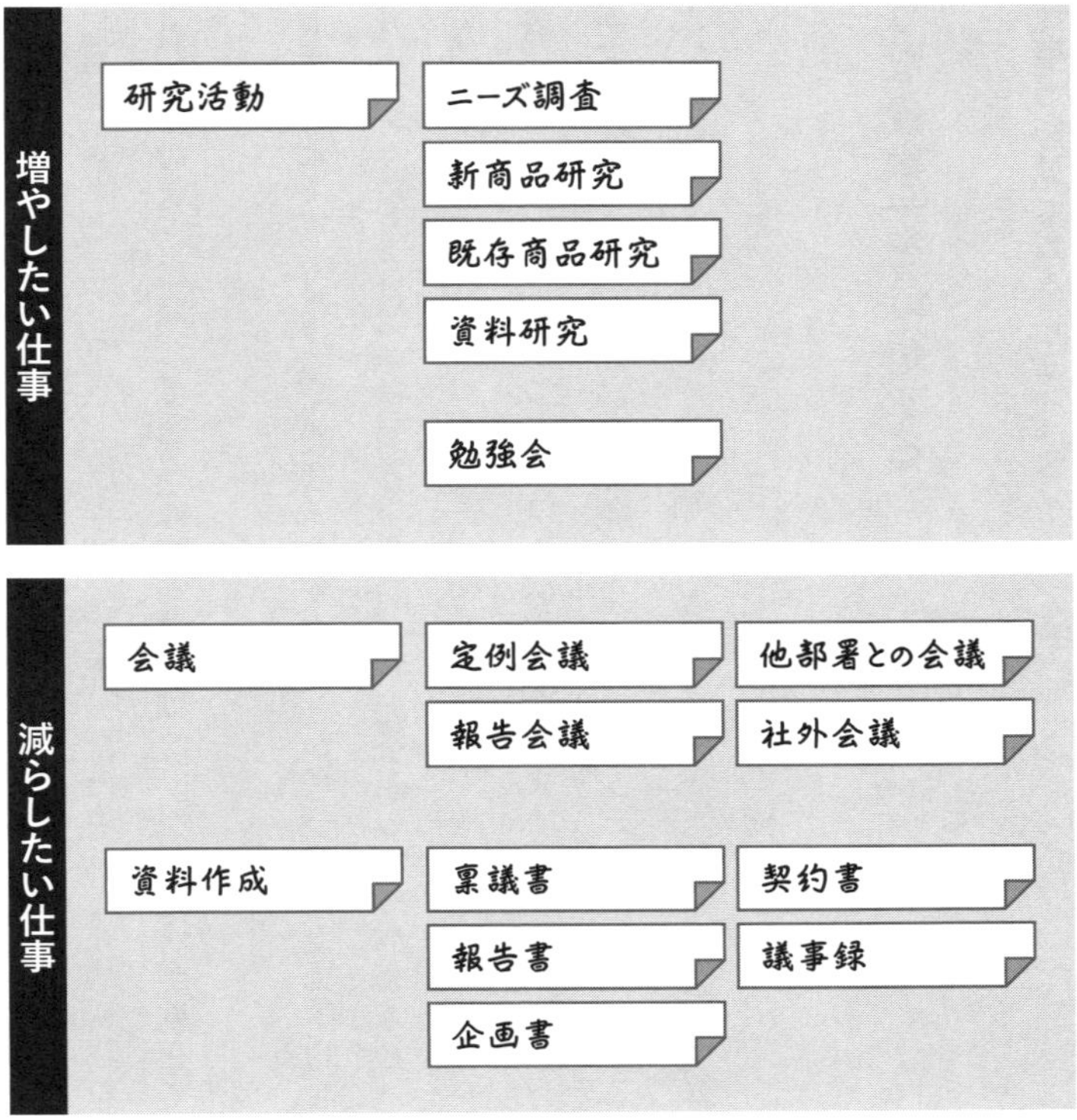

さらに、「研究活動」の「小項目」として、「ニーズ調査」「新商品研究」「既存商品研究」「資料研究」「勉強会」などと立てると、「既存商品研究」にはそれなりの時間を割けているけれど、それ以外のことには、ほとんど時間が割けていない現状が見えてくるかもしれません。

こうして、チームの実態が見えてくれば、「では、どうすべきか？」という具体的な議論ができるようになります。たとえば、「もっと、新商品研究をやっていかないといけない」という議論になれば、数人のメンバーで「新商品開発チーム」をつくり、一定の時間を新商品の開発に費やすようにするという解決策もあります。

そして、その時間を生み出すために、「新商品開発チーム」のメンバーが抱えている仕事の一部を他のメンバーに渡したり、ムダな仕事の効率化を進めていくなどの対策を考えるわけです。

「問題のありそうな仕事」を分析する

次に、「減らしたい仕事」を見てみましょう。

グループピングされているものに「会議」がありますから、これを「大項目」として立てることにしましょう。そして、その「小項目」として、「定例会議」「報告会議」「他部署との会議」「社外会議」などを立てれば、「朝夜メール」の集計・分析によって、それぞれにどれだけの時間を費やしているかを明確にすることができます。

その結果、「他部署との会議」に予想以上の時間が取られていることがわかったとしたら、その理由をさらに詳しく分析します。もしかすると、特定の部署との緊急会議が多いことがわかるかもしれません。であれば、「なぜ、その部署との緊急会議が多いのか？」を検証し、具体的な改善策を打つことで、「他部署との会議」にかける時間を減らすことができるでしょう。

「大項目」は5〜10個程度、「小項目」は2〜5個程度ずつ設定するとうまくいくケースが多いです（34ページの【図4－1】参照）。項目があまり多すぎると、「朝夜メール」の記入が煩雑《はんざつ》になりますし、少なすぎると、有意義な集計・分析ができません。

なお、実際に「朝夜メール」を始めてみると、当初の「項目」にうまくあてはまらない仕事も出てきます。そういった仕事は、「その他」という項目で処理することになりますが、この「その他」が3割を超えると、意味のある集計・分析ができなくなるため要注意です。その場合、できるだけ早めに修正を加えるようにしてください。始めてから2週間後に一度、項目の見直しを行うといいでしょう。

この「項目設定」が、「朝夜メール」の成否、さらには「働き方改革」の成否を決めると言っても過言ではありません。ぜひ、メンバーとともにじっくりと話し合って、よりよい「項目」を設定していただきたいと思います。

「朝夜メール」は継続しなければ意味がない

「項目」の設定が終われば、いよいよ「朝夜メール」のスタートです。

ただし、その効果が実感できるようになるのに、少なくとも2週間から1ヶ月はかかります。その間マネジャーは、メンバー全員に楽しく取り組んでもらえるよう心がけましょう。

たとえば、メンバーの「朝夜メール」の「一言メッセージ」に、「いつも、頑張ってるね」「たいへんな仕事をやりとげてくれて、ありがとう」といったポジティブな返信をすれば、メンバーを安心させるとともに、「朝夜メール」に対するモチベーションを高めてくれるでしょう（もちろん、口頭で伝えても問題ありません）。また、「カエル会議」では、「個別タスクはどこまで詳しく書くか？」といったことについて話し合い、ムリなく続けられる方法を固めていくといいでしょう。

このように、「朝夜メール」をスタートしてしばらくの間は、チーム全体の「働き方改革」に本格的に取り組むことよりも、「朝夜メール」をチームに定着させることを優先するほうがいいと思います。

Lesson 20

「業務分担」をマトリクスで整理する

チームの業務を4つに分ける

【Lesson⑲】（176ページ）でご紹介した「項目」の設定と並行して、「カエル会議」でやっておいていただきたいことがあります。

それが**「チームの業務分担の可視化」**です。私の見てきたコンサルティング先の職場では、残業の多いチームほど「業務の偏り」が発生。その不公平感から、「関係の質」も低下していました。それをふせぐ方法として、それぞれのメンバーが現在どのような仕事を抱えているのかを「可視化」することで、「業務の偏り」がないかを確認。負担の重いメンバーをサポートしたり、仕事そのものを別のメンバーに渡したりすることを全員で検討するのです。

やり方は簡単です。まず、A3用紙に、【Lesson❺】(39ページ)でも使った「緊急度と重要度のマトリクス」を書きます。そのうえで、メンバー一人ひとりが、「現在、自分が担当している業務」をひとつずつ一枚の付箋に書き出します。「ひとり付箋20枚」を目標に、なるべく細かく書き出してもらうといいでしょう。

そして、書き出した付箋を、それぞれ4象限――「①緊急かつ重要な業務」「②緊急だが重要ではない業務」「③緊急ではないが重要な業務」「④緊急でも重要でもない業務」――に貼りつけます。貼り出された付箋を1枚ずつ全員で確認しながら、「本当にこの位置でいいのか?」を吟味し、最適な場所に貼り替えていくのです(図20－1)。

ここで、プレイングマネジャーに注意していただきたいことがあります。**プレイングマネジャーは「マネジメント業務」も忘れずに書き出していただきたい**のです。特に日頃、ついつい後回しにしがちな「メンバーの育成」「技術や知識の継承」などの業務を書き漏らさないように気をつけてください。

このプロセスを踏めば、現時点におけるチームの業務分担の状況が一目瞭然となり

図20-1 チームの業務分担をマトリクスで整理する

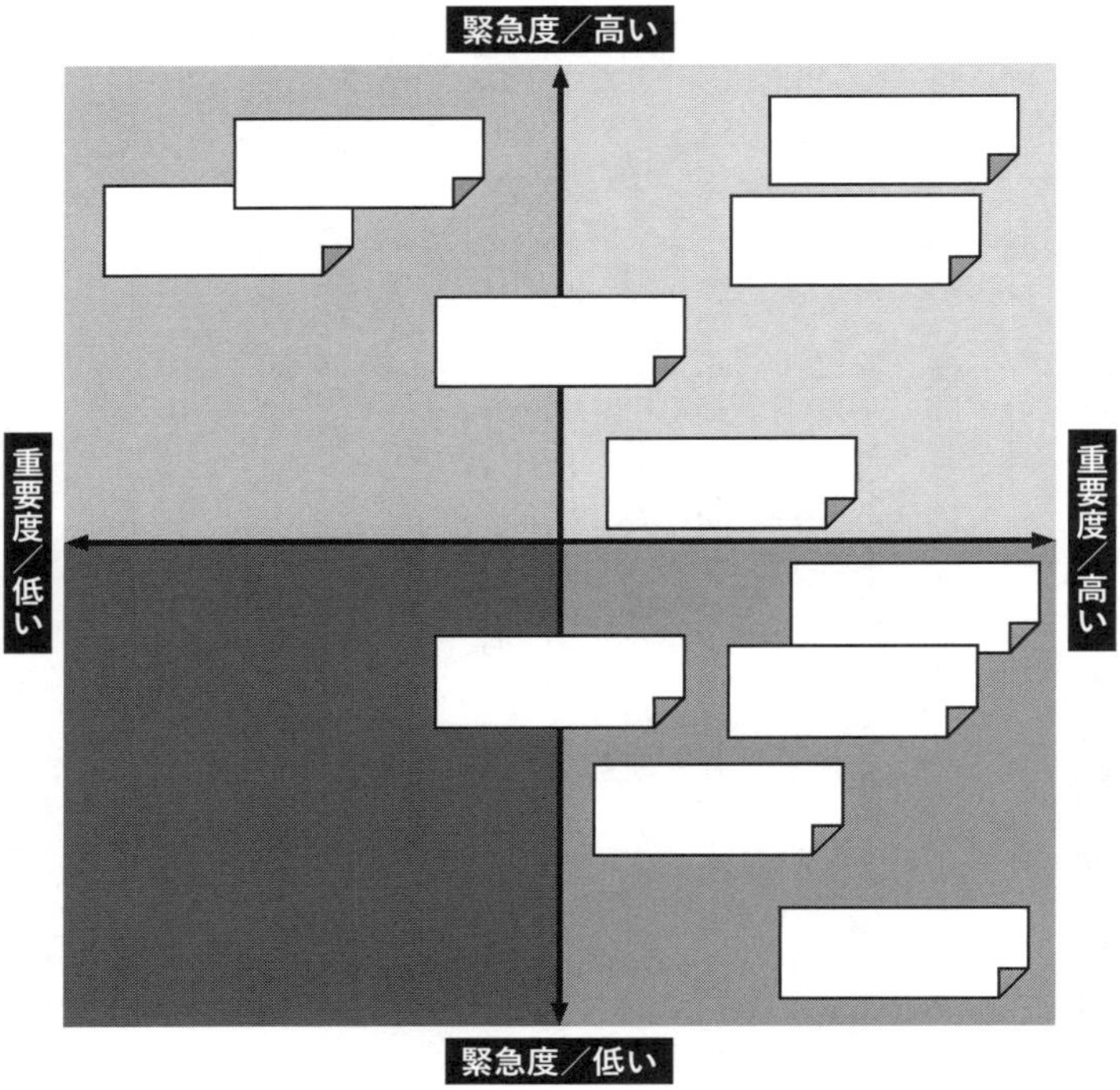

緊急度と重要度に応じて
4つの象限で整理する

ます。そのうえで、まず「①緊急かつ重要な業務」が、誰にどのような形で配分されているかを確認します。

もし、特定のメンバーに集中しているようであれば、他のメンバーにサポートしてもらったり、業務そのものを他のメンバーに渡せないかを話し合います。「業務の偏り」を是正することで、確実にチームの生産性を高めることができるからです。

「属人化」は深刻なリスクである

ただし、その業務を、他のメンバーに簡単には渡せない場合もあります。

その業務が特定のメンバーに「属人化」しているケースです。特に「重要な業務」の大半が特定のメンバーに「属人化」している場合（実は、プレイングマネジャーに集中しているケースも多いのが実情です）には、その仕事を他のメンバーに渡すのは非常に困難。これが、チームにリスクをもたらします。

たとえば、そのメンバーが急病にかかっても、誰もその業務をフォローできないという問題が発生します。あるいは、両親の介護負担が増えても、他のメンバーに仕事を任せることができないでしょう。

その結果、仕事と介護の両立をするために、寝る間を惜しんで働いたり、持ち帰り残業をするなど、ムリにムリを重ねる状況に追い込まれかねないのです。

また、このような状況を放置すると、マネジャーにも大きなリスクをもたらします。

2019年の春から労働基準法が改正され、月間の労働時間の上限規制が罰則つきで施行されますから、「属人化」しているために長時間残業を続けているメンバーを放置すれば、**罰則の対象となる人材をチーム内に抱えてしまう**ことになるのです。万一、そのような事態を招いたら、「自分も現場に出ていて忙しいから、メンバーの個別の状況は把握できていなかった」では済まされないのです。

「属人化」の危険性をメンバーに伝える

かつてコンサルティングした大手ガス会社で、印象的な出来事があります。

20代の女性コンサルタントが「皆さんの業務が属人化しているので、マニュアルをつくってノウハウを共有して、誰でもその業務を担当できる状態にしましょう」と提案したところ、50代の男性メンバーが、「俺の仕事は、すぐに誰でもできるようなものじゃないんだ。バカにするな！」と激怒。その場の空気が一瞬にして凍りつきました。そして、そのまま彼は部屋を出て行ってしまったのです。

その後、他のメンバーが、前向きにマニュアルづくりに取り組んでくれ、その50代の男性も、少しずつマニュアルをつくってくれるようになりました。ちょうどそのころ、男性の母親が亡くなり、喪主を務めるため忌引をとることになったのです。

4日後、職場に復帰した男性は、女性コンサルタントに頭を下げてこう言いました。

「自分が間違っていたよ。もしも、マニュアルをつくらずに忌引きに入っていたら、お客様に大きな迷惑をかけるか、親に不義理をして2日で切り上げて出勤せざるをえなかったと思う。今回、メンバーにうながされて少しずつマニュアル化をしていたおかげで、お客様や会社からの電話も鳴ることなく、落ち着いて喪主を務めることができたんだ。

自分はいままで、中途半端なプロ意識をもっていたのだと思う。ずっと、自分にしかできない仕事をするのがプロだと思っていたけれど、**本当のプロは、いつ何が起きてもお客様にだけは迷惑をかけない体制を日ごろからつくっている**んだね。今回のことで、ようやく気づくことができたよ」

この言葉を聞いて、私たちもとても感動しました。この男性の言葉からもわかるように、業務の「属人化」を放置することは、メンバーにとっても、チームにとっても、大きなリスクとなります。そして、「属人化」を解消しておけば、イザというときにも対応できるチームになることができるのです。

「属人化」を解消して、「強いチーム」をつくる

もうひとつ、熊本県にある健康食品会社のエピソードもご紹介しましょう。この会社では、社長とマネジャーたちが一丸となって「働き方改革」を推進。当初、社員の多くは消極的だったのですが、マネジャーたちが粘り強くアプローチを続け、少しずつ全社的に「働き方」が変わっていきました。

なかでも、「属人化」を解消することによって、不在のメンバーがいても、ちゃんと仕事が回る体制を整えることに注力。「長期の休みは取りづらい」とあきらめていたメンバーたちのリフレッシュ休暇の取得率も100%になったのです。

そんなとき、2016年4月に熊本地震が発生。震源地にほど近い社屋は破損等の被害を受けながら、一階を緊急避難所として地域に開放しました。一方、全国にいるお客様の多くは、同社が熊本地震の被災企業であることを知りませんから、どんどん注文は入ってきます。避難所生活を余儀なくされているメンバーもいるなか、避難所としての機能を発揮しながら、通常どおりの業務を進めなければならなかったのです。

しかし、ここで、日頃から「属人化」の解消を進めてきた成果が現れました。すべてのメンバーがあらゆる業務をこなすことができますから、なんとかお客様のオーダーにも対応することができたのです。しかも、避難所生活を送るメンバーや、両親の世話をしなければならなくなったメンバーには、気兼ねなく休暇を取ってもらうこともできました。「もし働き方が以前のまま属人化した状態だったら、業務が滞りお客様にも多大な迷惑をかけていました」と語る社長の姿が目に焼きついています。

このように、「属人化」を解消しておくことが、どんな状況に陥っても稼働する「強いチーム」をつくることに直結するのです。こうしたメリットについても、「カエル会議」でメンバーに伝えたうえで、「属人化を解消できるように、みんなで工夫していきましょう」と呼びかけるといいでしょう。

Lesson 21

「健全なチーム」と「不健全なチーム」の違い

「緊急ではないが重要な業務」を増やす

【Lesson⑳】（184ページ）でご紹介した「業務分担のマトリクス」で、もうひとつ確認しておいていただきたいことがあります。「4象限のマトリクス」のバランスです。

もしも、「①緊急かつ重要な業務」と「②緊急だが重要ではない業務」が多く、「③緊急ではないが重要な業務」が少なければ、チーム全体が「仕事に追われている」という不健全な状態にある証拠（図21-1）。疲弊しているチームほど、「①緊急かつ重要な業務」に付箋が集中する傾向があるので注意が必要です。

図21-1 「健全なチーム」と「不健全なチーム」のマトリクスの違い

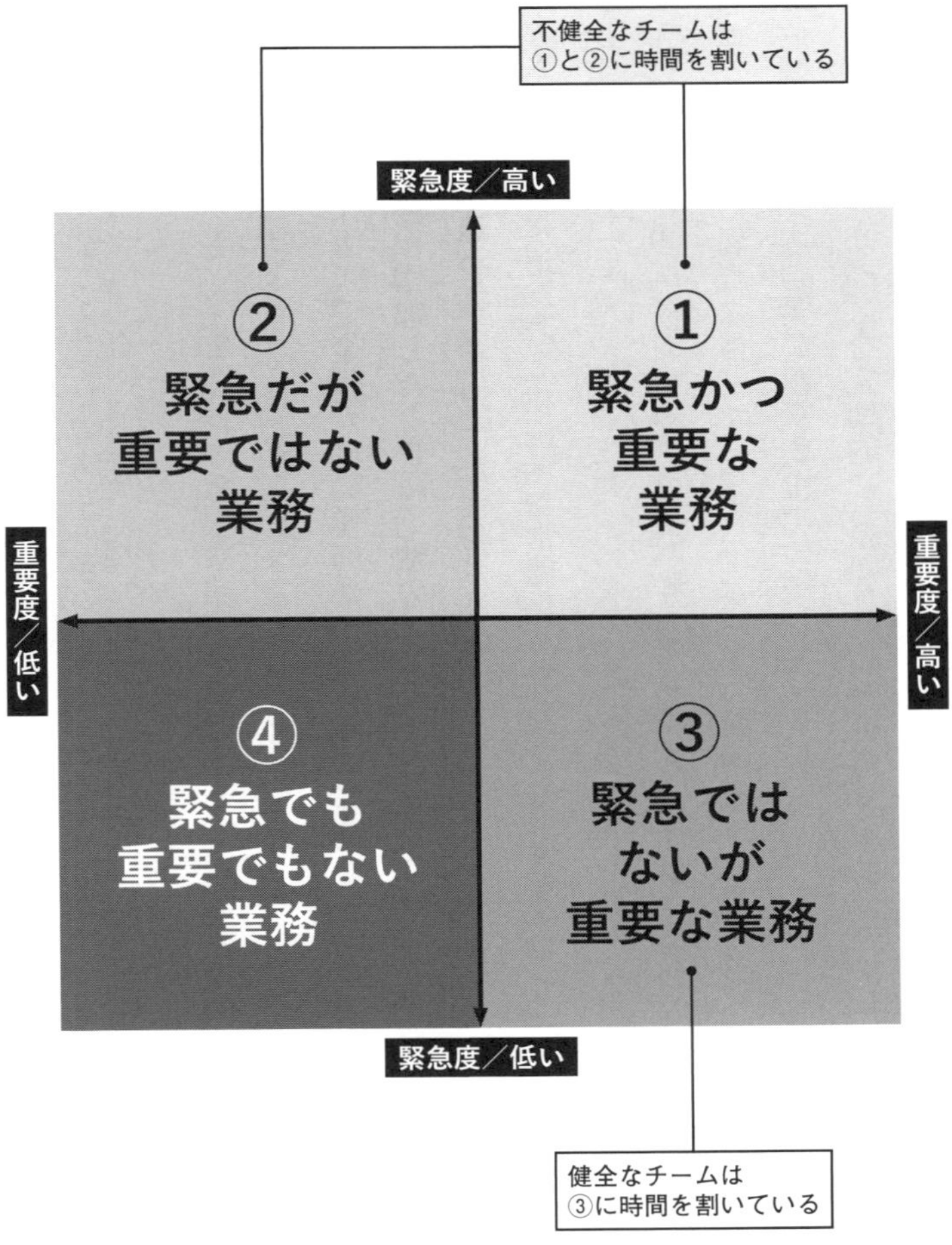

一方、健全なチームは「③緊急ではないが重要な業務」に多くの付箋が集まります。なぜなら、「①緊急かつ重要な業務」の多くは、もともと「③緊急ではないが重要な業務」だったからです。③の段階で少しずつ「重要な業務」を進めることができるチームであれば、自然と「①緊急かつ重要な業務」が減ってくるはずなのです。

あるいは、「③緊急ではないが重要な業務」に「担当業務のマニュアル化」がいくつも貼られているチームは健全性が高い傾向があります。**業務をマニュアル化しておけば、急を要する業務が増加したときに、他のメンバーに業務の一部を任せることができるため、「仕事に追われる状況」が緩和される**からです。

ですから、「仕事に追われる状況」が常態化している不健全なチームは、「③緊急ではないが重要な業務」を増やすことによって、①と②の業務を減らす努力が求められます。もしも、①と②に付箋が集まる状況を放置すれば、「仕事に追われる状況」は悪化するばかり。その場合には、マネジャーは「この悪循環から抜け出そう」と、メンバーに危機感を訴える必要があります。

そして、このマトリクスを定期的につくることを提案するといいでしょう。できれば毎週1回、少なくとも毎月1回、マトリクスの状態をチェックすることで、チームを健全化していくのです。

そのために重要なのは、日々、「朝夜メール」を書くときに、このマトリクスを思い浮かべながら、業務の優先順位を的確に判断する習慣をつけてもらうことです。「『③緊急ではないが重要な業務』に十分な時間を使えているだろうか？」「その時間を確保するために、それ以外の仕事を適切にコントロールできているだろうか？」……。一人ひとりが、そのような意識をもちながら「朝夜メール」をつけることを習慣化できれば、少しずつマトリクスは改善され、健全なチームに変わっていくはずです。

「緊急だが重要ではない業務」を減らす

また、チームでつくったマトリクスをもとに、メンバーに「時間的余裕」を生み出すコツを伝えるのも効果的です。

たとえば、「②緊急だが重要ではない業務」に貼られた業務を精査してみるといいでしょう。重要性は低いが「緊急」だと思って優先的に取り組んでいても、実際には緊急ではないケースが多いからです。

その代表格が「取引先や他部署からの突然の依頼」です。「突然の依頼」だからと、条件反射のようにすぐに対応すべきと判断しがちですが、**相手とスケジュールの調整をすることによって「緊急性」を下げる**ことができるかもしれません。であれば、スキマ時間で処理すれば十分です。その業務に対応するために、あらかじめ立てたスケジュールを変更して、わざわざ時間をつくり出す必要はないのです。

このように、「②緊急だが重要ではない業務」の「期日管理」をすることで、時間に追われず、「③緊急ではないが重要な業務」にしっかりと向き合うだけの余裕を生み出すことができます。

「捨てる仕事」を見つける

あるいは、「④緊急でも重要でもない業務」にも注意が必要です。

なかには、捨ててしまっても問題のない業務が含まれているからです。それに気づかず漫然と仕事を続け、多くの時間を浪費しているケースが多いのです。

ただ難しいのは、そもそもメンバーが「④緊急でも重要でもない業務」をしているという自覚がないこと。本来であれば「④緊急でも重要でもない業務」に該当するにもかかわらず、これ以外の象限に分類してしまっているケースがよくみられるのです。ですから、マネジャーは4つの象限のなかから、本来は「④緊急でも重要でもない業務」に分類されるべき仕事を見つけ出して、**メンバーに「これは本当に必要な仕事でしょうか?」と問いかける**ように努めるといいでしょう。そして、その意識をメンバーに少しずつ浸透させるのです。

それに成功したケースをご紹介します。

私たちがコンサルティングに入ったある省庁の部署では、作成すべき資料があまりにも多いという問題を抱えていました。そこで「カエル会議」を開き、「チームの本来の目的」について話し合ったところ、「この部署が設立されたときと社会状況は激変した。私たちのミッションは、設立当時のミッションとはまったく違う。であれば、現在のミッションとは関係のない資料はつくるのをやめていいはずだ」という意見が飛び出しました。

そして、その視点で資料をチェックした結果、大半の資料はもはや作成する必要がないと判断。それらの資料作成業務をやめることにしたのです。これで、メンバーの業務負担が大幅に軽減されたのは言うまでもありません。

このように、**常に「この仕事は本当に必要なのか？」という意識をもつことが大切**です。もちろん、「仕事の要・不要」を個々のメンバーが独断で決めつけるのは危険ですから、「不要」と思われる仕事があれば、マネジャーに相談するなり、「カエル会議」で判断を仰ぐなりの対応を奨励するといいでしょう。

「仕事の優先順位を適切につける」「仕事の要・不要を確認する」という意識をもちながら、「朝夜メール」に取り組んでもらう。そして、ムダな業務をどんどん省きながら、「③緊急ではないが重要な業務」にしっかりと時間をかける。メンバーにこうした習慣を身につけてもらうのも、マネジャーの大切な仕事なのです。

「優先順位」をつけられるようにメンバーを育てる

もしも、なかなか「仕事の優先順位づけ」が上達しないメンバーがいたら、マネジャーが1対1で、そのメンバーの業務を「マトリクス」に落とし込んで、優先順位のつけ方を一緒に考える機会を設けるといいでしょう。

ある大企業では、新入社員が2週間に一度、先輩メンターと「マトリクス」をすり合わせるというルールを設けたところ、短期間で正しく仕事の優先順位づけができるようになったそうです。このように、マネジャーがメンバーと定期的に「マトリクス」をすり合わせれば、みるみるうちに成長してくれるはずです。

その際に、参考にしていただきたいのが【図21－2】です。

これは、「優先順位づけ」が苦手なタイプごとに対応策を示したものです。

タイプ1は、ほとんどの業務を「①緊急かつ重要な業務」に分類してしまうパターンです。このタイプの場合には、メンバーが「①緊急かつ重要な業務」に分類した業務を、もう一度「マトリクス」に落とし込むように伝えるといいでしょう。徐々に、**「優先順位づけ」の感覚を身につけてくれるはず**です。

タイプ2は、「②緊急だが重要ではない業務」に追われて、「③緊急ではないが重要な業務」に着手できないパターンです。この場合には、②以外にも、気づかないうち

図21-2 「優先順位づけ」が苦手なタイプ別対応法

タイプ1

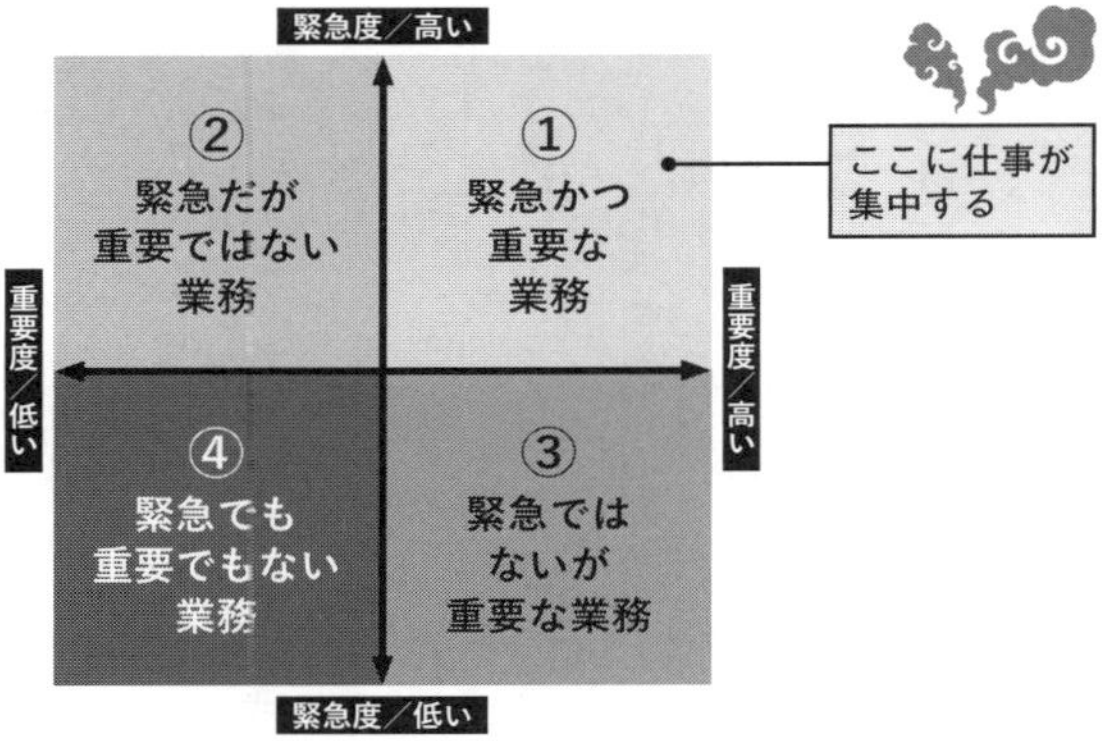

対策 ①に集まったタスクをさらに4象限に分けて優先順位をつける

タイプ2

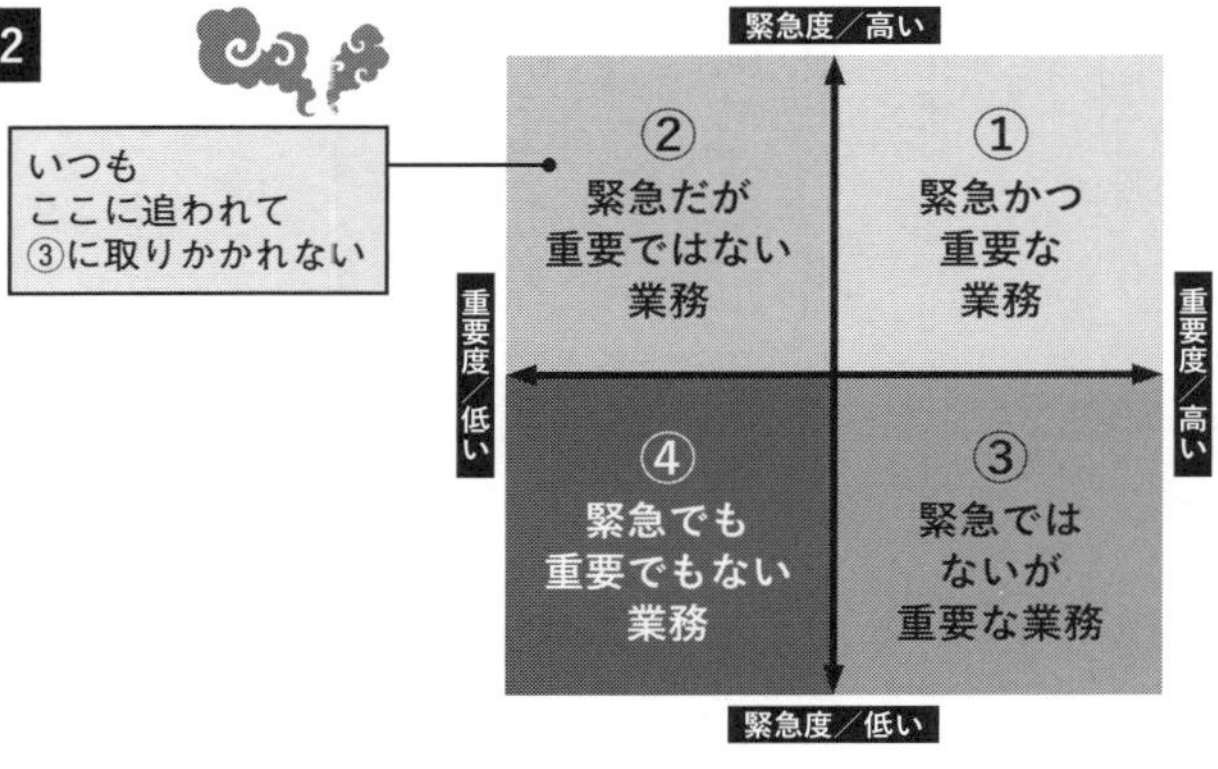

対策 緊急度に応じて、タスクごとにしっかり期日管理を行う

に「④緊急でも重要でもない業務」をしてしまっている可能性があります。そのため、「期日管理」を徹底し、②と④の業務を減らすようにうながす必要があります。個別タスクごとに、マネジャーが期日をたずねることで、その意識を根づかせると効果的でしょう。

このように、「優先順位づけ」の感覚を身につけてもらうのに、最初は少々苦労しますが、これこそがマネジャーの仕事。彼らが成長してくれれば、チームの生産性は確実に向上していきます。

Lesson 22

「スキルマップ」でチームを底上げする

「属人化」には微妙な心理が隠されている

【Ｌｅｓｓｏｎ⑳】（１８４ページ）でもお伝えしたように、業務の「属人化」は大きな問題です。

なんとしても解消しなければならない問題ですが、それにはかなり骨が折れるのが現実です。というのは、実は根が深い問題である場合が多いからです。「属人化」する理由のひとつは、他のメンバーがその業務を担当できるだけの資格・免許・スキルや経験が足りないことですが、もうひとつ重要な理由があると思うのです。

「属人化」することによって、チームのなかで自分の存在感を維持したいという願望が隠されている場合があるのです。裏返せば、「属人化」しなければ、**自分の存在意義がおびやかされるという恐怖心をもっている**ということ。**「属人化」には、そんな微妙な心理が背景にある**ことが多いのです。

その微妙な心理が、矛盾した言動を生み出すこともあります。

たとえば、「属人化」の進んだチームでは、「人手不足だ」という不満が鬱積《うっせき》しているケースが多いものです。つまり、「こんなに忙しいのに、人員増強をしない経営が悪い」というわけです。

しかし、「属人化」の度合いが高く、その業務負担に苦しんでいるメンバーに、「では、あなたは新しい人が来たら、抱えている業務のどれを渡すのですか？」と聞くと、「この業務は私にしかできないし、あの業務も新人にはムリだよ」という回答が返ってくることがあります。だとすると、人員不足が解消されたとしても、忙しい状況は解消しません。「自己矛盾している」と言わざるをえないのではないでしょうか？

「マネジャーにしかできない仕事」に集中する

このように、微妙な人間心理を背景に起こるのが「属人化」ですから、これを解消するのは決して簡単なことではありません。

まず注意していただきたいのは、プレイングマネジャー自身がそのような心理に陥っていないかを振り返ることです。実は、プレイングマネジャー自身の仕事が「属人化」しているケースは非常に多いのです。

特に、「メンバーより優秀でなければならない」という思い込みにとらわれているマネジャーは、**自分の優秀さを証明するために「属人化」に陥りがち**です。「この仕事は自分にしかできない」と思う背景にそんな心理が働いていないかを、ぜひ振り返っていただきたいのです。

そして、「マネジャーにしかできない仕事」にできるだけ集中できるように、「プレイヤーとしての仕事」を他のメンバーに渡すための準備を進めることによって、まずは、プレイングマネジャー自身が「属人化」のワナから抜け出す努力をしてください。

では、「属人化」しているメンバーには、どのように対処すればいいでしょうか？

マネジャーの権限を使えば、ムリやり業務を他のメンバーに割り振ることも不可能ではないと思いますが、強制的なやり方は「心理的安全性」を傷つける結果を招くことが多いので、やめたほうがいいでしょう。

むしろ、大切なのは「心理的安全性」を高めることです。**「自分はみんなに認められているのだろうか？」という不安をもっているからこそ、仕事を「属人化」させるの**です。ですから、遠回りをするように見えますが、「心理的安全性」をチームに浸透させる努力を続けることが、実は最も効果的な方法なのです。

そのうえで、【Ｌｅｓｓｏｎ㉑】（１９２ページ）でお伝えしたように、「カエル会議」で「業務分担のマトリクス」を定期的に共有します。そして、メンバー全員で「属人化」を解消する手立てについてディスカッションすることで、少しずつメンバーの意識の変化をうながすのがよいでしょう。

全員の「スキル」を可視化する

同時にマネジャーは、もうひとつの「属人化」の原因を解決する準備を始める必要があります。

もうひとつの原因とは、すでに触れたように、メンバーの「スキル不足」という問題です。「属人化」を解消しようとしても、他のメンバーがその業務を担当できるだけの資格・免許・スキルが不足していれば、手の打ちようがないからです。

この問題に対処するには、まず現状を把握する必要があります。そこでおすすめのツールが「スキルマップ」です。

まず、【図22－1】のように、チームの業務を進めるうえでどのような経験、知識、資格などのスキルが必要となるかを書き出します。そのうえで、各メンバーのスキルを「◎○×」や「点数」で記入していきます。この「スキルマップ」をつくることで、「チーム内に不足しているスキル」「属人化解消のために必要なスキル」を可視化して、**「メンバーの育成計画」を立てる材料にする**わけです。

ちなみに、【図22－1】にある矢印は、どのメンバーがどのメンバーにスキルを伝達

図22-1 スキルマップのイメージ

区分	具体的スキル	Aさん		Bさん		Cさん	
		現在	目標	現在	目標	現在	目標
経験	A店の担当	○	◎	○	◎	×	○
	後輩の指導	◎	ー	○	◎	×	○
知識	B関連の事例	○	◎	◎	ー	○	◎
	C関連の法律	◎	ー	○	◎	○	◎
資格	D認定資格の取得	◎	ー	×	○	×	○
	資格Eの取得	×	○	×	○	○	◎

◎：人に教えることができる・知っている・資格を取得している
○：自分ひとりで何とかできる・知っている・資格を取得している
×：（身につけるべきだが）まだできない・知らない・資格を取得していない

するかを示したものです。このように、「スキルマップ」上でメンバー同士の組み合わせを検討すると、具体的にどのようなアクションをとればいいかイメージが湧きやすいでしょう。

「スキルアップ」のサイクルを回す

「スキルマップ」は、メンバー全員でつくるのが理想的です。

「カエル会議」などで、メンバー全員で「スキルマップ」を作成しながら、「このスキルは誰かに教えることができるレベル」「このスキルは習得中で、誰かに聞きながらできるレベル」「このスキルは未習得」など、一人ひとりが現在のスキルを自己診断していくのです。

そして、「自分がこのスキルを身につけたら、○○さんの業務負担を減らすことができるかもしれない」「いまのチーム状況を考えたら、私のスキルを○○さんに教えるといいかもしれない」などと、「チーム内の業務分担を適正化する」「チーム全体の実力を向上させる」という視点でディスカッションするのです。

その後、マネジャーが、一人ひとりのメンバーと「1対1ミーティング」を行い、内容を確認しながら目標に向けた具体的な取り組みを確定させます。さらに、「カエル会議」や「1対1ミーティング」などの場で定期的にスキルアップの達成度をチェック。新たな「スキルマップ」を作成して次のステップに進むというサイクルを回していくわけです。

あるディベロッパーでは、全員で「スキルマップ」をつくり、そこに「資格取得」という項目を設けました。そして、メンバーに資格取得のための勉強や経験の機会を設けるよう働きかけた結果、大幅に資格取得者が増加。有資格者でなければできない業務を担当できるメンバーが増えたことにより、「属人化」の度合いを下げることに成功しました。

マネジャーにとって重要なのは、メンバー一人ひとりのスキル状況を把握して、「誰に」「どのスキルを身につけてもらうか」を考えること。それこそが、「チーム全体のスキルアップ」につながり、「属人化」問題の解消につながっていくのです。

Lesson 23

チームの「問題点」を明確にする

要因分析で「大きな問題」を細分化する

「朝夜メール」を2週間から1ヶ月程度続けると、集計・分析に必要な情報がある程度集まりますから、【図23－1】のようにチーム全体の「働き方」を可視化して、「カエル会議」で共有するようにしましょう。

そして、チーム全員でディスカッションをしながら、「現状把握」→「問題点の発見」→「原因の特定」→「解決策」を決定したうえで、「解決策」をチームで実行。一定期間後、その結果を再度集計・分析して、再び「現状把握」→「問題点の発見」→「原因の特定」→「解決策の実行」というサイクルをグルグル回していくことで、チー

図23-1 チームの「働き方」を可視化する

業務分担	朝メール		夜メール	
	時間	割合	時間	割合
営業	20時間	20%	10時間	10%
情報収集	0.5時間	0.5%	1時間	1%
資料作成	20時間	20%	30時間	30%
データ整備・DB作成	15時間	15%	20時間	20%

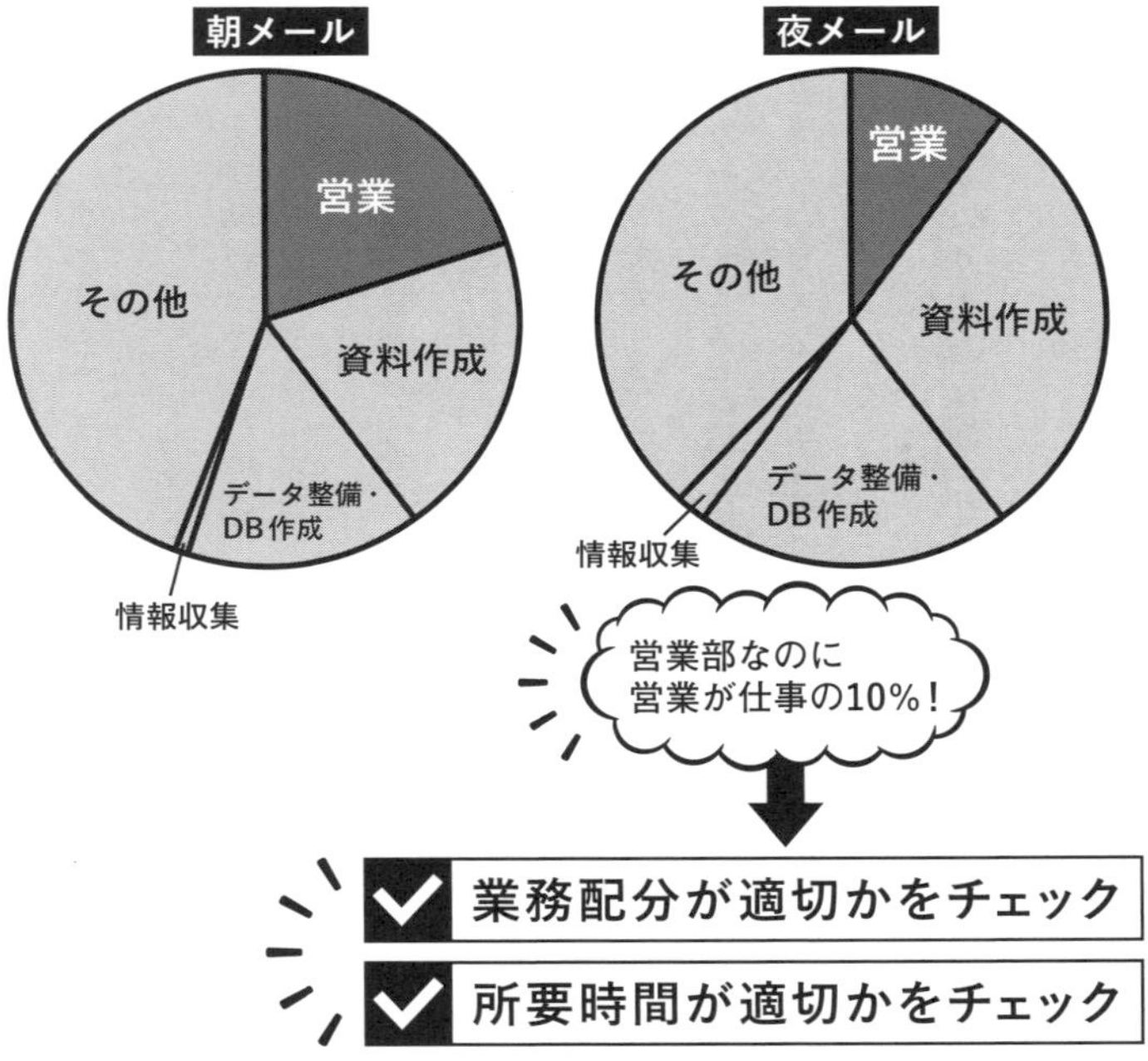

ムの「働き方」を最適化していきます。

このサイクルは、【Lesson❺】（39ページ）でご説明したように、マネジャー自身が「自分の働き方」を変えていくプロセスで何度も経験しているはずですから、メンバーが慣れないうちは、マネジャーが助け舟を出してあげてください。

改めてお伝えすると、ここで重要なのは「原因の特定」です。

たとえば、営業部なのに営業に割いている時間が10％以下ならば、「営業時間が少ない」という「問題点」を容易に見出すことができますが、「営業時間が少ない」といった「大きな問題」に対する解決策を具体的に考えるのは難しいもの。

そこで、【図23－2】のように、**「なぜ？」を2回ほど繰り返すことで、「大きな問題」の要因分析をする**必要があります。たとえば「営業時間が少ない」という「大きな問題」が発生する原因を、「なぜ？」を2回ほど繰り返して深掘りしていくわけです。このプロセスを通じて、**「大きな問題」を「小さな問題」に小分けしていく**と言ってもいいでしょう。

「なぜ、営業時間が少ないのか？」という意識をもって「朝夜メール」の分析結果を

図23-2 「要因分析」で「大きな問題」を小分けにする

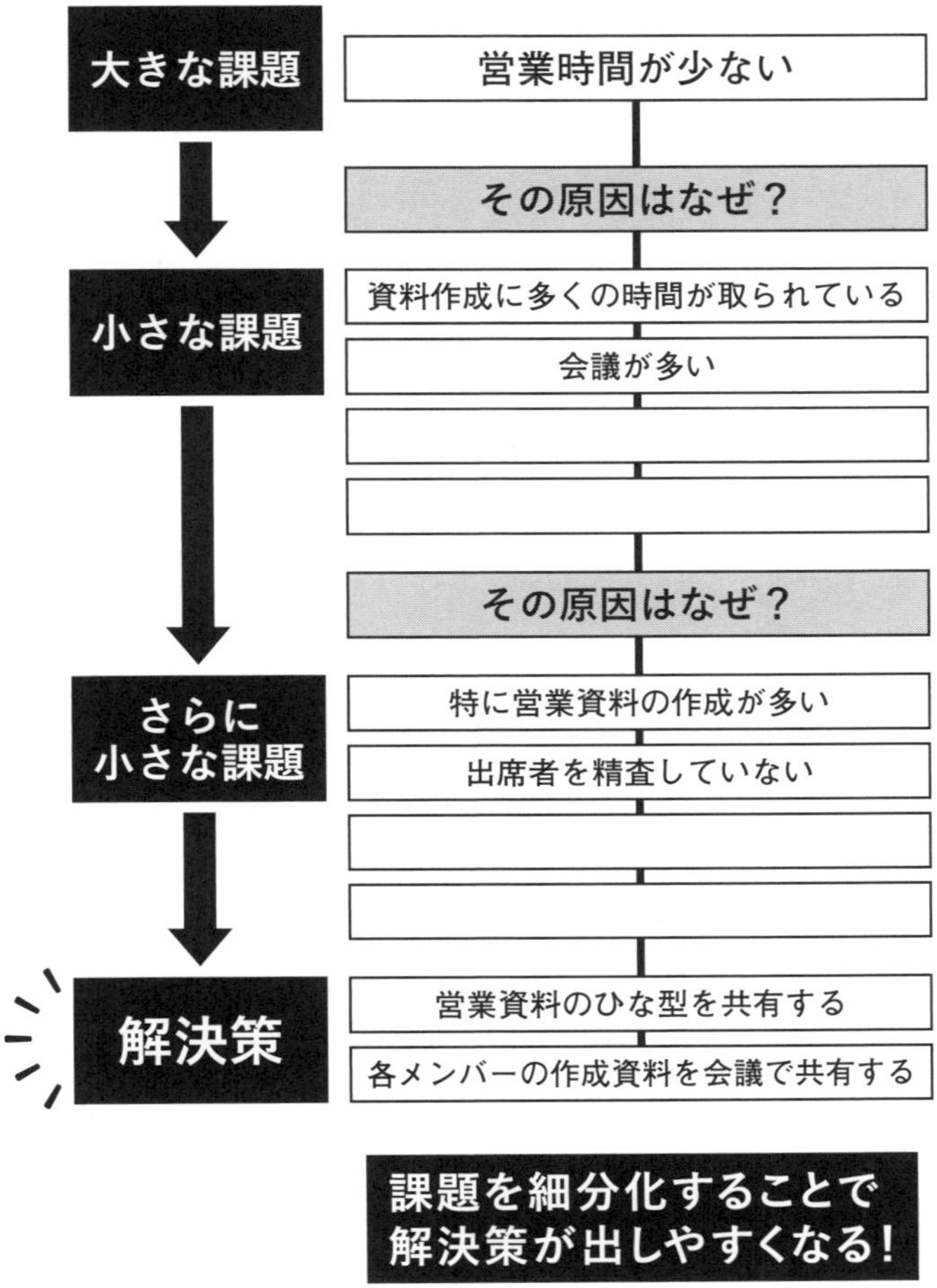

見ると、「資料作成に多くの時間が取られている」ことに気づくかもしれません。さらに、「なぜ、資料作成に時間を取られているのか？」という意識をもって分析結果を見ると、特に「営業資料の作成」に多くの時間が取られていることがわかるかもしれません。

このくらいまで問題を小分けにできれば、メンバーで「営業資料」に割く時間を減らす具体的な解決策について、ディスカッションすることができるようになります。「どうすれば、営業資料に割く時間を減らすことができるか？」というテーマについて、全員に付箋を配ってアイデアを書いてもらい、グルーピングしていけば、「営業資料のひな型を共有する」「各メンバーの作成資料を会議で共有する」などの解決策を導き出すことができるでしょう。

メンバー全員で「問題点」を出し切る

このように、「朝夜メール」の分析結果をもとに、数回にわたって「カエル会議」で検討を重ねることでできるだけ多くの「問題点」を見つけ出し、それぞれに「解決策」

を導き出すことをおすすめします。出された「解決策」はすべて記録し、出し切った時点で、「どの解決策から実行するか」をメンバー全員で決めるといいでしょう。

ここで重要なのは、マネジャーがディスカッションの方向をあまり誘導しないことです。特にプレイングマネジャーは、このような場面で「プレイヤーのリーダー」としての意識が前面に出やすいので要注意。ついつい「最大の問題はこれで、解決策はこれだよ」と決めつけてしまって、議論をおのずと誘導してしまうのです。

むしろ、マネジャーが「正解」だと思っていることが「間違い」であるケースは多いもの。「答え」は常にメンバーがもっています。その「答え」を引き出すために、**メンバーが「本心」を打ち明けられるような会議運営に心を配ったほうがいい**のです。

そして、メンバーが書いた付箋は、「投票」であると認識しておくといいでしょう。**メンバーが書いた「問題点」「その原因」「解決策」の数が多いものほど、多くのメンバーが「解決したい」と考えている証拠。**それが「最も効果的な解決策」である可能性が高いですし、少なくともメンバーは、その問題を解決しようとするモチベーションが高いはずです。**マネジャーは「自分の意見」にこだわるのではなく、メンバーの「投票」を尊重する姿勢が重要**なのです。

Lesson 24

「働き方改革」は小さなことから始める

「働き方改革」のモチベーションを下げる理由

【Lesson㉓】（210ページ）でご説明したように、「朝夜メール」の集計・分析ができるようになったら、まずは、メンバー全員で「問題点」「その原因」「解決策」を出し切ってみることをおすすめします。そして、そのすべてを一覧表にするなどして整理するといいでしょう。そして、「どの解決策から実行するか？」をメンバー全員で話し合います。

このときも、メンバーの意向を尊重することが大切です。マネジャーが「まずこれに着手しよう」と押しつけるようなことをすれば、それだけでメンバーはモチベーションを下げてしまいかねないからです。

ただし、ひとつだけ注意しなければならないことがあります。「働き方改革」は、**すぐに実行可能な「小さなこと」＝「難易度の低い解決策」から着手するのが鉄則**だということです。

いきなり「大きなこと」＝「難易度の高い解決策」にチャレンジしようとしても、すぐに結果を出すのは難しいもの。効果も実感しづらく、**「やっぱり、変えられないんだ」と、メンバーのモチベーションを下げる**結果を招いてしまいます。

一方、「小さなこと」を解決することで、「大きな効果」を生み出すケースはたくさんあります。すぐに着手でき、すぐに結果も出ますから、メンバーは「自分たちは変化を生み出せるんだ」と実感できます。これが、「働き方改革」へのモチベーションをグッと高め、成功に導くカギとなるのです。

ですから、メンバーが「システム導入」のように「大きなこと」から着手したいと言い出したときには、決して全否定せず「それもいいね」と受け止めながら、やんわり押し戻す工夫をしたほうがいいでしょう。

「それって予算はどのくらい必要かな？」「時間はどのくらいかかるんだろう？」「ほかにも解決策があったけど、すぐにアクションできるものはないかな？」「すぐに成果が出たらモチベーションが上がりそうだね？」といった声かけをします。そして、「システムを導入したら万事解決」というメンバーの思考が、**「自分たちで解決できることはないか？」という思考に切り替わるようにうながす**のです。

日本を変えなければ「働き方」は変わらない？

実際に、「小さなこと」で「大きな効果」を上げたケースはたくさんあります。ある監査法人をコンサルティングしたときのエピソードをご紹介しましょう。

そのチームは非常に忙しく、特に企業の決算期直後に仕事が集中。毎年4～6月は殺人的な忙しさで、それをなんとか解決したいと考えていました。

しかし、当初、チームのメンバーたちは「日本の仕組みを変えなければ、この状況は変わらない」と主張していました。日本企業の決算期が3月に集中している状況を変えなければ、自分たちの「働き方」を変えることはできないというわけです。

もちろん、それも一理ありますが、あまりにも「大きなこと」すぎて手の打ちようがありません。ですから、私たちは「たしかにそうかもしれませんね。でも試しに、できることからやってみましょうよ」と呼びかけました。皆さんは「できることなんてあるのかな?」と懐疑的でしたが、「何かいい方法はないかな?」と考え始めました。そして、ある「小さなこと」で劇的な変化を生み出すことになったのです。

その「小さなこと」に気づいたのは、「カエル会議」の場でした。

ひとりのメンバーがあるプロジェクトで、3週間ほど時間をムダにしたケースを分析していたときのことです。当時、そのメンバーはある企業の監査業務を進めていたのですが、業務開始から1週間ほどたったタイミングで、「いま自分が進めている監査方針は正しいのだろうか?」と不安になってきたのだそうです。

そこで、監査のエキスパートである上位職(パートナー)に相談しようとしました。しかし、その監査法人では、現場のメンバーがパートナーに相談するときには、必ずメールでアポイントをとって、フェイス・トゥ・フェイスで行うという〝暗黙のルール〟がありました。

そのため、パートナーと相談できたのはアクションを起こしてから2週間後。しかも、その場で「この監査方針ではダメ」と指摘され、ゼロから監査をやり直すことになったといいます。つまり、組織内のコミュニケーションのハードルが高いことで3週間分の仕事が振り出しに戻るという、大きなムダを生み出していたわけです。

「小さなこと」で「大きな効果」を生み出す

この話をしたところ、すべてのメンバーが次々と「自分もその経験がある」と語り始めました。そこで、パートナーに直談判。仕事の効率化を図るために、コミュニケーションのハードルを下げるよう提案したのです。そして、仕事上の相談はメッセンジャーで行ってもいいことになりました。

これで、現場のメンバーが判断に迷ったときには、すぐにメッセンジャーでパートナーに相談することができるようになりました。パートナーが忙しくてすぐに返事ができないことはありますが、数時間後にはやりとりができますから、数週間を棒に振るようなケースは起こりません。結果として、仕事が大幅に効率化したのです。

この経験から、「小さなこと」で「大きな効果」を生み出せることを実感したメンバーたちは、「自分たちが忙しかったのは、日本のせいじゃなかったですね」と照れくさそうに笑い合っていました。そして、次々と「小さな工夫」を積み重ねることによって、チームの生産性を高めていくことに成功したのです。

しかも、日常業務における会話の内容も変わっていきました。「○○のせいで、こちらではどうしようもない」という**他責思考の発言が激減**し、「じゃあ、自分たちで何ができるかな？」「自分たちでやれることからやろうか？」という**自責思考の言葉が飛び交う**ようになったのです。

「解決策」をマトリクスで整理する

このように、「小さなこと」から着手するのが、「働き方改革」を加速させる重要なポイントです。

このことをメンバーに理解してもらうことができたら、「カエル会議」で出された解決策を、メンバー全員で【図24－1】の「『難易度』と『効果』のマトリクス」に分類してみるといいでしょう。そうすれば、どの解決策が「③難易度が低く効果が高い」のかが一目瞭然となります。そのなかから、最初に着手する解決策をピックアップすればいいわけです。

最初のうちは、どのアクションが「③難易度が低く効果が高い」のか、メンバーが判断できないことがあるかもしれませんが、その場合には、現場をよく知っているプレイングマネジャーが、「たとえば、この解決策はすぐにできそうじゃないかな？」と提案するのもいいでしょう。

「働き方改革」のロードマップを共有する

こうして、チームで最初にチャレンジする「解決策」が決まったら、このタイミングで、今後の「働き方改革」のおおまかなロードマップをメンバーと共有することをおすすめします。あらかじめゴールまでの「見取り図」を共有しておけば、メンバーも安心します。

図24-1「難易度」と「効果」のマトリクス

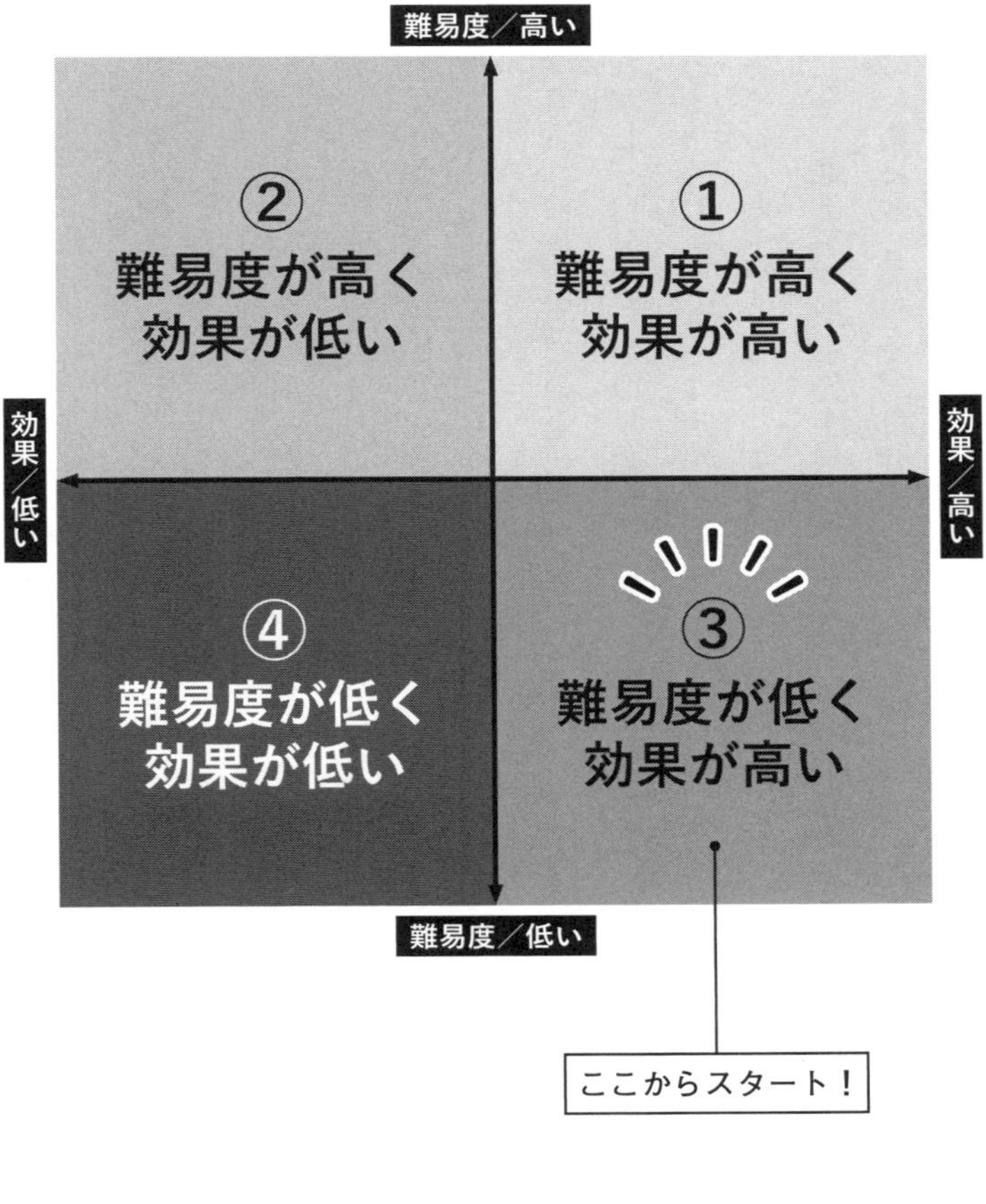

私たちがおすすめしているのは、たとえば【図24－2】のようなスケジュールイメージです。

4月の年度初めに「働き方改革」をキックオフした場合には、年度終わりに近い翌年1月くらいをゴールに設定します。

その間、まずは「小さなこと」から着手して、少しずつチームの「働き方」を変えていきます。そして、年度途中の9月ごろに「中間共有会」を開催します。前半の取り組みの成果と反省点などを振り返るとともに、後半に向けた方針をディスカッションするのです。

この「中間共有会」には、直属の上司はもちろん、できれば**人事部や部門長、役員にも参加をうながし、自分たちが取り組んでいる「働き方改革」の詳しい内容や成果を知ってもらう**とともに、メンバーを激励してもらえれば、後半に向けたモチベーションをグッと高めることができるでしょう。

後半に入ったら、他部署や取引先を巻き込むような「大きなこと」にも取り組んでいきます。そのためにも、前半で、自分たちだけでできる「小さなこと」を着実に実行しておくことが重要です。**「私たちができることをここまで努力して進めてきまし**

図24-2 「働き方改革」のスケジュール・イメージ

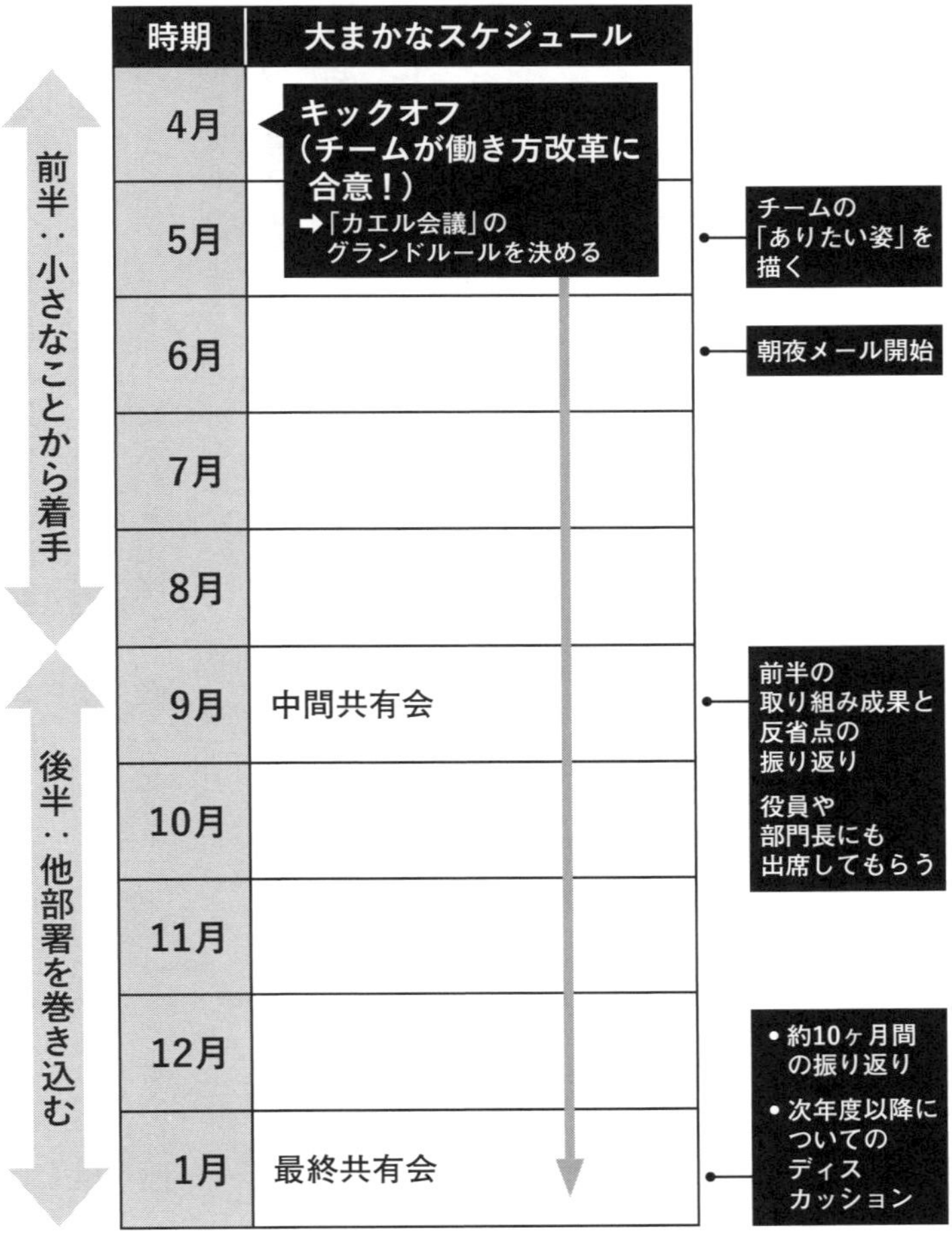
時期
大まかなスケジュール
前半：小さなことから着手
後半：他部署を巻き込む
4月
5月
6月
7月
8月
9月
10月
11月
12月
1月
キックオフ
（チームが働き方改革に合意！）
➡「カエル会議」のグランドルールを決める
中間共有会
最終共有会
チームの「ありたい姿」を描く
朝夜メール開始
前半の取り組み成果と反省点の振り返り
役員や部門長にも出席してもらう
・約10ヶ月間の振り返り
・次年度以降についてのディスカッション

た」と伝えることが、他部署や取引先の協力を引き出すうえで必要不可欠だからです。

そして、翌年1月には「最終共有会」を実施します。ここで、約10ヶ月の取り組みを振り返るとともに、メンバーに次年度以降も「働き方改革」を継続するように働きかける機会にするのです。

もちろん、「最終共有会」にも人事部や上層部に参加してもらうといいでしょう。**「これだけの成果が出ているのならば、『働き方改革』を他部署にも広げたい。会社全体の取り組みにしていったほうがいい」と思ってもらうことができれば、次年度以降の「働き方改革」は格段にやりやすくなる**からです。

「アクションシート」で実行力を高める

「議事録」は手間をかけずにつくる

【Lesson㉔】（216ページ）でお伝えしたように、「働き方改革」は「小さなこと」から始めるのが鉄則です。「難易度が低く効果が高い」ことから着手して、できるだけ早く成功体験を積むと、チームのモチベーションに直結します。

ただし、当たり前のことですが、そのためには「小さなこと」を確実に実行することが絶対条件です。どんなに優れたプランであっても、実行しなければ意味がありません。そのような事態を招かないためには、**「誰が・いつまでに・何をする」を明確にする**といいでしょう。

そこで、私たちは「カエル会議」の議事録をつけるのはもちろん、それに加えて「アクションシート」をつくることをおすすめしています。この「アクションシート」に「誰が・いつまでに・何をする」を明記。全員で共有したうえで、進捗状況を「カエル会議」で確認することによって、「実行力」を担保するのです。

議事録は、【図25－1】のようなシンプルなフォーマットに、毎回の「カエル会議」の内容をほぼ定型的に書き込むといいでしょう。書き込む内容は、「実施日時」「出席者」「場所」「次のカエル会議までに実行すること（アクション・担当者・期日）」「次のカエル会議の日程と議題」「議事録」のみ。これらのポイントさえ押さえていれば十分ですから、**議事録には手間をかけすぎない**ようにしてください。

また、「カエル会議」で付箋ワークを行ったときには、グルーピングの終わった付箋を撮影して議事録に貼りつけて、ディスカッションの概要をメモしておけば十分です。付箋ワークがどのような方向で進んだのかを、次回の「カエル会議」でもすぐに確認できますし、欠席者へのフォローとしても使えます。

図25-1「カエル会議」の議事録フォーマット

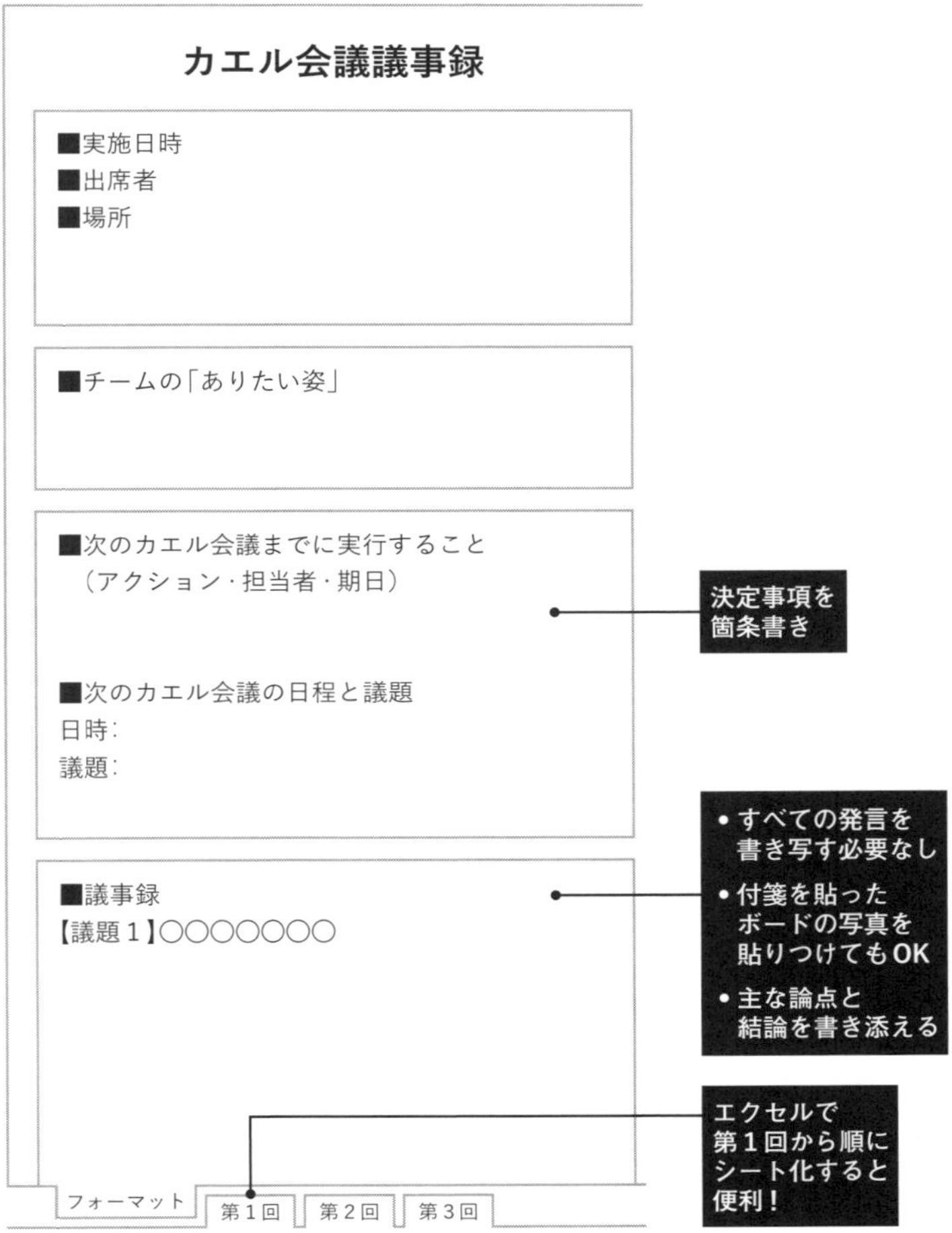

「誰が・いつまでに・何をする」を明確にする

次に、「アクションシート」をご紹介します。

「アクションシート」とは、「カエル会議」で決まったすべてのアクションについて、「誰が・いつまでに・何をする」かを記入するシートです（図25－2）。

特に重要なのは、「誰が」を明確にすることです。

たとえば、「マニュアル作成の担当者」を「全員」と書いてしまうと、結局、誰もマニュアルをつくらないという結果を招きがちです。このような場合には、「○○のマニュアルは木下さん」「△△のマニュアルは近藤さん」「みんなのマニュアル作成が進んでいるか確認して、お尻たたきをするのは田中さん」といったように、担当者を特定できるように仕事を細分化するといいでしょう。

また、「いつまでに」という期日も不可欠ですが、担当者の負担になり過ぎないように配慮する必要があります。メンバーは通常業務をこなすだけでもたいへんなのです

図25-2 アクションシート

会社名	ワーク・ライフシナジー株式会社
部署名	人事部

チーム目標	お互い助け合いながら業務の仕組み化・個人のスキルアップを進め、グループ内のコミュニケーションがよく、自発的・自律的・迅速に効率よくアウトプットをして全員定時に帰るチーム

課題		課題(小項目)	アクション	担当	期日	3月	4月	5月	6月	7月
課題①	業務の属人化	誰がどんな業務を行っているか明文化されていない	各自の業務分担	田中	4月末	木下・近藤 共通のフォームで作成				
			年間・月別スケジュール作成	鈴木	6月末			山本 叩き台作成		
		誰がどの業務をフォローするか不透明で引き継ぐ時間がない	業務分類マトリクスを使い整理し、シェアする	松田	6月末			マトリクスの作成		
			年間スケジュールの把握、業務繁閑のイメージ共有により、チーム業務の全体像を理解	石川	6月頭				会議を開催	
課題②	モノや情報の管理がうまくできていない	キャビネットの中が整理整頓されていない	整理の時間を設ける	菊池	5月末					
		共有フォルダの保存ルールが決まっていない	毎週月曜日の始業時にフォルダの整理を一斉に30分行う	前田	随時					

から、過度な負担をかけると「働き方改革」への意欲をなくしてしまうかもしれません。ですから、担当者の業務状況をしっかり把握したうえで、実現可能なスケジュールをメンバーと一緒に決めるようにしてください。

「働き方改革」は実行がすべてです。ぜひ、皆さんも「アクションシート」をつくって、チームの「実行力」を高めていただきたいと思います。

Lesson 26

「役割カード」で会議の雰囲気を180度変える

メンバーの主体性を引き出す

何度か「カエル会議」を行うと、「思ったように盛り上がらない……」といった不安にかられるときがくるかもしれません。

そんなときは、まず第一に、マネジャー自身がしゃべりすぎていないか、改めて振り返ってみていただきたいと思います。

第2章でご説明したように、チームの「心理的安全性」を高めて、自由な発言をうながすためには、マネジャーが「黙る」ことが欠かせません。「働き方改革」のキックオフのタイミングでは、マネジャーがある程度会議を主導せざるをえませんが、徐々に「黙る時間」を長くして、主導権をメンバーに渡していく必要があるのです。

しかし、これが意外と難しいのです。マネジャーが「カエル会議」の進行役を務めていると、どうしても発言量が増えますし、会議を仕切るようなスタンスになってしまうからです。


そこで、「役割カード」というツールが有効です。

「進行係（ファシリテーター）」「反応係（ポジティブチェッカー）」「時間管理係（タイムマネジャー）」「上下監督係（パワーチェッカー）」「記録係（ノートテイカー）」「脱線注意係（トークチェッカー）」（それぞれの役割内容は【図26－1】参照）など、会議における役割を書いたカードを用意して、会議の冒頭でメンバーに引いてもらい、当たった役割を果たしてもらうのです。

トランプのように裏にしたカードを引いて「役割」が決まる、という点がポイントです。というのは、どの役割を担うのかは「偶然」が決めるからです。**マネジャーが指名する形だと、どうしても「やらされている感」が生まれます**が、「偶然」が決めるのですから仕方がありません。会議に貢献する役割を果たすべく、**すべてのメンバー**

図26-1 会議を盛り上げる「役割カード」

進行係

議題を読み上げるだけでなく、
時間配分を考えながら
全員がめざす着地点まで
議論を進行する

反応係

議論が活性化するように、
発言者に対し、
「うなずく」「いいね」などの
反応を示す・参加者へうながす

時間管理係

残り時間を知らせるだけでなく、
設定された時間内に終わるよう
議論の過不足を確認し、
軌道修正していく

上下監督係

上下関係により発言しにくい
環境とならないよう、
特に上長の発言・態度に対して
厳しく指摘する係

記録係

議論が言い合いで終わらないよう、
ホワイトボードや紙などの
全員が見える場所に記録し、
議論の道筋を示す

脱線注意係

議論の目的を確認したうえで、
着地点まで最短の議論に
なっているか、
脱線していないかを確認する

の主体性が自然と引き出されるのです。

「役割カード」で会議が盛り上がる理由

しかも、これが思いのほか盛り上がります。

ある有名なメーカーをコンサルティングしたときのことです。

ふだんは〝コワモテ〟で、他のメンバーの意見に否定的なコメントをすることが多いベテランが「反応係」の札を引きました。彼は、「えーー、俺、どう反応すればいいんだよ？」と最初は戸惑っていましたが、会議が始まると、若手男性が出した意見に対して、「な、なるほどね！」と反応を示してくれたのです。

そのふだんとは違う姿に、思わずみんながびっくりした顔をしていましたが、同時に、パッと場の雰囲気が明るくなりました。その後も、彼は、「おお、いいこと言いますね！」「そうか～、そういう見方もありますね！」などと反応。その〝合いの手〟にメンバーも乗って、いつも以上に議論が盛り上がっていきました。以前までとは、「カエル会議」の場の空気がガラッと変わったのです。

そして、自分が少しポジティブな反応をするだけで「場」が盛り上がることに気づいたそのベテランは、その後、ずいぶんとコミュニケーション・スタイルを変化させていきました。年配社員ほど、感情を素直に出したコミュニケーションをとるのが苦手なものですが、「役割カード」が、普段かぶっている仮面をはぎとる効果を発揮するのでしょう。

それだけではありません。

会議のたびに毎回「役割カード」を引けば、いずれ全員がすべての「役割」を体験することになります。これが、さらにメンバーの主体性を高めてくれます。

というのは、さまざまな「役割」を経験することで、これまで**マネジャーがどんなに苦労して会議を運営してきたかを実感する**ことができるからです。すると、「カエル会議」だけでなく、普段の会議でも、メンバーたちが会議運営に貢献しようとする姿勢を示すようになっていくのです。

「役割カード」で思わぬ才能が見つかる

「役割カード」をきっかけに、〝思わぬ才能〟が見つかることもあります。

ある商社のチームでは、何度か「役割カード」を使って「カエル会議」をやるうちに、会議がうまく進むのは、決まって女性が「進行係」のカードを引いた日であることがわかりました。

この会社では少し前まで、ずっと女性は事務職で採用されていて、総合職は男性しかいませんでした。ですから、会議の進行役は男性が務めるのが当たり前という雰囲気だったのですが、実際には、**会議で議論を進めるのもまとめるのも、男性より女性のほうが圧倒的に上手だった**のです。

ふだん会議を取り仕切っている男性マネジャーが、恥ずかしそうに「僕なんかより、よっぽど優秀だな……」とつぶやいたときのことは忘れられません。その瞬間、その女性の表情がイキイキと輝き、チームの雰囲気も明るくなったのです。男性マネジャーも嬉しそうに笑っていたのをよく覚えています。

派遣社員の優秀さに気づかされたチームもたくさんあります。

私たちがコンサルティングに入るときには、ふだんの会議には呼ばれない派遣社員やパート・アルバイトにも「カエル会議」に参加してもらうようにお願いしています。「働き方」を変えるには、業務に関わるすべての人たちの意見を反映させたほうがいいに決まっているからです。

もちろん、初めのうちは、派遣社員たちは遠慮がちです。しかし、「役割カード」を引けば、派遣社員たちも「進行係」をやらなければなりませんから、だんだんと正社員との会議になじんできます。

そして、「カエル会議」でいろいろなテーマについて議論をするなかで、派遣社員たちの優れた見識が明らかになっていきます。派遣社員たちは複数の会社での勤務経験があるため、**アイデアの「引き出し」が多い**のです。

たとえば、ある課題で悩んでいる正社員に、「前の会社ではこんなふうに効率的にやっていましたよ」と的確な解決策を示すことができます。他社のことをあまり知らない正社員からすれば、まさに派遣社員たちは「アイデアの宝庫」。いかに貴重な存在か、自然と気づかされるのです。

これが派遣社員たちのモチベーション・アップにもつながります。正社員に頼りにされ、リスペクトされるようになるのですから当然でしょう。その結果、正社員と派遣社員たちがより協力的に仕事を進めるようになり、チームの生産性も徐々に向上していくのです。

このように、「役割カード」は実に大きなパワーを秘めたツールです。上手に活用して、チームをよりよい雰囲気にしてください。

アイデアが湧き出る「アイデアフラッシュ」

また、「カエル会議」で「解決策」のアイデアを出してもらおうとしても、メンバーからなかなかアイデアが出てこないときがあります。そのようなときに役立つ「アイデアフラッシュ」という手法もご紹介しましょう。

方法は簡単です。まず、A3用紙を数枚用意します。次に、1枚ずつ、「営業資料作成を効率化する方法」「会議短縮化のアイデア」など、求めているアイデアのテーマを記入します。そのうえで、A3用紙にひとり3つずつアイデアを書き込んで、隣の人にどんどん回していきます。持ち時間はひとりにつき2～5分と設定するといいでしょう。複数の用紙を同時に回してもOKです。

重要なのは、どんなに小さなアイデアでも躊躇《ちゅうちょ》せず記入してもらうことです。とにかく「数」を出してもらうことが大事。もちろん、他のメンバーが書いたアイデアと重複するアイデアは避けてほしいですが、**他のメンバーのアイデアに触発されたアイデアは大歓迎**です。

むしろ、他のメンバーのちょっとしたアイデアを見た瞬間に、「あ！　そういえば！」という感じでひらめいたアイデアに価値があることが多いものです。だからこそ、「アイデアフラッシュ」なのです。実際、やってみると、後半になるほどアイデアが洗練されていくケースが多いと思います。

そして、紙が1周して戻ってきたら、その紙に書かれているアイデアのなかで優れていると思うものに「◎」などの印をつけて、再び隣の人に渡します。こうして、紙が2周したときには、みんなが投票し終えた「アイデア一覧」が完成しているというわけです。メンバーの発想を広げて、斬新なアイデアを集めるために、非常に効果的な方法なので、ぜひ試してみてください。

Lesson 27

ハイパフォーマーの「ノウハウ」を共有する

ハイパフォーマーの「秘訣」を探る

すでにご説明したように、「朝夜メール」を一定期間継続したら、その集計・分析結果をもとに、チーム全体で具体的な「働き方改革」を進めていきます。それと同時に、ぜひマネジャーにやっていただきたいことがあります。一人ひとりのメンバーが、どのように働いているのかを比較していただきたいのです。

【図27－1】のように、「営業」「会議」「資料作成」などの項目ごとに、「Aさん」「Bさん」「Cさん」がどのように時間を使っているかを可視化します。そして、ハイパフォーマーの仕事のやり方とローパフォーマーの仕事のやり方を比較すると、いろいろ

図27-1 メンバーの「時間の使い方」を可視化する

	ハイパフォーマー		ローパフォーマー		ローパフォーマー	
業務分類	Aさん		Bさん		Cさん	
	時間	割合	時間	割合	時間	割合
営業	21.3	30%	30.7	40%	7.0	10%
新規営業	8.4	12%	10.7	15%	3.1	4%
既存営業	12.6	18%	20.0	25%	3.9	6%
会議	10.7	15%	14.0	20%	12.6	18%
社内会議	5.6	8%	5.6	8%	5.6	8%
社外会議	5.1	7%	8.4	12%	7.0	10%
資料作成	10.6	15%	8.4	12%	30.7	40%
営業資料	7.0	10%	3.5	5%	21.2	30%
決裁資料	1.4	2%	3.5	5%	4.2	6%

分析①

ローパフォーマーCさんは
営業時間が少なく
資料作成時間が長い

↓

対策①

Cさんの資料作成を効率化
➡営業時間増

分析②

ローパフォーマーBさんは
営業時間は多いが
資料作成時間が短い

↓

対策②

Bさんの営業資料の質向上
➡成約率向上

なことが見えてくるのです。

たとえば、「ハイパフォーマーのAさんは営業に30％の時間を割いている」「Bさんは営業に40％の時間を割いているがローパフォーマー」「最もパフォーマンスの低いCさんは営業に10％の時間しか使えていない」という状況がわかったとします。

ここから、どんなことが見えてくるでしょうか？

まず第一に、【図27－1】右端の、最もパフォーマンスの低いCさんが10％しか営業に時間を使えていないことから、パフォーマンスを上げるためには、営業に割く時間を一定程度確保しなければならないことが推測できます。

一方、Cさんが営業資料作成に30％もの時間を使っているのに、Aさんは営業資料作成に10％しか使っていません。であれば、Aさんの営業資料作成のノウハウをCさんに伝授すれば、Cさんの営業資料作成が短時間で完了するようになって、営業に使える時間を大幅に増やせるかもしれません。

第二に、40％もの時間を営業に使っているBさんが、営業資料作成に5％の時間しか使っていないことに着目します。Bさんがローパフォーマーにとどまっているのは、ここに原因があるのかもしれません。つまり、営業資料の精度が低いために成約率が低いのかもしれないと推測できるわけです。

このように、ハイパフォーマーとローパフォーマーを分析することによって、パフォーマンスのカギを握るのは、「営業の時間を確保すること」「営業資料の精度を上げること」の2点だという仮説を立てることができるわけです。

優れた「ノウハウ」をチーム内でシェアする

もちろん、これだけで決めつけるのは危険ですから、**メンバーにヒアリングしながら、この仮説を検証していきます。**

たとえば、ハイパフォーマーであるAさんと1対1ミーティングを行って、「営業時間を確保するために、どんな工夫をしているの？」「営業資料にどんな工夫をしているの？」「営業資料を効率的に作成するために、どんな工夫をしているの？」などと聞いてみるのです。その結果、仮説どおりの回答が得られれば、「Aさんの培ってきたノウハウを他のメンバーにシェアすることで、チームの底上げを図ることができる」と判断できるでしょう。

そして、Aさんのノウハウを他のメンバーに伝えるために、具体的なアクションを起こします。Aさんがチームへの貢献意欲の高い人物であれば、「皆のためにカエル会議でそのノウハウを発表してもらえないかな？」と頼めば、きっと快く引き受けてくれるでしょう。

あるいは、BさんやCさんから仕事の相談を受けた際に、「Aさんは、こんなふうにやっているよ」という話を伝えると、彼らのほうから「Aさんに教えてほしい」と希望するかもしれません。そうなれば、Aさんに「Cさんが教えてもらいたがっているから、X社への営業活動をふたりで担当してもらって、OJTで指導してもらえませんか？」などと持ちかけると効果的かもしれません。

このように、「朝夜メール」の集計結果を活用して、ハイパフォーマーとローパフォーマーの「働き方」を比較することによって、**チームの戦力を底上げするための具体的なアクションにつなげる**のも、マネジャーの重要な仕事なのです。

第5章 チームの「生産性」を高める

「働き方改革」は「小さなこと」から着手するのが鉄則。

本章では、比較的簡単に実行できて生産性を大きく向上させる「具体策」をご紹介します。

Lesson 28

「整理整頓」から着手するのがベスト

整理整頓で「1ヶ月分のムダ」が消える

「働き方改革」に正解はありません。

「これをやれば、どんなチームであっても、必ず生産性が上がる」という特効薬はないのです。職種、業種によっても「課題」は異なりますし、チームの人間関係のコンディションによっても「解決策」は変わってきます。

大切なのは、「朝夜メール」の集計結果をもとに、メンバーと真摯なディスカッションをして、チームの「課題」に対する具体的な「解決策」を一丸となって導き出すこと。そして、その「解決策」の実行結果を検証して、再び「課題」を見出し、新たな

「解決策」を導き出す。このサイクルを愚直に繰り返すことによって、**チームに最も適した「働き方」に近づいていくことができる**のです。

とはいえ、これまで、私たちが1000社を超える企業のコンサルティングをしてきた経験から、**多くのチームで比較的共通して効果が認められた「解決策」がある**のも事実です。

そこで、本章では、そのような「解決策」のなかから、「働き方改革」のロードマップの前半でよく使われるものをお伝えします。ぜひ、皆さんのチームでも試してみていただきたいと思います。

意外に思われるかもしれませんが、まっ先に試していただきたいのが整理整頓です。これまで私たちがコンサルティングをしてきたなかで、最も多かった問題のひとつが、「資料など、何かを探している時間が多い」ということ。実際、**「ビジネスパーソンは探し物に年間150時間を費やしている」**という研究結果もあります。

一日あたり7・5時間働いているとすれば、実に年間20日分に相当する時間――土日を除けばほぼ1ヶ月分に相当します――を、ただひたすら探し物に費やしている計算になります。

この問題の最大の解決策が整理整頓です。**数時間かけて整理整頓をすれば「約1ヶ月分」がまるごと浮く**のですから、やらない手はありません。しかも、難しい技術も、他社との交渉もいらない、誰でもできる「小さなこと」です。

【Lesson㉔】（216ページ）でもお伝えしたように、「働き方改革」は「難易度が低く効果が高いこと」から着手するのが鉄則。であれば、最もハードルの低い整理整頓からスタートするのがベストということになります。

そのメリットは、「探す時間が減る」ことだけではありません。メンバーで力を合わせて職場の整理整頓をやり遂げれば、それだけでスッキリしますし、達成感も共有できます。それに、人間は、目で見て確認できることに対して、とても変化を感じやすい特徴がありますから、整理整頓で**「見える風景」が変わることによって、「自分たちには変化を起こすことができる」という自信も生まれます。**

整理整頓は、まさに〝一石三鳥〟のアクションなのです。

「整理整頓」でコミュニケーションも改善

整理整頓は、ほかにも思わぬメリットをもたらしてくれます。

ある省庁のチームをコンサルティングしたときのことです。

そのチームは国際問題に関わるような重要なミッションをもつ、「超」優秀な官僚の集まるチームでした。私たちはどんな難しい問題に直面するだろうかと緊張していたのですが、「働き方改革」のトリガーとなったのは、意外にも整理整頓だったのです。

職場に行ってみると、見渡す限り〝資料の山〟。光が書類にさえぎられているために視界が悪く、昼間なのに薄暗く、夜のような雰囲気。これでは、「資料探し」に膨大な時間を費やすのも、納得です。そんなチームが、「カエル会議」で最初にやるべきこととして導き出したのが、整理整頓だったのです。

早速、全員でエプロンとマスクをして、本格的に大掃除を開始。うず高く積み上げられた資料は、学生のアルバイトを雇ってすべてスキャンしてデジタル化。一日かけて必要なものと不要なものに分け、不要なものはどんどん廃棄していきました。

すると「要塞のように資料が積み上がっていたベテランの机を片づけてみたら、机がもうひとつ出てきた」「書類の山を片づけたら、通路ができて動線が改善された」「課長席の後ろに積まれていた書類がなくなったら、オフィスに太陽の光が差し込むようになった」など、想定外の効果が生まれました。

さらに、資料の山が消えたことで、「向かいのメンバーとすぐに会話できるようになり、コミュニケーションが増えた」というメリットも生まれました。その結果、**チーム内の連携がよくなり、より効率的に仕事が進められるようになった**のです。

このように、整理整頓は非常に有効な解決策です。ぜひ「そんな簡単なこと……」と侮らず、肩の力を抜いて着手していただきたいと思います。きっと、想像以上の効果を実感していただけるはずです。

「整理整頓」を日常業務にする

ちなみに、私たちの会社では、整理整頓を日常業務のなかで継続できる仕組みを導入しています。たとえば、メンバー一人ひとりに書類ファイルの保存スペースを提供しているのですが、その幅はわずか10㎝。そのスペースに収納できる分しか書類を保管できないようにしているのです。

さらに毎週、「個人棚確認係」がこのスペースをチェック。収納があふれそうになっているメンバーに「そろそろ整理してください」とうながし、通告を受けたメンバーが整理整頓を行うというわけです。

また、私たちは**整理整頓を業務のひとつに位置づけています。**

弊社は18時終業ですが、17時半から17時45分の15分間を「掃除タイム」として確保しているのです。「掃除タイム」になったら、オフィスにいるメンバーは必ず手を止めて、一斉に職場を掃除します。そして、17時45分から18時までの残り15分で残務処理を行い、18時きっかりに退社。翌日は、綺麗に掃除された状態で仕事に取り掛かれるという仕組みです。

このように、整理整頓を毎日できるように仕組み化しておくと、非常に効果的です。週1回とか月1回、定期的にチームで整理整頓する方法もありますが、それだとどうしても途中で面倒になり、しばらくすると元どおりになってしまうケースが多いからです。整理整頓を日常業務のひとつに位置づけることによって、そのような状況を避けることができるのです。

Lesson 29

会議にかけるコストを「1／8」にする

会議のムダを一掃する「考え方」とは？

会議に時間が取られている――。

これも、非常に多くのチームで問題になるテーマのひとつです。「社内会議」「社外会議」ともに問題になるのですが、自分たちでコントロールできる「社内会議」の効率化から着手するのが適切でしょう。

ここで参考になるのが、有名ＩＴ企業が実践している「会議1／8ルール」です（図29－1）。会議に関して解決すべき問題を「会議時間・開催頻度」「参加人数」「資料のボリューム」の3つのテーマに小分けして、それぞれ「1／2」にすることで、会議

図29-1 「会議1/8ルール」のイメージ

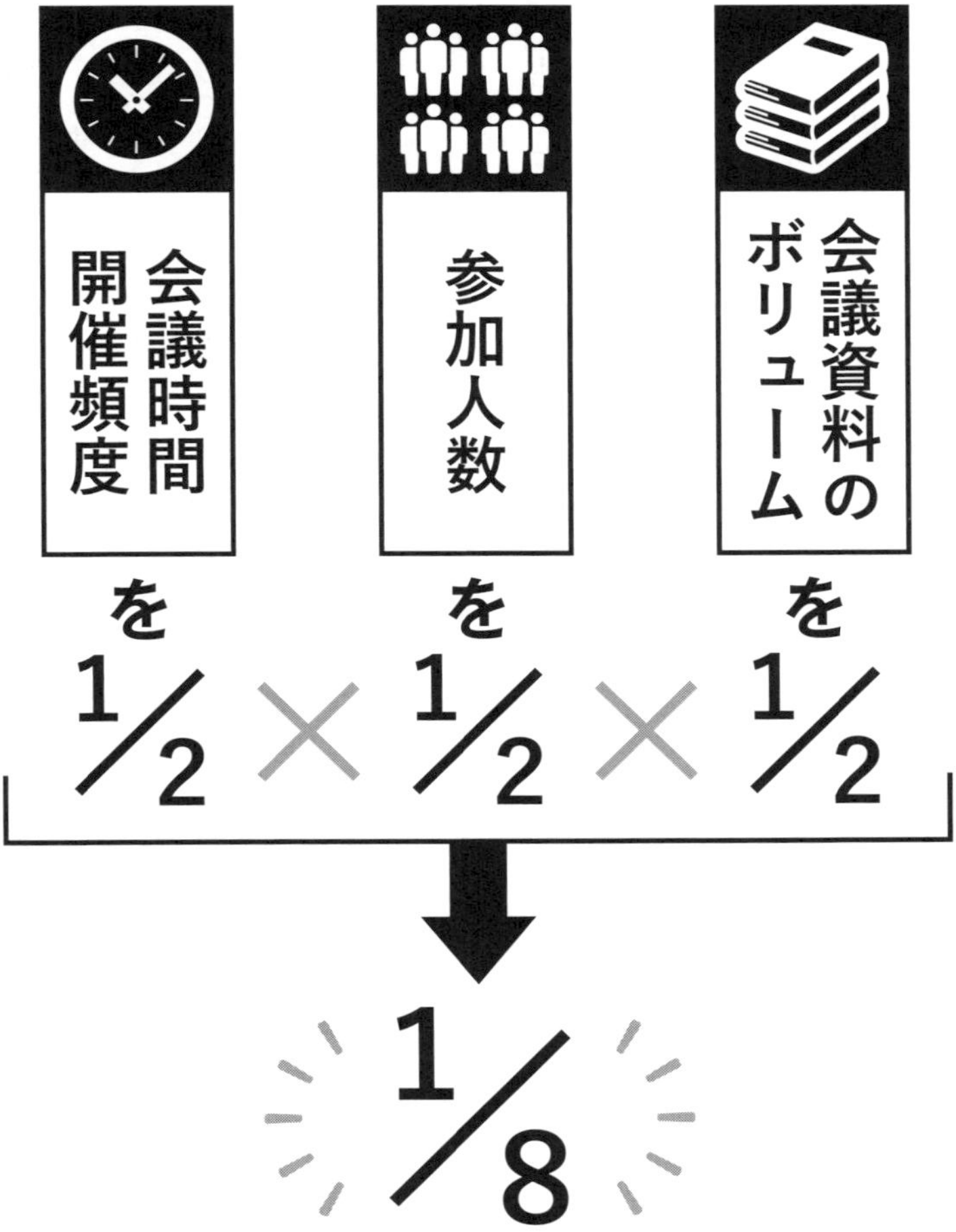

に費やす時間を「1／2×1／2×1／2＝1／8」にしようという考え方です。

これは、非常に優れたアイデアだと思います。

「どうすれば会議を効率化できるだろうか？」とやみくもに考えるよりも、テーマを小分けにして、「会議にかける時間を1／2にする方法は？」「資料のボリュームを1／2にする方法は？」と考えたほうが、具体的な解決策を見つけやすいからです。

そして、「朝夜メール」を活用することによって、この「会議1／8ルール」をより効果的に実践することができます。「朝夜メール」を集計・分析すれば、「どの会議に時間がかかっているか？」「どの会議資料の作成に時間がかかっているか？」といったことを把握できるため、小分けしたテーマについて、より的確な解決策を導き出すことができるからです。


では、「カエル会議」でどのように検討すればいいのか、そのプロセスについてご説明しましょう。

まず、「朝夜メール」の分析結果をみながら、「大項目」として設定している「会議」に総労働時間の何割を費やしているのかを共有。そのうえで、「小項目」として設定している「定例会議」「報告会議」など、個別の会議にかかっている時間を確認します。

このときにご注意いただきたいのは、「会議資料」の作成にかけている時間も合算することです。**「会議時間」は可視化しやすいのですが、その背景に隠れている「会議資料の作成」にかけている時間が非常に長い**ケースが多いからです。

「朝夜メール」で「資料作成」という項目を立てておけば、会議資料にかけている時間を抽出するのは、それほどの手間ではありません。ぜひ、このひと手間を惜しまず、「会議」に費やしているすべての時間を明らかにするようにしてください。

そして、メンバーの意見を集約して見直すべき会議を特定。そのうえで、チームで具体的な解決策を考えていきます。

不要な「議題」を捨てる

たとえば、定例会議を検討対象に選んだとしましょう。

まず検討するのは「会議時間・開催頻度」です。「週1回開いているが、2週間に1回にすることはできないか?」「1時間が基本だが、よく延長になっているのはなぜか？」などの疑問点・問題点を洗い出します。

ここで最も効果的なのは、開催頻度を「週1回」から「2週間に1回」に減らすことですが、どうしても週1回は必ず定例会議を開催しなければならない場合もあるでしょう。そのときは、「会議時間の短縮」が焦点となります。

「会議時間の短縮」を検討するうえで第一に着目すべきなのは、定例会議で扱っている議題です。「定例会議」の議題は、「情報共有」「相談」「ディスカッション＋意思決定」などに分類されるはずですから、それぞれの要・不要をもう一度吟味するのです。

たとえば、「情報共有」は、よほど重要な案件でなければ、メーリングリストなどでメンバーと共有すればすむので、**わざわざ「定例会議」で時間をかける必要はない**かもしれません。「相談」もそうです。マネジャーや関係者と1対1で相談すればすむ案件を、定例会議の議題に上げる必要はないでしょう。

会議に「時間制限」を設ける

さらに、「ディスカッション＋意思決定」も精査します。なかには、わざわざ全員が集まる定例会議にかけるまでもなく、意思決定者であるマネジャーが判断すればすむ案件や、数人の関係者で意思決定できる案件もあるはずです。そのような議題を定例会議から取り除けば、「会議時間」を圧縮することができるでしょう。

そして、**「情報共有は1分」「相談は3分」「ディスカッション＋意思決定は15分」**など、制限時間を設けるのも効果的です。時間管理係が時間を測定して時間オーバーをふせぐようにすれば、スピーディな議事進行を実現できるはずです。

次に、「参加人数」について検討しましょう。

ここでは「定例会議」について検討しているため、全員参加が原則です。

しかし逆に言えば、先ほども触れたように、「数人の関係者で意思決定できるテーマは定例会議では扱わない」というルールを導き出すこともできます。定例会議の代わりに、意思決定者であるマネジャーとの1対1ミーティングや、プロジェクト単位の少人数ミーティングをフレキシブルに行えばいいわけです。

あるいは、全員でディスカッションするべき重要な案件がない場合には、「定例会議」を流会にするようにしてもいいでしょう。大切なのは、**会議やミーティングには**

原則、「その場にいる必要のある人」だけが参加するようにすることなのです。

「会議資料」を徹底的にシンプルにする

最後に、「資料のボリューム」について検討しましょう。

先ほども述べたように、これは非常に大きな問題です。不必要に凝った資料は、作成するのにも時間がかかりますし、会議で説明するのにも時間を費やします。会議資料には、企画書、報告書、議事録などいくつもありますから、それらにかけている時間を足し合わせれば、驚くほど多くの時間をかけている可能性があるのです。

そこでおすすめしたいのが、**各種会議資料をテンプレート化する**ことです。必要最低限の情報で構成できるようにテンプレート化しておくことで、誰でも短時間で質の高い資料を仕上げることができます（図29－2）。

以上のように、「会議時間・開催頻度」「参加人数」「資料のボリューム」についてチームで検討すれば、いくつもの改善点が見つかるはずです。それをひとつずつ実践し

図29-2 「会議資料」はシンプルに

【定例会議　議事録】

【日時】2018年９月５日（水）14：00～14：30
【出席者】

【議題①】
12月20日開催イベントの内容について
【結論】
昨年参加者から「時間が長い」という声が多かったため、
コンテンツを絞ってシンプルな構成にする。
【アクション内容】
アクション：イベント内容のドラフト作成
担当者：田中
期日：９月12日（水）定例会議でプレゼン

＝＝＝＝以下議事録＝＝＝＝
西川　□□□□□□□□□□□
林　○○○○○○○○○○○
田中　△△△△△△△△△△△

POINT 1 箇条書きでOK

POINT 2 会議中に書く

POINT 3 会議が終わったら全員に送信

ていけば、きっと会議（とそれに付随する時間の合計）を「1／8」にすることができるはずです。

また、「カエル会議」で、チーム内で行うすべての会議・ミーティングのグランドルールを決めるのも有効です。

- **開始時間と終了時間を厳守する**
- **必ず会議のゴール（何を決めるか？）を明示する**
- **会議は原則30分。最大でも60分を限度とする**
- **定時後にまたがる会議は原則禁止**
- **ひとりの発言時間は3分が限度**

このようなグランドルールを共有すれば、チーム内の会議はかなり効率化されるに違いありません。

Lesson 30

「集中タイム」で"割り込み仕事"を減らす

"割り込み仕事"を減らす方法

もうひとつ、多くのチームで問題になるのが、「割り込み仕事」です。

「朝メール」で予定していたスケジュールどおりに仕事が進められない原因を探ると、取引先や他部署からの業務依頼や、他のメンバーからの急な相談などの「割り込み仕事」に振り回されている現状が見えてくるのです。

もちろん、こうした「割り込み仕事」が舞い込んでくるのはやむをえないことですが、それに振り回されている状況は改善する必要があります。そこで、考えうる「解決策」をまとめたのが【図30－1】です。

図30-1「割り込み仕事」を減らす工夫

1	**集中タイム** 特定の時間帯には「会議中」と同様の扱いとし、 問い合わせ等の取り継ぎをしない。
2	**即レスをしない** 相手もPC前にいる可能性が高く、メールのチャット化が発生。 （緊急の場合は電話で対応）
3	**事前に伝える** 作業予定やスケジュールを事前に伝え、相手の不安を解消。 「あれどうなってる？」をなくす。
4	**割り込み時間の設定** 「集中タイム」とは逆の発想で割り込んでもよい時間帯を あらかじめ決めておき、突発的な割り込みをふせぐ。
5	**クッションタイム** 割り込み仕事に対応するための予備時間を、 あらかじめ15～30分ずつ２～３回設定しておく。
6	**期日交渉** 割り込み仕事の対応について期日交渉を行い、 「すぐに対応しない」選択をする。
7	**チームメンバーに依頼** 自分でなくても対応できるものは、チームメンバーに依頼する。 （業務の共有化が必要）
8	**窓口の一本化** 社内外からの問い合わせを担当者が直接受けない仕組み。 （他部門依頼・担当者の配置）

なかでも即効性があるのが、「集中タイム」です。

「朝メール」を書くときに、各自が優先度の高い仕事を行う時間帯を「集中タイム」に設定して、その時間は、**他のメンバーが一切声をかけない**ようにするのです。相談事などをもちかけないのはもちろん、取引先や他部署からの連絡も取り継ぎません。つまり、「割り込み仕事」をゼロにする効果があるのです。

あるいは、【図30－2】のように、グーグルカレンダーなどで、一週間の「集中タイム」を明示するのも効果的です。特に、この方法はプレイングマネジャーにおすすめです。一週間単位で「集中タイム」を明示すれば、メンバーは、それ以外の時間にマネジャーとのミーティングのアポイントを入れることができるからです。

重要なのは、「集中タイム」のルールをメンバーで共有しておくことです。

まず、他のメンバーに「いつが集中タイムなのか?」を明示するルールを決めます。たとえば、必ず「朝メール」に明記するようにしてもいいでしょうし、「○時~○時まで集中タイム」と明示した紙を、各自のデスクの目立つところに張り出してもいいでしょう。

図30-2 「集中タイム」を共有する

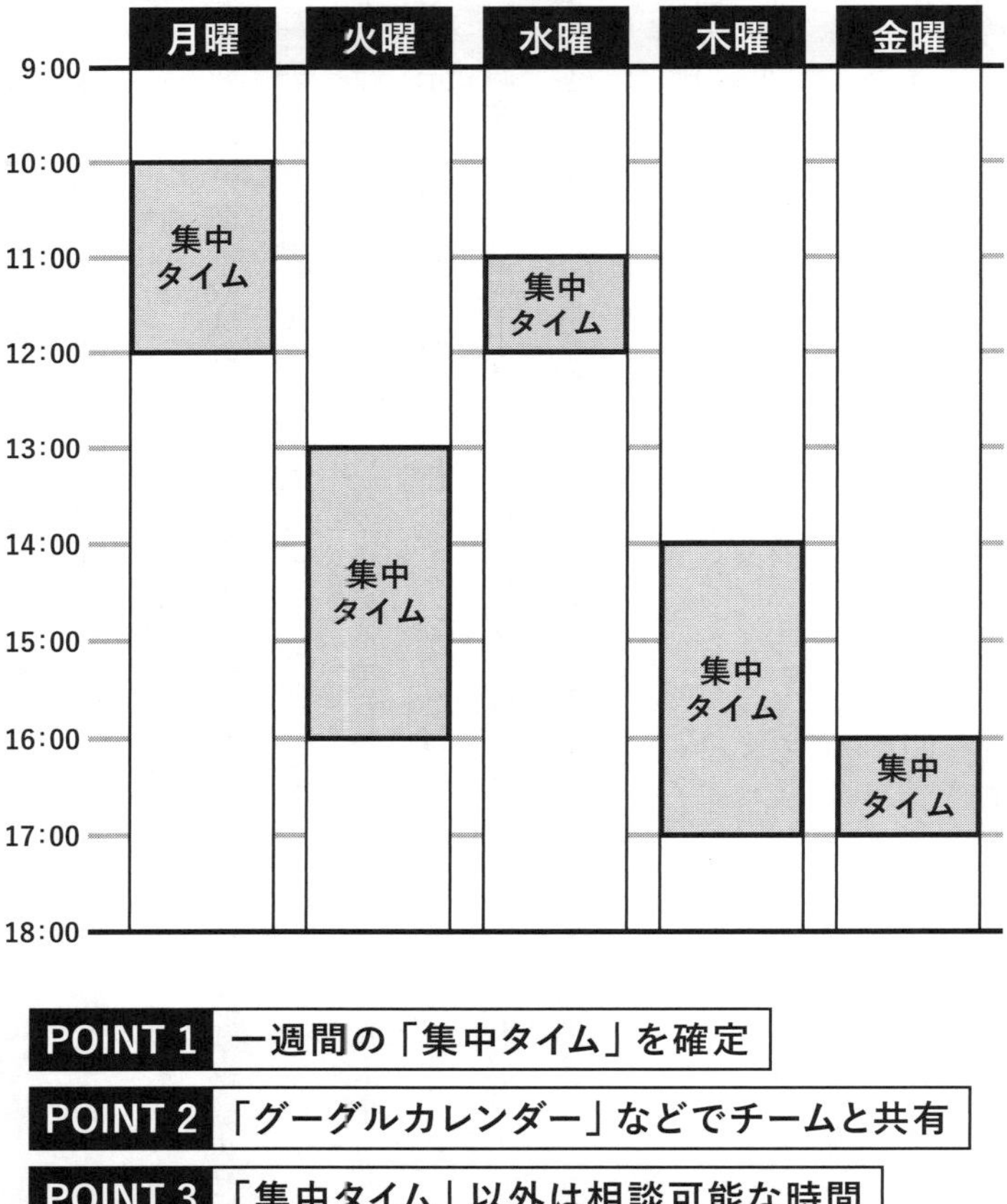

POINT 1 一週間の「集中タイム」を確定

POINT 2 「グーグルカレンダー」などでチームと共有

POINT 3 「集中タイム」以外は相談可能な時間

POINT 4 週の上限時間を決める（例：週10時間）

また、「集中タイム」の間は、場所を移動していいというルールにするのも効果的です。会議室や社外のスペースなどに移動して、**自席から物理的に離れることで、より仕事に集中することができる**からです。社内規定で可能であれば、自宅勤務で「集中タイム」を使うことを認めてもいいでしょう。

ただし、ずっと「集中タイム」をとって、ほとんど職場に現れないといった弊害を生み出さないためにも、「集中タイムは一週間にひとり○時間まで」といったルールを決めておくことも必要です。

忘れてはならないのは、「例外」を共有しておくことです。

「集中タイム」は、取引先や他部署から連絡が入っても取り継がないのがルールですが、緊急対応が必要な案件まで取り継がないと、大きなトラブルを起こしかねません。そこで、「この取引先からの連絡はすぐに取り継いでください」「この案件については至急連絡ください」といった例外をメンバーに伝えておくのです。

「集中タイム」に入る直前に、グループのメッセンジャーやメーリングリストでメンバーに例外を伝える――といったルールを決めておけば、重要な連絡が放置されるような事態をふせぐことができるでしょう。

「クッションタイム」で〝割り込み仕事〟を吸収

また、「朝メール」を書く時点で、「クッションタイム」の設定をメンバーに奨励するのも効果的です。「クッションタイム」とは、「割り込み仕事」が発生することを予測して、あらかじめ「予備の時間」を設けておくことをさします。

たとえば、「13～15時　営業（外出）」「15～16時　資料作成」などとギチギチに詰まったスケジュールを立てるのではなく、「13～15時営業（外出）」「15時～15時30分　クッションタイム」「15時30分～16時30分　資料作成」などとするわけです。

もしかすると、営業先での打ち合わせが延びるかもしれませんし、メンバーから急な相談が入るかもしれません。そのような「予想外の出来事」「割り込み仕事」が発生しても、「クッションタイム」があれば吸収できるため、一日のスケジュールに狂いが生じにくくなるのです。

私の経験では、**一日のスケジュールのなかで2～3ヶ所、15～30分程度の「クッシ**

ヨンタイム」を設定しておくと、そのほかの予定に支障をきたさずにすむことが多いです。

あるいは、メンバーに「期日交渉」を徹底してもらうのも有効です。

お客様からの急な依頼です。もちろん、そのような依頼には誠実に対応しなければなりませんが、それに振り回されるのもよくありません。というのは、本人のスケジュールが狂うだけではなく、マネジャーのスケジュールまで狂わせてしまうからです。

あなたの職場にも、「先ほど、お客様から今日中に見積もりを出してほしいと言われました。急にすみませんが、この見積もり書をご確認いただけませんでしょうか？」といった「割り込み仕事」を頻繁に持ち込んでくるメンバーがいるのではないでしょうか？

あまりにもそのようなことが多いメンバーには、**「期日交渉」を徹底するように指導したほうがいい**でしょう。お客様に言われるがまま、無茶なスケジュールをのんでしまっているから、このようなことが頻発するのです。お客様の事情をしっかりと聞いたうえで「期日交渉」をすれば、無茶なスケジュールを押し戻すことができるケースは多いのです。

「期日交渉」で重要なのは、**相手とWin-Winになるような提案をする**ことです。たとえば、「今日中の提出となると、見積もりデータが概算になってしまうのですが、○日ならば正確な数字が出せるので、その日にさせてください」などと提案すれば、お客様にも納得していただけるはずです。

このような交渉ノウハウをメンバーに学ばせることができれば、メンバー本人も「割り込み仕事」に振り回されることが減るでしょうし、その結果、マネジャーも楽になるのです。

Lesson 31

お互いに成長をうながすチームにする

「感謝」を伝え合う機会を増やす

くり返し述べてきたように、チームの生産性を高める最大のポイントは、メンバー同士の「関係の質」を高めることです。

お互いの意見を遠慮なく出し合うことによって「集合知」を生み出すためにも、お互いに協力し合って業務を効率的に処理するためにも、毎朝出社するのが楽しみになるような「関係の質」を築き上げることが最も重要なのです。

そのためには、第2章で詳しくご説明したように、マネジャーが率先して「感謝の気持ち」や「ポジティブなフィードバック」を伝えることで、メンバーの承認欲求を満たすようなコミュニケーションを心がけることが大切です。そのようなコミュニケーションを地道に継続することによって、それがチームに広がり、徐々にメンバー同士の「関係の質」の向上につながっていくはずです。

とはいえ、**気恥ずかしさもあって、お互いの距離を縮めるのに苦労する**チームが多いのも事実です。実際、私たちがコンサルティングした多くのチームの「カエル会議」で、「コミュニケーションの活性化」が課題に上がるケースが多いと実感しています。

そこで、チームの「関係の質」を高めるために、おすすめしているツールを2つご紹介します。「サンキューカード」と「功労賞」です。

まず、「サンキューカード」は、その名のとおり、誰かに「感謝の気持ち」を伝えたいと思ったときに、気軽に書き込めるカードです（図31－1）。このカードを本人に直接手渡したり、専用ボードに貼りつけたりして、お互いに「感謝の気持ち」を伝え合うのです。

しかし、マネジャーがメンバーに「みんなでどんどんサンキューカードを交換し合いましょう」と呼びかけるだけでは、なかなか実行してくれるメンバーはあらわれま

図31-1 「サンキューカード」と「功労賞シート」

サンキューカード

●Dear：小川さん

ありがとう！

プレゼン前、いつも気にかけてくださり、
ありがとうございます！
小川さんが貸してくださった『即効プレゼン術』、
今や私のバイブルです！
会社のエントランスにゴミが落ちていると拾うお姿も
尊敬しています。これからもついていきます！

●From： 中田

功労賞シート

●賞の名前
（好きなネーミングを
考えてくださいね）

賞

●誰へ：　　　さんへ　　●誰から：　　　より

●どんな活躍をしてくれましたか？

●一言メッセージ

せん。そこで、「カエル会議」をうまく利用します。5分間だけ、メンバー全員で一斉に記入して交換する機会を設けるのです。

これが実に効果的です。ひとりでやろうとすると恥ずかしさを感じますが、全員でやるとなるとそれほど恥ずかしくないからです。このような機会をうまく活用して、マネジャーが率先して「サンキューカード」をメンバーに贈れば、徐々にメンバーの抵抗感も薄まっていくはずです。

私たちの会社では、マネジャーが毎月、会議で全員の書いた「サンキューカード」を代読してメンバーに手渡すようにしています。他のメンバーが誰にどんな「サンキューカード」を贈ったかを知ることで、毎回「あの人は、そんな仕事も頑張っていたのか。知らなかった！」といった新たな発見があります。

その結果、メンバーたちは「頑張れば、それを誰かが見てくれているかもしれない」という前向きな気持ちをもつことができるようになります。そして、どんなに小さな仕事でもモチベーション高く取り組むようになるのです。

「業績評価」とは異なる「価値観」が大切

次に「功労賞」をご紹介します。

これも文字どおり、チームで貢献してくれた人をねぎらう賞です。

四半期～半期ごとに、「カエル会議」などの場で、特に貢献してくれたメンバーを全員で表彰するのです。「サンキューカード」が日常的に感謝を伝えるツールだとすれば、この「功労賞」は、より長いスパンで感謝の気持ちを伝えるツールと言えます。

私たちは、あらかじめ「賞の内容」は決めずに、賞を贈る当日、皆で賞の名前を決めます。そのうえで「各賞にふさわしい人は誰か」を決めるのです。賞の名前を後で決めるのは、「◯◯賞を獲るために頑張る」という意識づけをすることが、「功労賞」の狙いではないからです。

それよりも、本人は「感謝してもらおう」などという意図もなくやったことが褒められることで、**「そうか、こういう行動はみんなの役に立つんだな」という気づきを得る**ことにこそ「功労賞」の意味があるのです。

また、**「表彰する内容」は、あまり仕事の業績にかたよらないようにしたほうがいい**

でしょう。なぜなら、業績を上げたメンバーは、人事評価などによって会社からすでに承認を与えられているからです。

それよりも「いつもオフィスを明るくしてくれたで賞」とか「いつもメンバーをサポートしてくれたで賞」など、「関係の質」に関わるような部分にスポットライトを当てることをおすすめします。そのほうが、より多くのメンバーを多様な角度から承認することにつながりやすくなります。

ちなみに、私たちの会社では、半年に一度「表彰式」を行っています。

当日、すべてのメンバーに、【図31－1】の「功労賞シート」に記入してもらって、その内容を1枚ずつ読み上げたうえで、全員で最優秀賞だと思うメンバーに投票。受賞者に、即席でつくった表彰状を授与しているのです。

これが毎回とても盛り上がり、メンバーからも好評です。仕事で失敗をしてちょっと**自信を失っていたメンバーが、思いがけず受賞することで元気を取り戻した**ケースもあります。チームの雰囲気が温かくなるので、ぜひ、皆さんのチームでも試してみていただきたいと思います。

「3人フィードバック」でお互いの成長をうながす

こうした取り組みを通して、チームの「関係の質」が高まったら、次にチャレンジしていただきたいことがあります。

「お互いの強みと弱みをフィードバックし合う」機会を設けるのです。これは相手の「弱み」を伝えるとともに、自分の「弱み」を受け止めなければならないので、少々ハードルの高い取り組みですが、「お互いに成長をうながす」というさらなる高みをめざすためには、非常に有意義なチャレンジといえます。

ここでおすすめしたいのが「3人フィードバック」です。

やり方は簡単。「カエル会議」などの場で、ひとりのメンバーに対して3人のメンバーが、それぞれ「強み」と「弱み」について2枚ずつ付箋に書いて、【図31－2】のような「強み・弱みシート」に貼りつけるだけです。

3人でフィードバックするのは、そのほうが客観性が増すからです。ひとりからのフィードバックだと、「たまたまこの人はそう感じているのだな」と受け取ってしまうため、あまり心に響きません。しかし、**複数の人から同じようなことをフィードバッ**

図31-2 強み・弱みシート

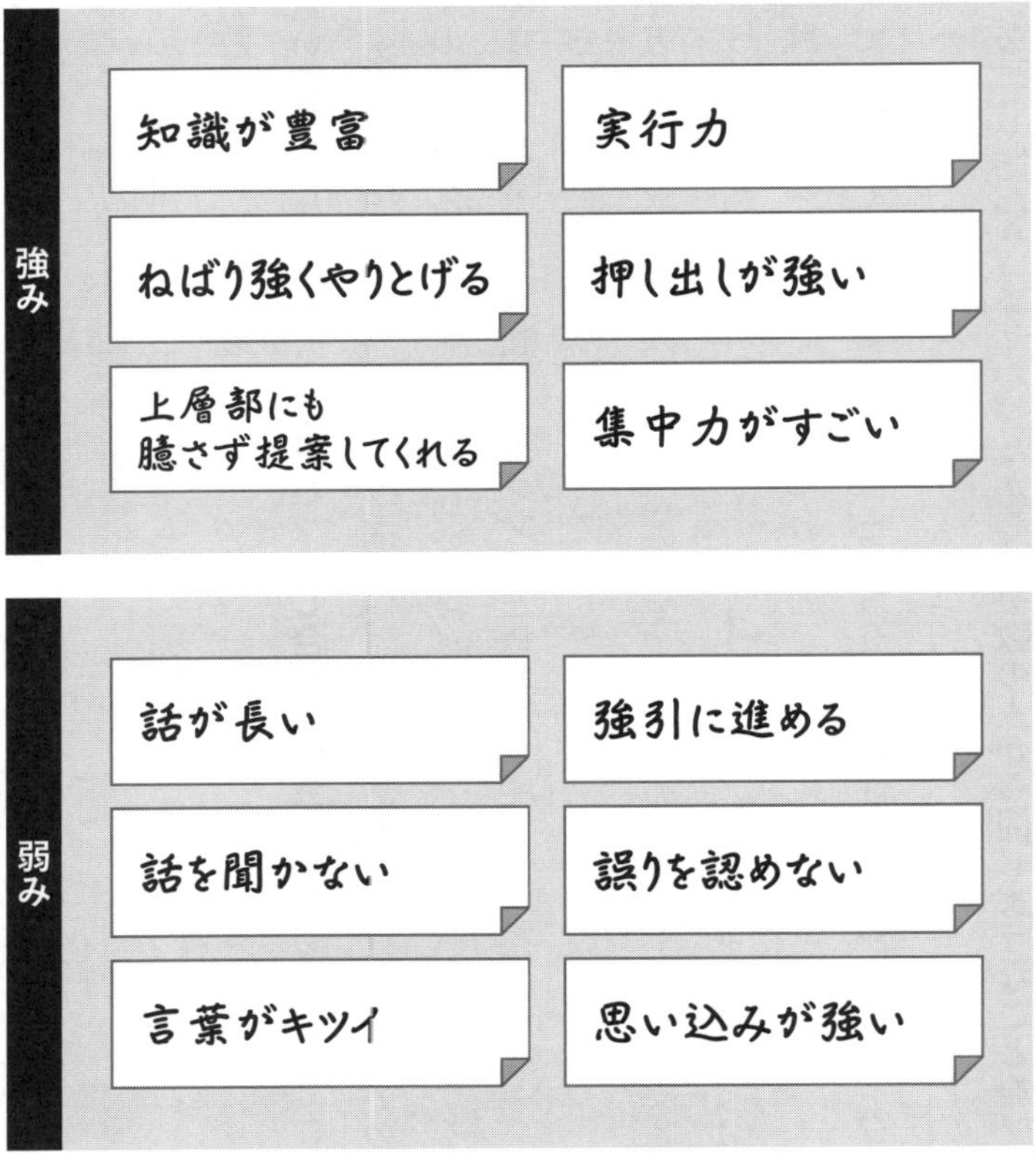

3人が2枚ずつ付箋に「強み」と「弱み」を書いて本人にフィードバックする

クされると、強烈な説得力をもって本人に迫ってくるため、自ら言動を見直すきっかけになることがあるのです。

「年上の部下」が変わった理由

「3人フィードバック」でメンバーに変化が生まれたエピソードをご紹介しましょう。

私たちがコンサルティングをしたある旅行代理店の営業チームでの出来事です。そのチームには、とても優秀なベテラン男性がいましたが、残念ながら、当初は「働き方改革」に批判的でした。「カエル会議」にも一切出席せず、チームとして決定したアクションにも非協力的だったのです。しかし、若いメンバーが楽しそうに「働き方改革」に取り組んでいることは気になっているようでした。

そんなある日、皆に「一緒に話し合いましょうよ」と誘われて、しぶしぶ（でも、実はちょっと嬉しそうに）「カエル会議」に出席。ところが、その日は、たまたま「3人フィードバック」を行うことになっていました。

マネジャーは、「せっかく来てくれたけど、傷つけてしまうかな……」と不安になったそうですが、ベテラン男性を除いたチームの「関係の質」は上々。「うまくフィードバックしてくれるはずだ」と見守ることにしました。

すると、若いメンバーはベテラン男性の「強み」として、「業務知識が豊富で頼りになる」「上層部にも臆さず提案してくれる」などと彼自身が自覚しているプライドをくすぐる一方で、「言葉がキツイ」「話が長い」などと「弱み」を指摘。ベテラン男性は、ショックを隠せないようでしたが、なんとか受け止めてくれたようでした。

おもしろいのは、その後です。

ベテラン男性が帰宅後、このフィードバックについて話したところ、奥さんから「あら、家でも職場でも一緒なのね」と言われたそうなのです。これが〝トドメの一撃〟となりました。彼は、身近な家族からも同じ指摘を受けたことで、「どうやら会社で言われたことは事実なんだ」と認識するようになり、それから少しずつ言動を修正し始めたのです。

実はそのベテラン男性は、マネジャーにとっては「年上の部下」。根はいい人なのですが、マネジャーはどう接したらいいかわからず、困り果てていました。

ところが、若いメンバーが「関係の質」を高めたうえで、「3人フィードバック」をしてくれたおかげで、**扱いづらかった「年上の部下」が変わるきっかけ**をつくってくれたのです。そして、マネジャーと「年上の部下」の関係も一気に改善していったのです。

もちろん、ヘタに「3人フィードバック」をすると、「傷つけ合う」だけの結果を招きかねません。これを実践するのは、「関係の質」が保証されたチームであることが大前提だということは忘れないようにしてください。

マネジャー自らがフィードバックを求める

また、この「3人フィードバック」は、まずマネジャー自身が体験するところからスタートしてみてください。そして、自らの「弱み」を真摯に受け止めて、日ごろの言動を修正していく姿を見せることができれば、チーム全体で「3人フィードバック」を実施する環境をつくり出すことができるはずです。

「3人フィードバック」は、非常に多くの気づきを与えてくれます。自分が気づいていなかった「弱み」に気づかせてくれるだけではなく、**「弱み」だと思っていたことが、他のメンバーからは「強み」として受け止められていた**ことなどがわかるからです。

それを実感するメンバーが増えれば、チーム内の人間関係を、単に「承認し合う」だけの関係から、「お互いに成長をうながす」という関係に高めていくことができます。

「3人フィードバック」は、「最強のチーム」を生み出す特効薬なのです。

Lesson 32

日常業務のムダを一掃する方法

メールの「テンプレート化」でムダ激減

業務の「ムダ取り」を徹底したい――。

これも、「カエル会議」で問題にされる頻度の高いテーマです。日々「朝夜メール」をつけていると、いつも時間見積もりをオーバーしてしまう現実と向き合うことになりますから、少しでも「ムダ取り」をしたいという願望が強くなるのだと思います。

そこで、私たちが真っ先におすすめしているのが、チームでさまざまな「テンプレート（文書のひな形）」を作成・共有することです。メール文から連絡文まで、あらゆる文案や書式をテンプレート化すると、実に多くの恩恵をもたらしてくれるのです。

私たちの会社では基本的に、メール文はテンプレートをアレンジしながら作成しています。テンプレートがあれば、テキストを打つ時間を大幅に短縮できるのはもちろん、担当者が急病などで対応できないときにも、他のメンバーがすぐにメールを送ることができます。チーム内でメールの質を底上げすることにつながるのも、大きなメリットといえるでしょう。

また、テンプレートがあれば、必要な事項を漏れなく記載することができるというメリットも重要です。一通ずつメールを書き起こしていると、どうしても記載内容に「抜け漏れ」が生じることがあります。その結果、相手にその「抜け漏れ」を問い合わせる手間をかけさせることになり、**1往復で終わるはずだったやり取りが2往復、3往復と増え、その対応に多くの時間を割かなければならなくなってしまう**のです。そのような事態をふせぐためにも、テンプレートは大きな力を発揮してくれます。

「テンプレート」を使うたびにブラッシュアップする

【図32-1】のように、各種メール文のテンプレートを整理して共有フォルダに保存

図32-1 メール文のテンプレートの保存法

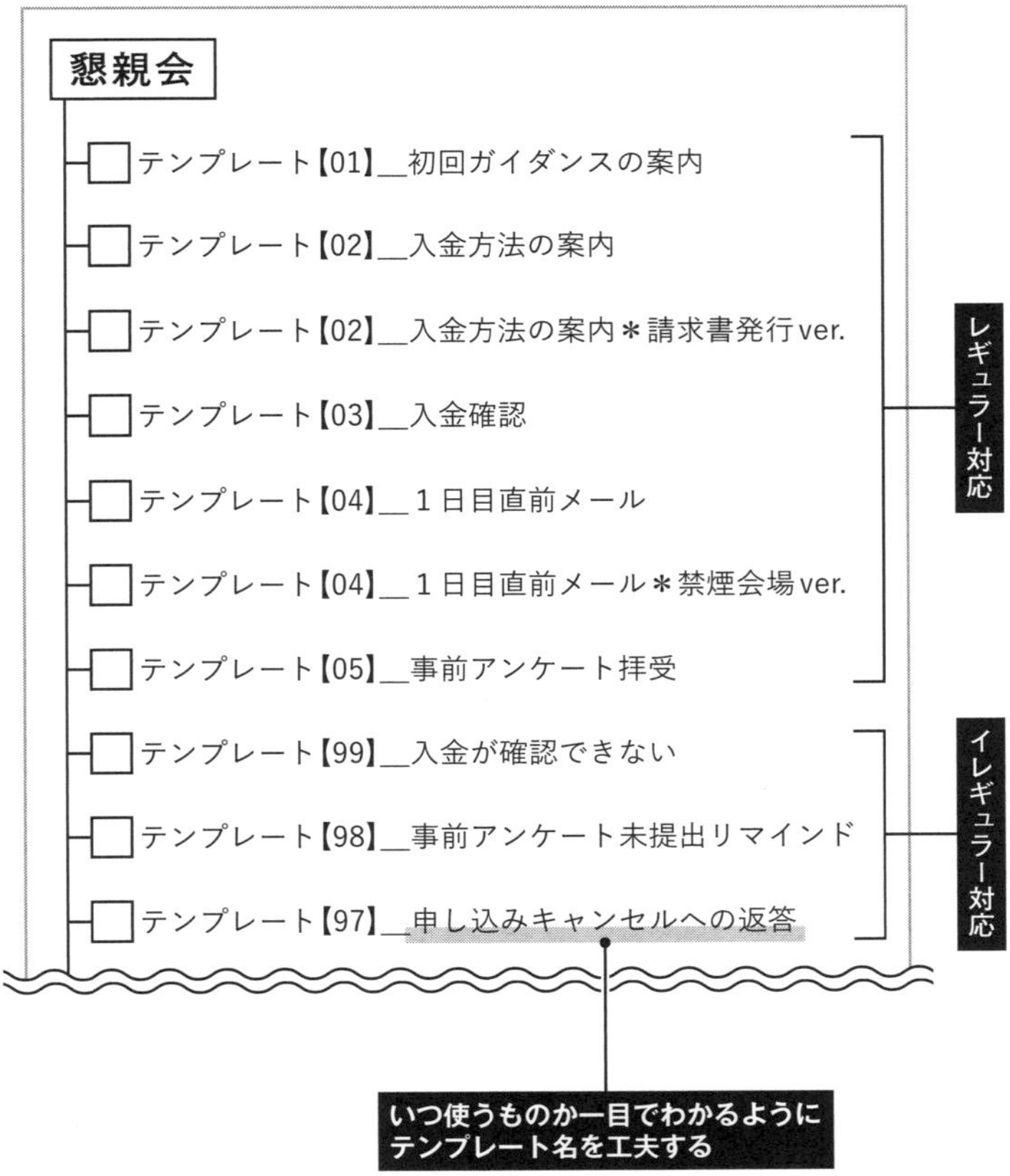
懇親会
テンプレート【01】__初回ガイダンスの案内
テンプレート【02】__入金方法の案内
テンプレート【02】__入金方法の案内＊請求書発行ver.
テンプレート【03】__入金確認
テンプレート【04】__１日目直前メール
テンプレート【04】__１日目直前メール＊禁煙会場ver.
テンプレート【05】__事前アンケート拝受
テンプレート【99】__入金が確認できない
テンプレート【98】__事前アンケート未提出リマインド
テンプレート【97】__申し込みキャンセルへの返答
レギュラー対応
イレギュラー対応
いつ使うものか一目でわかるように
テンプレート名を工夫する

しておけば、いつでも誰でも必要なときにテンプレートを使うことができます。

たとえば、当社の「ワーク・ライフバランスコンサルタント養成講座」を運営している部署では、受講生と実に多くのやり取りをしています。そのため、定型的に使う可能性のあるメール文をテンプレート化して、共有フォルダに保存・蓄積していきます。そして、次にそのテンプレートを使ったメンバーが、修正・上書きをすることで、テンプレートをブラッシュアップしていくわけです。

それぞれの業務の流れに合わせて「【01】初回ガイダンスのご案内」「【02】入金方法のご案内」のように番号を振っておくとともに、イレギュラーなメール文については「【99】入金が確認できない」といったように、「90番台」で整理しておくととても便利。ファイル名は「いつ、どんなときに使うか」がわかるようなものにしておくと、テンプレートを探しやすく効率的です。

また、メール文のテンプレートは、【図32－2】のように「★」などの目立つ記号を上手に使って、「出席の場合」「欠席の場合」など、状況次第で使う文面を選びやすくするといいでしょう。また「宛名」「期日」など、メールごとに記入すべき部分に「●」

図32-2 メール文のテンプレートの例

●●●●様

いつもお世話になっております。
株式会社ワーク・ライフバランス
コンサルタント養成講座事務局の●●です。

懇親会のご出欠について
ご返信ありがとうございました。
★★★★★出席の場合★★★★★
【ご出席】とのこと、ご多忙のなかご調整いただきまして、
まことにありがとうございます。
★★★★★欠席の場合★★★★★
【ご欠席】とのこと、まことに残念ではございますが、
かしこまりました。
懇親会は講座３日目終了後にも予定しておりますので、
ご都合がよろしければご参加いただけますと幸いでございます。
★★★★★★★★★★★★★★★★

【入金方法のご案内】【写真撮影のお願い】【事前学習のご連絡】を
お送りいたしますのでご一読ください。

氏名などは ●印でわかりやすく！

「出席の場合」「欠席の場合」の２パターンを表記 ➡★印でわかりやすく！

などの記号を入れておけば、記入漏れなどのミスをふせぐことができます。

チーム内の「連絡」もテンプレートで最速化

対外的なメールだけではありません。

チーム内での業務連絡もテンプレート化しておくと効率化が進みます。

【図32－3】の①は、「営業のアポイント」を同行者やチームと共有するためのテンプレートです。このように「営業先」「所要時間」「入り時間」「先方担当者の部署・氏名・電話番号」「事前資料の有無」などの記入項目を明確にしておけば、それを埋めるだけですからスピーディですし、確認事項の「抜け漏れ」もなくなります。

さらに、急病やトラブル対応で、担当者が急遽、営業に行けなくなったときも、他のメンバーが必要事項をすぐに確認できるので、即座にフォローすることができます。

【図32－3】の②は、他のメンバーに「作業依頼」するときのテンプレートです。

ここでも、「抜け漏れ」があると、依頼された人は内容を確認するのに骨が折れます

図32-3 連絡事項のテンプレート

① 営業アポイントのテンプレート例

【営業先】 R社

【所要時間】13：00〜14：00

【入り時間】12：50

【担当者】営業企画部第一部・美山様・TEL03-5555-XXXX

【先方との待ち合わせ】なし

【同行者】村園

【同行者待ち合わせ】12：30 会社ビル目の前のシブヤブックセンター

【事前資料の有無】あり・グーグルドライブ5-33

【記入者・記入日】田中・7月13日

② 作業依頼のテンプレート例

【依頼内容】○○様　営業資料の確認をお願いします。

【〆切】○月○日

【資料の場所】机の上に付箋をつけて置いておきます。

【記入者・記入日】大島・7月16日

し、場合によっては、情報が不足していて、依頼された作業を行えないこともあるでしょう。テンプレート化することによって「抜け漏れ」をなくせば、そのような事態をふせぐことができるのです。

テンプレート化の「投資効率」は優れている

このように、メール文から業務連絡、各種書類にいたるまで、できる限りテンプレート化を進めておくと、非常に大きな効果をもたらしてくれます。皆さんも、メールや業務連絡などは、日々、膨大な数を処理していることでしょう。これらをテンプレート化することで、**「塵《ちり》も積もれば山となる」方式で、チーム全体で非常に大きな「ムダ取り」ができる**のです。

ただ、テンプレートをつくるのは地味な作業ですし、少々手間もかかるため、メンバーが目の前の仕事に追われているとなかなか進められないものです。そこで、マネジャーが知恵を絞る必要があります。

まず、「カエル会議」で、「うちのチームは、同じような内容のメールを、各自がそのつど作成していることに問題があるのではないか？」といった問題意識を共有。ディスカッションを通して、どのメールをテンプレート化するかを決定したうえで、「アクションシート」に「誰が、いつまでに、どのテンプレートをつくるか」を明記します。そして、率先してテンプレート化を進めてくれたメンバーに対して、「サンキューカード」や「功労賞」で感謝を伝える……。

このようなステップを踏んでいけば、必ずチーム全体でテンプレート化を進めていくことができるはずです。そして、たいへんなのは最初だけです。一度テンプレート化すれば、あとはコツコツと微修正を加えるだけでＯＫ。**膨大な時間を、永久に短縮し続けることができる**のです。

その意味で、テンプレート化するための労力は、非常に「投資効率」に優れていると言えます。【Ｌｅｓｓｏｎ⑳】（１８４ページ）でご紹介した「緊急度と重要度のマトリクス」の「緊急ではないが重要な業務」の代表格と言ってもいい仕事なのです。

Lesson 33

「マニュアル化」で生産性を上げる

定型業務は徹底的に「マニュアル化」する

チーム内の業務をマニュアル化するのも、効率化に大きな力を発揮します。

定型的な業務をマニュアル化しておけば、その業務が発生したときに、手順に沿ってスムーズに対応することができます。途中でいちいち判断に迷うことも減りますし、手順を間違えてリカバリーにムダな時間を使う必要もなくなるでしょう。

また、担当者が急病などで休まざるをえなくなったときも、他のメンバーがサポートすることが容易になりますし、その日に入った新人でもその業務を担当できるようになるので、「業務の属人化」を避けることにもつながります。

このように、マニュアル化は、チームの生産性を高めるうえで、非常に大きな効果を発揮するのです。これも、テンプレート化と同じく「緊急ではないが重要な業務」の代表格と言っていいでしょう。

なお、マニュアルばかりだと、メンバーが何でもマニュアルに頼らなくてはならない「マニュアル人間」になるのではないか、と心配する方もいらっしゃいますが、コンサルティングに入ってクライアントの現場を見ていると、むしろ逆のことが起きていることがわかります。

なぜなら、定型的な業務をマニュアル化することによって、それまで一から考えていた時間を大幅に削減することができるので、そこで新たに生まれた時間を使って、多くのビジネスパーソンは**よりクリエイティブな仕事にチャレンジするようになるからです。**そして、それまでよりも高度な課題に取り組むようになることで、大きく成長していくようになるのです。

マニュアルはシンプルなもので大丈夫です。

【図33－1】は、私たちの会社で作成しているマニュアルの一例です。

ご覧のとおり、「作業の手順」をワードに箇条書きで書き起こしているだけのものが大半です。もちろん必要であれば、画像などを貼りつけることもありますが、その場合も、レイアウトに時間をかけることはありません。作成するハードルを下げるためにも、**マニュアルはシンプルに「読めばわかる」ものにすれば十分**なのです。

そして、作成したマニュアルは、「共有フォルダ」のなかに「広報業務」「イベント準備」など、業務ごとにつくったフォルダに保存します。ここに、その業務に関するメールなどのテンプレートや主な連絡先、関連資料などもまとめて保存しておけば使い勝手がいいでしょう。

「後任者」がマニュアルをつくる

マニュアルを作成する際のポイントは、その業務に熟達したメンバーよりも、新たに業務を引き継ぐメンバーが作成するほうがいい、ということです。そのほうが**「誰にとってもわかりやすいマニュアル」になる**からです。

図33-1 業務マニュアルはシンプルでOK

例：総務部の「健康診断申し込み」の業務マニュアル

1）対象者を確認
2）コースを選択　※40歳以上はファイル02を参照
　男性：予防検診A
　女性：予防検診Aにオプション　子宮頚がん検診、乳腺超音波検査を追加
3）クリニックへ連絡
　予約コールセンター　03-△△△△-△△△△
　男女各人数をお伝えし、受診可能枠をメールしていただきます。
　※できれば午前の方がみんなが嬉しい（笑）
　基本コース・オプション：すべて会社請求、キット・結果送付先：会社本人宛てと伝えます。
4）送られてきた受診可能枠に人をアサインし、日程を確定
5）先方へ必要情報3点を返信
　• 生年月日
　• 性別
　• 健康保険証番号
　※健保協会から検診の申込書が届いていたら、それを送る
6）キットが送られてきたら、各自に配布。当日【健康保険証】を持参するように伝える

箇条書きでOK!
レイアウトに時間はかけない

経験者にとっては「当たり前」でわざわざマニュアルに書かなくてもいいと判断するようなことでも、未経験者（後任者）からすれば「なぜ？」と思うことはたくさんあります。その「なぜ？」を、前任者に確認したうえで言語化したマニュアルは、前任者がつくったものよりも確実にわかりやすいものになります。

ある企業では、完成したマニュアルを使って業務がきちんと進むかどうかをチェックするために、「マニュアル休暇」という制度を運用しています。

マニュアルを完成させた人が4日間の休暇をとるという制度で、土日と合わせると6連休になります。マニュアルは誰もが使えるものでなければ意味がありませんから、作成者が「マニュアル休暇」をとっている間に、他のメンバーがマニュアルを使って業務を進めてみて、そのマニュアルが実際に「使えるかどうか」を検証するわけです。

そして、作成者は、「マニュアル休暇」明けに、実際にマニュアルを試したメンバーから、「ここがわかりにくかった」「これでは対処できなかった」などのフィードバックを受けて修正を加えることによって、「使えるマニュアル」に磨き上げていきます。

また、この企業では年1回、すべてのメンバーが「マニュアル休暇」を取得することを義務づけています。

日常業務においては、つい「目先の仕事」に追われてしまい、「緊急ではないが重要な業務」に該当するマニュアル化を後回しにしがちです。しかし「マニュアル休暇」を義務化すれば、メンバーはマニュアル化に取り組まざるをえません。しかも、「休暇」というインセンティブも与えられるため、マニュアル化を進める動機づけになるわけです。これも、マニュアル化を進めるうえで、非常に効果的な方法でしょう。

Lesson 34

自発的な「勉強会」でチーム力を最大化

「勉強会」でチームワークを強化する

「働き方改革」がある程度進み始めたチームには、ある共通点が見られるようになります。「勉強会」を開こうとするチームが増えてくるのです。

というのは、「テンプレート化」や「マニュアル化」を進めると、メンバーたちがお互いの業務知識を共有し始めるからです。そして、「あの人の知識や経験をもっと詳しく知りたい」「みんなの知識を共有すれば、もっと高い成果を出せるチームになれる」という声が出てくるようになり、自発的な「勉強会」が始まるケースが多いのです。

あるアパレルの店舗では、そんな「勉強会」が大きな成果を生み出しました。

その店舗では、朝一番にメンバー全員で掃除をするのが日課でしたが、「カエル会議」でディスカッションを重ねるなかで、あるメンバーが「一日のうち、最も頭がクリアな時間帯にするべきことは本当に掃除だろうか？」という疑問を口にしたのがきっかけとなりました。

それを聞いた別のメンバーが、「そうですよね。私は、季節や天気に合わせて、お客様に洋服を提案する力が弱いと思っています。もっと先輩たちに学んで、力をつけたいです。一日の始まりに、短い時間でもいいから、今日の天気・品ぞろえならば、先輩たちがどう考えるのかを教えてもらう勉強会をしたいです」と提案したのです。

そこで、これまで掃除にあてていた開店前の時間を使って、メンバー全員で勉強会を開いて、それぞれの専門知識を共有し合うことにしました。掃除は、「スキマ時間」にこまめにやればいいと考えたわけです。

そして、マネジャー（店長）は自発的に勉強会を始めたメンバーを応援するために、毎朝おにぎりを差し入れました。そんなマネジャーの後押しもあって、メンバーたちはモチベーション高く勉強会を継続。その結果、年次の浅いメンバーの接客の質が向上し、顧客満足度も仕事の効率も向上。お店の売上もどんどん上がっていったのです。

このように、「勉強会」によって、それぞれがもつ業務知識を共有するのは、非常に効果的です。なぜなら、「勉強会」を行うことで、マニュアル化しきれない「経験値」のようなものも共有できるからです。しかも、お互いに学び合うスタイルをとることで、メンバー同士の「関係の質」も大きく向上します。**チームワークを強化する「最強の方法」**と言っても過言ではないのです。

メンバーに「教える機会」を与える

ただ、先ほどのアパレルの店舗のように、自発的に「勉強会」を始めてくれるのは理想的ですが、なかなかそうはいかないチームもあるでしょう。

そこで役に立つのが【Ｌｅｓｓｏｎ㉒】（２０２ページ）で紹介した「スキルマップ」です。

たとえば、「エクセルのスキルを身につけたいと考えているＡさん」と1対1ミーティングなどをするときに、「エクセルのスキルをマスターしているBさん」を講師に迎えた「勉強会」を提案してみるのもいいでしょう。講師を頼まれたBさんは、イヤな気はしないはずです。そこに他のメンバーも巻き込んでいけば、そこから「勉強会」の機運が高まることが期待できます。

このようなアクションを的確に起こすためには、日頃から「スキルマップ」を充実させることによって、メンバー一人ひとりが、「どのようなスキルをマスターしているか？」「どのようなスキルを身につけたいと思っているか？」を把握しておく必要があるのです。

では、メンバーから「このテーマについて、マネジャーに教えてほしい」と言われたら、どうすればいいでしょうか？　もちろん、マネジャー自身が講師役を務めてもいいとは思いますが、できる限り、**他のメンバーに講師役を任せることで「見せ場」をつくってあげる**のがいいと思います。

ある損害保険会社では、「この資格についての講義をお願いできませんか？」と依頼されたマネジャーが、自分の次にその資格に詳しいメンバーを講師役に指名しました。

実は、そのメンバーは、その資格を取得するために勉強中だったのですが、「だからこそ指名した」と、そのマネジャーはおっしゃっていました。

というのは、専門的な内容を初心者に教えるためには、より一層、資格の内容について深く理解する必要があるからです。実際、そのメンバーは、マネジャーに疑問点を確認しながら、初心者でも理解しやすい講義用のスライドをつくり上げました。

その結果、「勉強会」は大成功。多くのメンバーが資格取得に向けてモチベーションを高めてくれました。しかも、「見せ場」を無事に務めあげた講師役のメンバーは、自信を深めるとともに、さらに熱心に資格勉強に取り組むようになり、その年の**資格試験に一発で合格**することができたのです。

このように、「勉強会」とは、単に知識や経験を共有することだけが目的ではありません。メンバーに「講師役」を任せることで、彼らに成長のチャンスを提供することもできるのです。マネジャーには、そのような意識をもって「勉強会」を上手に活用していっていただきたいと思います。

Lesson 35

「複数担当制」で業務効率を劇的にアップする

「ひとり担当制」がもたらすリスク

「属人化」がチームの生産性を下げる──。

これは、本書で度々指摘してきた問題です。

この「属人化」を解消していくためには、【Lesson㉒】（202ページ）などでもご説明したように、チームの「心理的安全性」を高め、メンバー間のスキル格差を埋める努力が必要となります。その努力を続け、条件がある程度整ってきたら、ぜひ試していただきたいことがあります。それが**「複数担当制」**です。

「複数担当制」とは、【図35－1】のように、現在多くの企業で採用されている「一業

図35-1 「ひとり担当制」から「複数担当制」へ

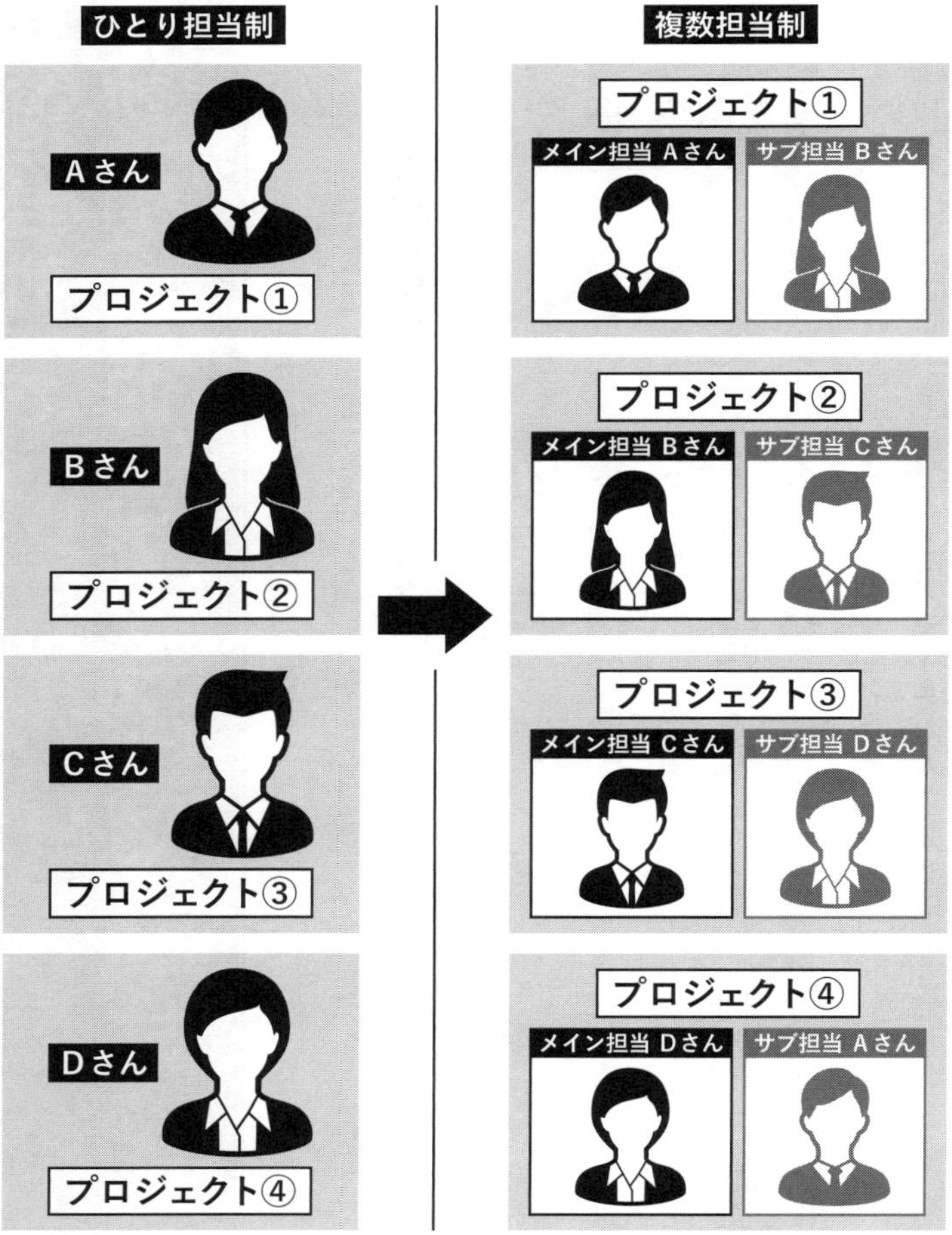

務ひとり担当制」から、ひとつの業務にメイン担当とサブ担当のふたりをつける「一業務複数担当制」に切り替えたものです。

「ひとり担当制」は、担当者に情報が集約され、責任も一元化できることから、一見効率がよさそうですが、けっしてそうではありません。実は、これがチームの生産性に大きなデメリットをもたらしているのです。

というのは、「ひとり担当制」は「属人化」につながりやすく、チーム内の連携プレイを阻害しがちだからです。その結果、業務効率を下げるとともに担当者の急な休みなどにも対応できなくなってしまうのです。

一方、「複数担当制」に切り替えると、ふたりで情報共有して協力し合うことによって、業務を効率的に進めることができますし、どちらかが急に休むことになった場合にも、業務を止めずにすみます。「属人化」した業務をいつでもフォローできる体制へと変えることができるわけです。

「そのためには、人数を倍にする必要があるのか？」という疑問をもたれる方もいるかもしれませんが、もちろん、その必要はありません。「プロジェクト①のサブ担当者が、プロジェクト②のメイン担当者も務める」というように、ひとりが複数のプロジェクトを担当すれば、同じ人数で「複数担当制」に移行することができます。

また、「複数担当制」にすると、「責任の所在があいまいになるのではないか？」と心配する声があるかもしれませんが、それも当たらないと思います。

むしろ、「ひとり担当制」のほうがリスクが高いというべきでしょう。なぜなら、「ひとり担当制」の場合には、担当者が上司に報告しない限り、情報が明るみに出ないからです。つまり、お客様からのクレームなど、担当者にとって**不都合なことが起きたときに、その情報を握りつぶしてしまう**という「無責任な対応」ができるわけです。その結果、当然、ミスや不正が起こるリスクも高まるでしょう。

一方、「複数担当制」であれば、お互いの仕事ぶりをチェックし合うことができますから、「不都合なことを握りつぶす」といったことはできにくくなります。その結果、自然と「責任のある対応」をするようになるのです。

このように、「ひとり担当制」によって何かが起きたときの責任の所在を明確にするよりも、「複数担当制」によって、そもそもミスや不正が起きにくい仕組みをつくるほうが、健全な組織やチームをつくり上げることができるのです。

「複数担当制」でチームの関係性も改善

ここで、「複数担当制」がうまく機能した、食品メーカーのある営業チームのエピソードをご紹介しましょう。

このチームではもともと、主な顧客であるスーパーマーケットの系列ごとに、ひとりのスタッフが担当するというシステムを採用していました。その後、「カエル会議」で、このシステムが生み出す非効率性が指摘されました。

スーパーマーケットの系列ごとに担当することによって、顧客と密度の濃いコミュニケーションが可能になるメリットはあるのですが、その結果、「属人化」が進み、かつ営業効率も非常に悪くなっていたのです。

なぜなら、ひとつのスーパーマーケットの店舗は、広い地域にわたって点在しているからです。その店舗すべてをひとりの営業担当が回ろうとすると、移動時間だけでかなりの時間が取られてしまいます。しかも、同じエリアに立地している他のスーパーマーケットの系列店には、別の営業担当が訪問しています。チーム全体で考えれば、非常に多くのムダを生み出していたのです。

それだけでなく、一人ひとりのメンバーが「タコつぼ化」することによる非効率性も生じていました。たとえば、ある系列で実績を上げた営業施策を他の系列に「横展開」できればいいのですが、「タコつぼ化」しているためにメンバー間でそういった情報が共有されないわけです。これは、非常にもったいないことです。

そこで、このチームでは、【図35－2】のように、「系列別の担当制」から「エリア別の担当制」に切り替えるとともに、「複数担当制」を導入することにしました。先ほどもお伝えしたとおりメンバーの数は変わりませんので、ひとりのメンバーが複数のエリアを「メイン担当」と「サブ担当」の形で兼任することになります。

一見すると担当エリアが増えるので、メンバーの負担も増えるように思えますが、実践してみると逆でした。**移動時間が大幅に減り、「メイン担当」と「サブ担当」のコミュニケーションが大幅に増加。**これが、大きな効果を生み出したのです。

たとえば、あるエリアの「メイン担当」であるAさんが、「サブ担当」のBさんに成功事例を共有したところ、Bさんが「メイン担当」を務める別のエリアに「横展開」するケースが増加。これが功を奏して、チーム全体での売上が大きく伸びていったの

図35-2 「エリア別の担当制」＋「複数担当制」

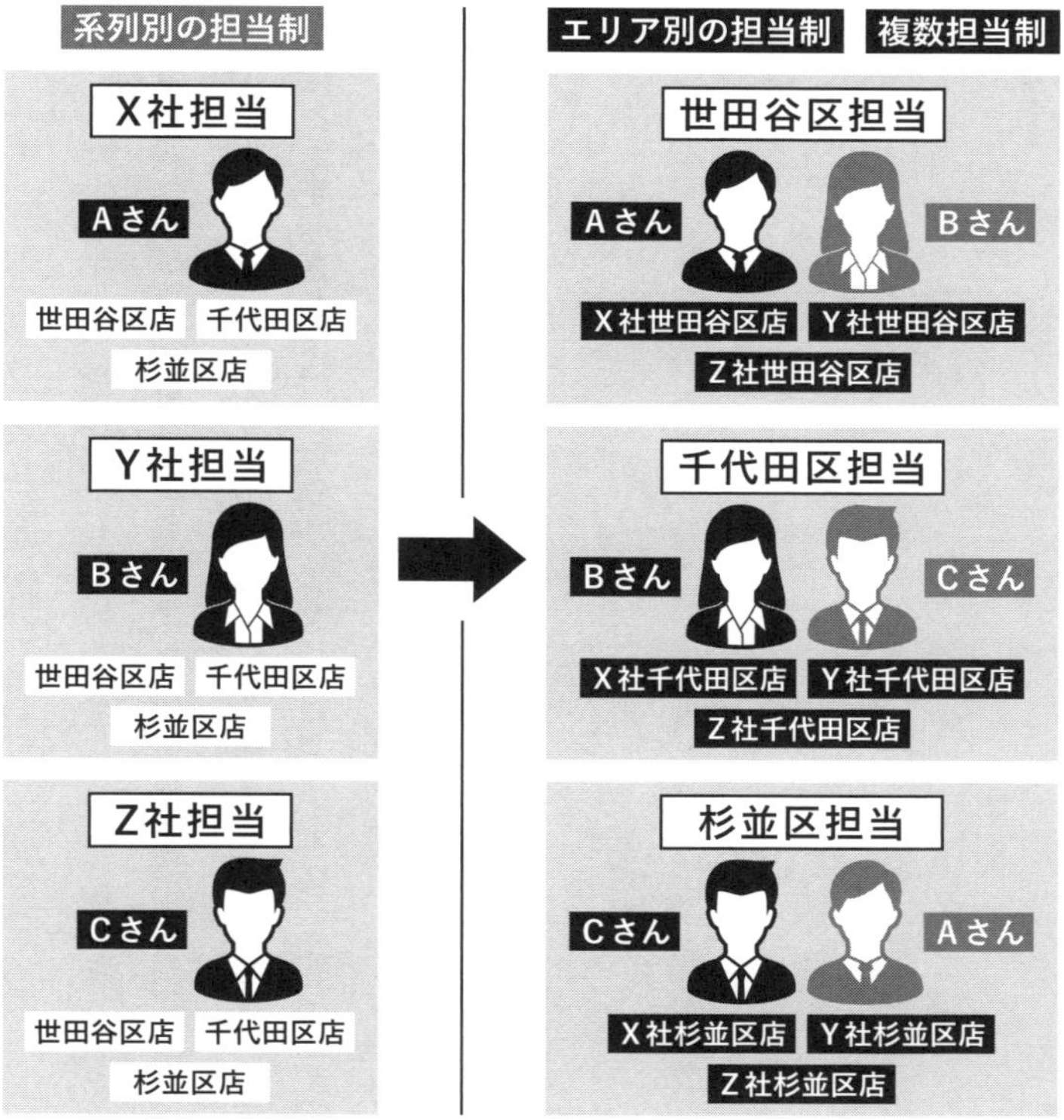

POINT 1	「エリア別の担当制」で移動時間削減
POINT 2	「複数担当制」でコミュニケーション増 ➡成功事例の横展開etc.

です。

また、メンバーが「タコつぼ化」しているときには、「他のメンバーと張り合う」という不健全な競争関係に陥ることもありましたが、「複数担当制」になると、自然とチーム内に協力関係が醸成されていきます。その結果、みんなが**「チームで成果を上げるためにはどうすべきか?」**と考えるようになるとともに、「関係の質」も大きく改善したのです。ぜひ、皆さんのチームでも、できるところから「複数担当制」の導入を進めていただきたいと思います。

Lesson 36

「曜日別ノー残業デイ」で長時間労働を解消

なぜ、「ノー残業デイ」は機能しにくいか？

「働き方改革」の一環として、多くの企業で「ノー残業デイ」が導入されていますが、残念ながら、あまりうまく機能していないように見えます。

私は、週一日だけ「ノー残業デイ」を設定しているケースが多いのが、その要因ではないかと考えています。

なぜなら、週一日だけであれば、その前後の日の残業を増やすことによって、「ノー残業デイ」でやり残す仕事を吸収できるからです。それでは、単に、定時退社をする日が週に1回あるというだけで、**実質的には「働き方」はまったく変わっていない**ということになりかねません。

ですから、私は、「働き方」を抜本的に見直すためには、**少なくとも週に2日以上は「ノー残業デイ」を設定する必要がある**と考えています。「ノー残業デイ」が週2日以上あれば、「働き方」を根本的に見直さなければ対応できなくなるからです。

また、会社が一方的に、何曜日を「ノー残業デイ」にするかを指定しているのも問題だと思います。なぜなら、メンバーによって定時退社したい曜日は違うからです。あるメンバーは、「英会話を習い始めたい。できれば、自分のレベルにあった火曜日と金曜日のクラスを受講したい」と考えているかもしれませんし、別のメンバーは「料理教室とヨガ教室に通うために、月曜日と水曜日は定時に帰りたい」と希望しているかもしれません。

こうした各自の動機に合わせて、何曜日を「ノー残業デイ」にするかを決められるほうが、メンバーはモチベーション高く「ノー残業デイ」をとらえてくれるはずです。その結果、自発的に「自分の働き方」を変える努力を始めるのです。

メンバーが「ノー残業デイ」を選ぶ

そこでおすすめなのが、メンバーそれぞれが特定の曜日（2日以上）を「ノー残業デイ」とする「曜日別ノー残業デイ」です（図36－1）。「輪番制のノー残業デイ」と言ったほうがわかりやすいかもしれません。

メンバーの意向を反映させつつ、何曜日を「ノー残業デイ」にするかを決める仕組みですので、全社一斉に定時退社を強制する「一斉ノー残業デイ」よりもハードルが低く、メンバーもモチーベション高く取り組んでくれるでしょう。

導入のステップは次のとおりです。

まず、前提として、【Lesson㉟】（303ページ）でご紹介した「複数担当制」を導入しておくといいでしょう。「メイン担当」が定時退社するときには「サブ担当」がカバーし、「サブ担当」が定時退社するときには「メイン担当」がカバーできるからです。

また、できれば、「サブ担当」が業務マニュアルを整備しておくと安心です。マニュ

図36-1 曜日別ノー残業デイ

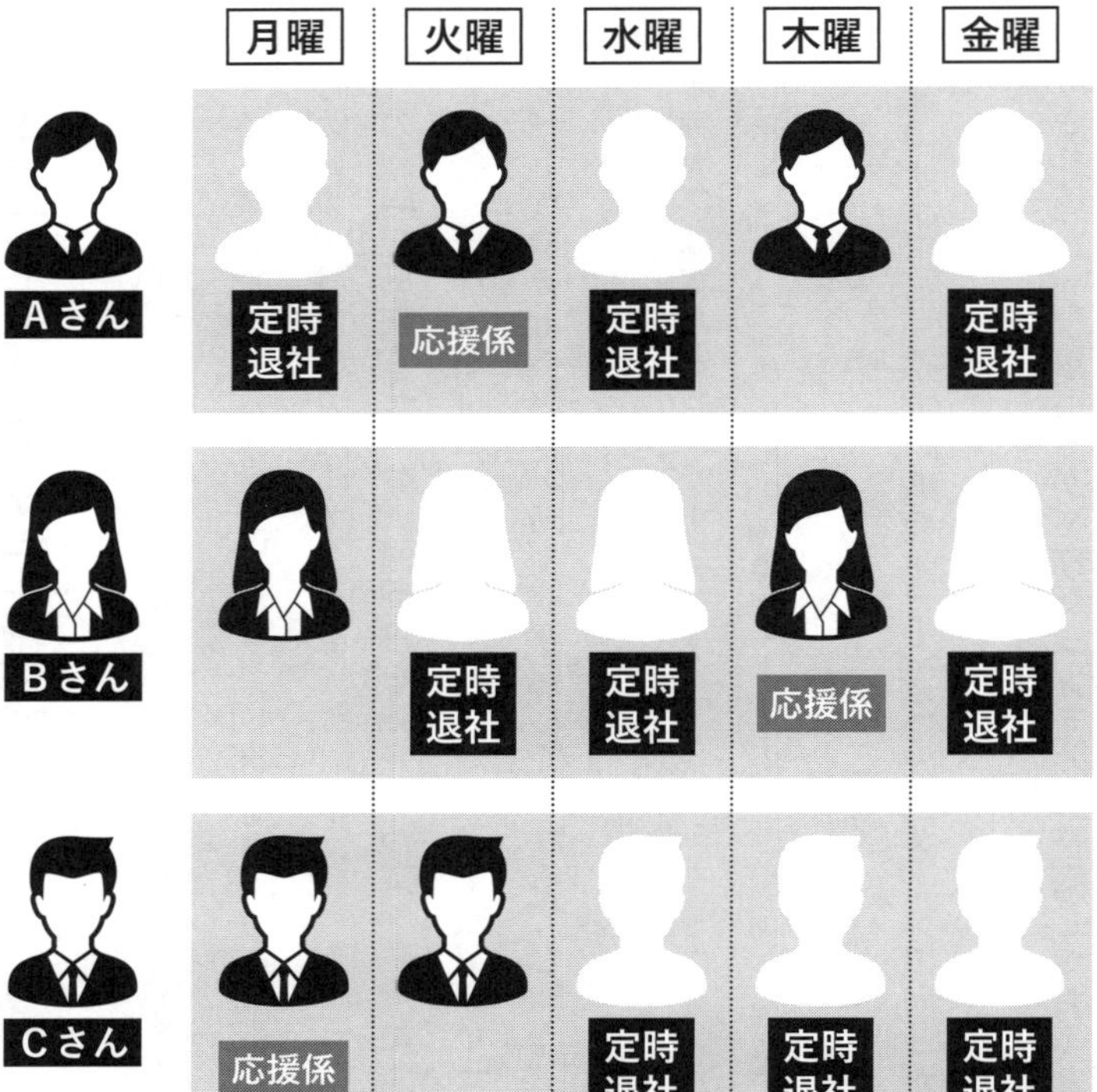

POINT 1	一斉ノー残業デイにはムリがある チームで効果的に取得する
POINT 2	少しずつ「ノー残業デイ」を増やしていく

アルがあれば、「メイン担当」「サブ担当」がともに定時退社したとしても、彼らが「やり残したタスク」を他のメンバーがサポートすることができます。

そのうえで、「カエル会議」で「曜日別ノー残業デイ」にチャレンジすることを全員で合意します。「とりあえず1ヶ月やってみよう」といった合意でもいいでしょう。

合意を得られたら、すべてのメンバーが「何曜日に定時退社したいか？」を出し合います。付箋に自分の名前を書いて、あらかじめ曜日が書かれたA3用紙などに貼りつけてもらえば、簡単に整理できます。そして、全体調整をしたうえで、誰が何曜日に定時退社するかを決定するのです。

マネジャーが率先して帰宅する

「曜日別ノー残業デイ」をスタートさせたら、各自、定時退社日に仕事が残りそうな場合は、それがわかった時点で他のメンバーに仕事を引き継ぎ、必ず定時で退社するようにします。また、これが実行されているかどうかを確認する「曜日別ノー残業デイ応援係」を決めて、実施状況や課題などを記録しておくといいでしょう。

そして、数週間たったら、「カエル会議」で実施状況や課題などを共有。「この業務のマニュアルがわかりにくかった」「『自分にしかできない仕事』と『誰かに頼める仕事』の切り分けが不十分だった」などの課題を解決しながら、「曜日別ノー残業デイ」を全員で定着させていきます。週2日から始めて、できれば**週3日まで定時退社の日数を増やしていくことができれば理想的**です。

なお、マネジャーが率先して定時退社しなければ、「曜日別ノー残業デイ」を成功に導くのは難しいでしょう。

「ノー残業デイ」のはずなのに、マネジャーが残業をしていたら、メンバーはどう思うでしょうか？　「なんだ、マネジャーは本気じゃないんだ……」と白けるかもしれませんし、「マネジャーはまだ残っているのに、自分だけ真に受けて定時で帰ったら、評価を下げられるかも……」といった不安を感じるかもしれません。

だからこそ、**マネジャーは率先して定時退社しなければなりません。**最初はメンバーが残業をしているのを横目に定時退社することに〝罪悪感〟のようなものを感じるかもしれませんが、その意識こそが、メンバーの長時間労働を生み出しているのです。

Lesson 37

「ミニドミノ人事」でメンバーを育てる

「背伸び」することで人は成長する

もうひとつ、「属人化」を解消する方法をお伝えしましょう。

「ミニドミノ人事」です。アウトドア用品メーカーであるパタゴニアが実践して有名になった「ドミノ人事」という人事制度の〝縮小版〟なので、「ミニドミノ人事」と名づけています。

パタゴニアの「ドミノ人事」とは、多くのメンバーがドミノ倒しのように、ひとつ上の業務に期間限定でチャレンジするという人事制度です。

たとえばマネジャーが長期休業する場合、その下の職位から能力のある希望者を選び、いまと同じ待遇のままでマネジャーの業務を担当させ、そのメンバーの業務をさらに下位のメンバーが担当するという具合です。これによって、**「属人化」を解消するとともに、下位のメンバーの人材育成も行うことができる**というわけです。

ただ、日本で、この「ドミノ人事」を導入している企業は限られているのが現状です。そこで私たちは、マネジャーの権限において、チームのなかで「ミニドミノ人事」を実践することをおすすめしています。【図37－1】のように、「職位」を「年次」に置き換えて、「ドミノ人事」を実践します。

たとえば、入社8年目のメンバーが育児休業に入る際に、彼女のやっていた仕事を入社6年目のメンバーが引き継ぎ、その入社6年目のメンバーの仕事を入社3年目のメンバーが引き継ぐ……というように、期間限定で先輩の仕事にチャレンジします。

その結果、「属人化」をふせぐとともに、メンバーが成長することも期待できます。なぜなら、先輩の仕事を引き継いだメンバーは、それまでに経験したことのない重要な仕事を任されたり、上層部の会議に出席することで、**経験値や社内人脈を広げることができる**からです。

図37-1 ミニドミノ人事

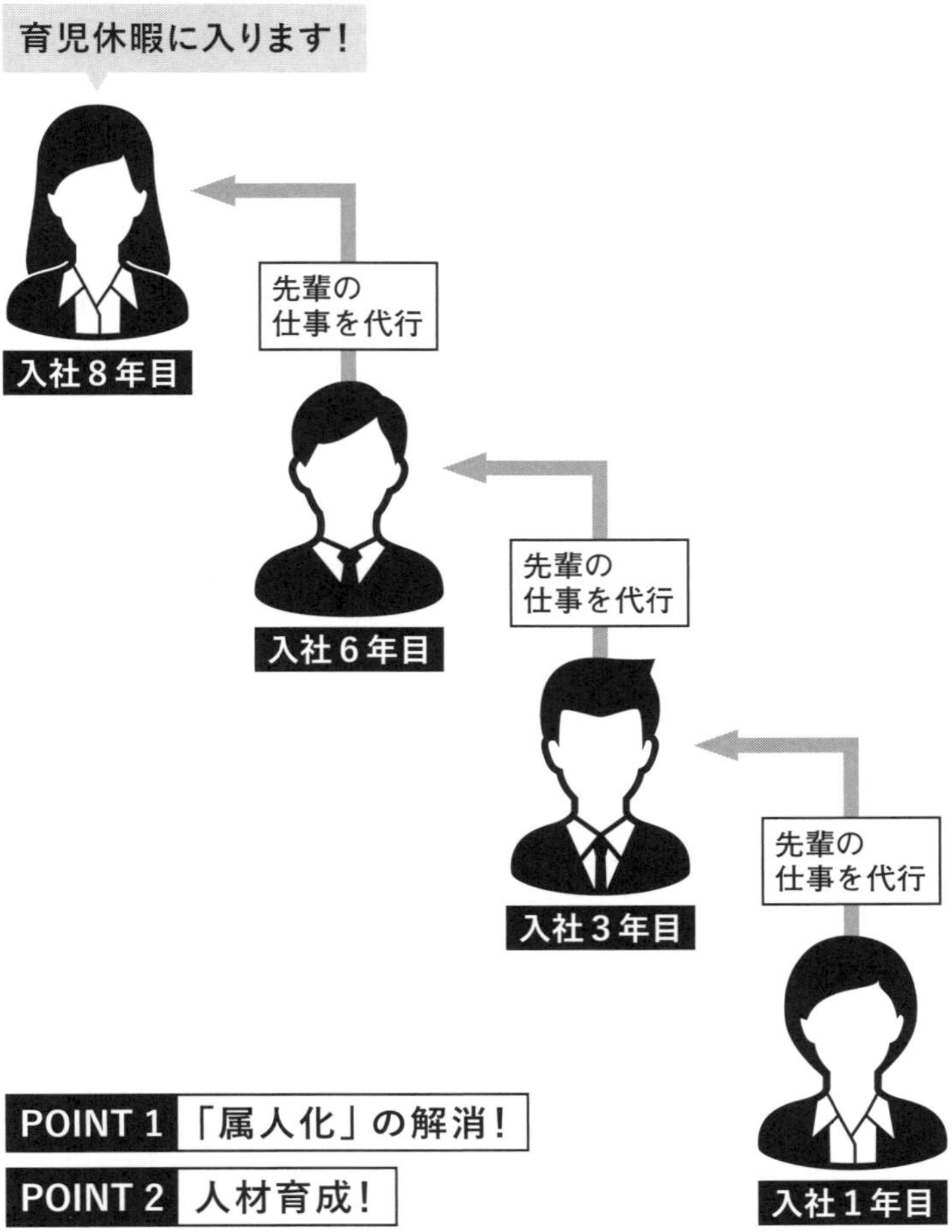

POINT 1 「属人化」の解消！

POINT 2 人材育成！

この効果を、私自身、新卒で就職した化粧品会社で実感したことがあります。

当時、経営企画室に配属されていたのですが、憧れの女性の先輩が育児休業に入り、「役員会議の議事録をとる」という仕事を一時的に担当させてもらえることになりました。役員会議で議論されている内容を聞くことができる業務は、まだ入社年次の浅かった私にとって、非常にエキサイティングな仕事でした。

それまでは何も背景を知らず、単に会社のやり方に不満をもっているだけでしたが、会議で下される決定事項の背景に、どのような経営判断があるのかを理解する機会を得たおかげで、一段高い視点で考えられるようになりました。自分が組織の一員としてどう行動すればいいのかを考えられるようになったことで、視野が広がるとともに、モチベーションもグッと上がったことを覚えています。

このように、**誰かが休業したり、休暇をとるときは、実は人材育成のチャンス**なのです。その機会をとらえて、多くのメンバーにこれまでより一段高い仕事を与えることによって、チーム全体の実力を底上げすることができるのです。

マネジャーが率先して長期休暇をとる

「ミニドミノ人事」を成功させるために最も重要なのは、マネジャー自身が勇気をもって長期休暇をとることです。

責任感の強いマネジャーほど、長期休暇をとることを躊躇すると思いますが、実は、そこに問題があります。

すでに述べたように、「属人化」の度合いが最も高いのは、責任感の強いプレイングマネジャーであるという現実があります。実際、私たちのクライアントのなかには、チーム業務の実に7割を抱え込んでいるプレイングマネジャーもいらっしゃいました。その方があまりにも優秀だったために、メンバーがやるべき仕事まで引き受けていたのです。

しかし、そうなると、マネジャーは疲弊し、他のメンバーも「自分がいなくてもチームは困らないんだ……」とモチベーションを下げてしまいます。

だからこそ、**マネジャーに率先して長期休暇をとってほしい**のです。そして、日ごろから、自分の仕事を積極的にメンバーに任せることで、後継者を育成することを意識していただきたいと思います。

もちろん、それでも実際に長期休暇をとるときは不安になるでしょう。しかし、後継者は、自分の裁量でマネジャーの代役を務めることで、多少のミスを犯したとしても、それ以上に大きく力をつけてくれるに違いありません。

しかも、先ほど私自身の経験をお伝えしたように、代役を務める経験をすることで、一段高い目線、すなわち「マネジャー目線」でモノを考えるようになってくれるはずです。そのような後継者が育ってくれれば、マネジャーはひとりで責任を抱え込む重圧から解放されるでしょう。

人を育てるのがマネジャーの最大の仕事です。

いつも職場にいて、直接指導することばかりが育成ではありません。「仕事を任せきる」ことが、人を育てる最善の方法であり、そのためには**「自分が休むこと」がとても大切なのです。**であれば、マネジャー自身が勇気をもって長期休暇をとる準備をするべきです。「ミニドミノ人事」がそのきっかけになることを願っています。

Lesson 38

上層部を「味方」につける

「働き方改革」には必ず「停滞期」がある

ここまで、約10ヶ月にわたる「働き方改革」の前半で実践できる「解決策」をご紹介してきました。

できるだけはやく成果を出して、チームのモチベーションを高めるために、「整理整頓」「テンプレート化」「マニュアル化」など、チーム内で完結できる「難易度が低い方法」をご紹介してきました。

ただ、長期的な取り組みの中盤では、どうしても何度か「停滞期」が訪れます。

というのも、時間がたつにつれて、チームのなかに「やれることはもうかなりやったけど、その割に大きな変化はないな」という無力感が生まれたり、「この先もっと大きな課題を解決しなければならないと思うと気が重いなぁ。できるかなぁ……」といった不安が生じたりするようになるからです。

またマネジャー自身も、「少し変化も出てきたし、これくらいでいいかな……」といった迷いが生じてきます。そこで、私たちは、「働き方改革」のロードマップの中間点で、「中間共有会」を開催することをおすすめしています。

過去と現在の「差」を可視化する

「中間共有会」とは、チームのメンバーと、これまでの取り組みを振り返りながら、自分たちが何を実現したのかを改めて確認するとともに、今後の活動へのモチベーションを高めるために行うものです。

「中間共有会」に向けて、第一にやるべきことは、「取り組み前の自分たちの働き方」

と「現在の働き方」の差を明確にすることです。

なぜなら、「停滞期」を迎える最大の要因である「やれることはもうかなりやったけれど、その割に大きな変化はないな」という無力感は、多くの場合「錯覚」だからです。人間は「現在の状況」にすぐに慣れる習性があるため、半年前のひどかった状態を忘れてしまうのです。そして、**実際には着実に成長しているのに、ずっと同じ状況に留まっているような錯覚を覚えてしまう**のです。

そこで、「中間共有会」の前に「カエル会議」を開き、「働き方改革」を始めたころと現在の違いを、みんなで付箋で出し合うワークをやってみましょう。

そのワークを実りあるものにするために、マネジャーに準備しておいてもらいたいのが、スタート直後の「カエル会議」でメンバーが出した付箋が貼ってあるシートの写真をプリントアウトしたものや、初期の「朝夜メール」と現在の「朝夜メール」の集計・分析結果を比較した資料です。

こうした、**過去と現在を目で見て比較できるものを用意すると、メンバーは自分たちが生み出してきた変化を実感することができます。**

たとえば、過去の付箋に「○○さんが、納期直前になると寝袋でオフィスに寝泊まりしている」と書いてあるのを見たら、「あのころ、そんなにひどかったっけ？　最近は、そんなこと全然ないね」と驚くこともありますし、「あれ？　残業時間は10％しか減ってないけど、減らしたいと言っていた社内会議は40％も減らせているね？」「ほんとだ！　しかも、企画する時間は20％も増えているね」といった確認ができることもあります。

あるいは、「働き方改革」で起きた変化をひとりずつ発表してもらうのも効果的です。ある物流会社のチームでは、マネジャー自身が体験したことを発表しました。実は、このマネジャーは入社以来約20年間、一度も有給休暇をとったことがなかったのですが、「働き方改革」を機に、思い切って有給休暇を取得。その休暇を使って、結婚15年目の奥様の実家を初めて訪問して、奥様のご両親にたいへん喜んでいただけたそうです。「カエル会議」で、そんなエピソードを少々照れながら報告したところ、メンバーたちもおおいに盛り上がってくれたといいます。

また、ある損保会社では、若手の男性社員が、週2日の「ノー残業デイ」を利用して語学を学んだ結果、TOEICの点数が300点もアップ。「カエル会議」で、「ずっと夢だった海外勤務にチャレンジする条件を満たすことができました！」と報告すると、みんなが喜んで「お祝い会」の開催が決まったそうです。

このように、「働き方改革」によって生まれた変化を再確認するとともに、個々のメンバーの「嬉しい出来事」を共有することができれば、チームの「停滞感」を払拭《ふっしょく》することができるはずです。

「上層部」の協力を得て「働き方改革」を加速させる

また、マネジャーは、「中間共有会」に上層部（直属の上司やさらに上位職の人物）の参加を取りつけておくようにしてください。

すでに述べたように、マネジャーは、「働き方改革」を始めるときに、上司に取り組みの目的や内容を伝えて賛同を得ておくとともに、途中経過についても随時報告しておくことが大切です。その際に、「中間共有会」にも出席してもらえるようにお願いすれば、ほとんどの上司は快く参加を表明してくれるはずです。

そして、「中間共有会」では、上層部に対して、チームで進めてきた「働き方改革」の内容と成果・課題などを発表します。このときに重要なのは、すべてのメンバーの名前を紹介しながら、そのメンバーが貢献してくれたことを上層部に伝えることです。その承認を受けて、きっとメンバーも肯定感を高めるはずです。

そのうえで、「中間共有会」の最後に、上層部から感想を述べていただきます。ここで、メンバーの努力をねぎらう発言をしてもらえるように、マネジャーは事前に、上層部にお願いしておくといいでしょう。そして、そのような上層部の発言を聞いたメンバーたちは、**「自分たちの取り組みには意味がある」と実感**して、「後半はもっとドライブをかけて頑張ろう」と、モチベーションを高めてくれるのです。

また、上層部に参加してもらうことには、もうひとつ重要な意味があります。それは、彼らに、これからの「働き方改革」の応援団になってもらうということです。「働き方改革」の前半戦では、「難易度が低く効果が高い」ことにチャレンジしてきましたが、後半戦では、より大きな効果を生み出すために、「難易度が高く効果が高い」

こと、すなわち、他部署や取引先を巻き込む「働き方改革」にチャレンジしていく必要があります。そのためには、**上層部の理解と応援が不可欠**だからです。

特に、「自分たちでやれることはやっていて、さらに先に行くためには、どうしても他部署や取引先の協力が必要である」ということを理解してもらうことが大切です。そうでなければ、「自分で努力もせずに、周りの協力を求めるのはスジ違いだろう」と反論されかねません。

ですから、「中間共有会」では、上層部に対して、これまでの取り組みの成果を示すとともに、**いくつか苦戦していることがあって、自分たちだけでは限界があることを上手に伝える**ように工夫してください。そして、**「ならば俺の出番だな、応援してやろう」と上層部の協力を得ることが、「働き方改革」の後半を実りあるものにする重要なステップ**なのです。

第1章 「8割マネジメント」の働き方

第2章 「関係の質」がすべて

第3章 「働き方改革」のキックオフ

第4章 「働き方」を可視化する

第5章 チームの「生産性」を高める

第6章

「働き方」を劇的に変える

チームの「働き方」を大きく変えるためには、取引先や他部署を巻き込んでいく必要があります。そのためにマネジャーが果たすべき役割を解説します。

Lesson 39

取引先の協力で「突発業務」をなくす

「突発業務」は絶対に減らせる

前章では、「働き方改革」の前半でチャレンジしていただきたい「難易度が低く効果が高い」取り組みについてご説明してきました。

まずは、自分たちで完結できる「小さなこと」から着手し、着実に成果を上げることによって、メンバーのモチベーションを高めることが大切だからです。ただ、それだけではどうしても限界があります。**自分たちのチームの「働き方」を大きく変えるには、他部署や取引先の協力が必要不可欠**なのです。

そこで本章では、「難易度が高く効果が高い」取り組みの成功事例をご紹介していきます。重要なのは、他部署や取引先をどうやって巻き込んでいくのかという部分です。特に、**プレイングマネジャーが果たしている役割**に注目しながら読み進めることで、きっと参考になると思います。

まず、「突発業務」を減らした事例についてご紹介しましょう。

「朝夜メール」を集計・分析すると、いかにチームが「突発業務」に振り回されているかがわかるはずです。もちろん、仕事をするうえで「突発業務」は避けえないことではありますが、それが頻発《ひんぱつ》するのは大きな問題です。予定していたスケジュールが大幅に狂って、他の仕事にも悪影響を及ぼしますし、「突発業務」に振り回されるメンバーは疲弊してしまうからです。

しかし、「突発業務」には、必ず発生要因がありますから、それを解決すれば絶対に減らすことができます。ところが、多くのチームでは、次から次に起きる「突発業務」に振り回されて、じっくり腰をすえて「要因分析」をする時間を確保できていません。その結果、「突発案件は仕方のないこと」「解決はムリ」などといった無力感にとらわれてしまっているのです。

「殺到するクレーム」を止めた方法とは？

ある企業のコールセンターのサポート部門のマネジャーも、その無力感にとらわれているひとりでした。

ユーザーからの問い合わせやクレームが、突如コールセンターに殺到するケースが多く、長時間労働を余儀なくされていたのですが、「コールセンター業務はお客様相手なのだから、解決不可能だ」と思い込んでいたのです。

しかし、「カエル会議」の場で、「突発業務」に振り回されているのは、解決すべき問題だという共通認識にいたりました。そこで、問い合わせやクレームの具体的な内容をエクセルシートにまとめ、その対応について一つずつ検証していった結果、事前対応を充実させれば、半分以上のものはふせぐことができたのではないか、と気づいたのです。

たとえば、新商品発売に合わせたイベント当日に、問い合わせやクレームが殺到したケースがありましたが、これは、事前の会場案内が不十分だったために、イベント会場が混乱したことが原因でした。

あるいは、商品のリニューアルをした直後にも同じようなことがありましたが、これも、商品マニュアルの記述が不十分だったことに大きな要因があることが判明。このように、事前の情報提供に不備があることによって、コールセンターにしわ寄せがきていることが明らかになっていったのです。

そこでマネジャーは、上層部に事情を説明。社内の関係部署に、コールセンターに寄せられる問い合わせやクレームの内容を伝え、事前対応について協議するように持ちかけました。

上層部の後押しもあって、関係部署は前向きに検討を開始。そして、なんらかの情報発信をするときには、コールセンターにしわ寄せがいかないように、万全の準備を心がけることになりました。

その結果、情報の受け手であるユーザーの満足度が向上するとともに、コールセンターへの問い合わせやクレームが突然殺到するという事態は減っていきました。そして、コールセンターの残業も劇的に減少。メンバーも安心して業務に励むことができるようになったのです。

激しい「残業の波」をなくした方法

次に、取引先の協力で「突発業務」を激減させた事例をご紹介しましょう。

ビルの空調システムの保守管理を行うチームのエピソードです。このチームでは年に数回「突発業務」が発生しており、「突発業務」が発生した月の残業が激増してしまう傾向がありました。つまり〝残業の波〟が非常に大きかったのです。

そこで、「突発業務」の内容を「カエル会議」で精査したところ、その大半が「空調システムが故障したので、至急直してほしい」という取引先からの要望であることがわかりました。空調システムがいつ故障するかは、誰にもわかりません。だからこそ、このチームは故障という「突発業務」に追いかけられていたのです。

しかし、ここで彼らは気づきました。故障してから対応しているために「突発業務」が発生するのだ、と。つまり、定期的に取引先を回ってメンテナンスをすることによって、**故障を未然にふせぐことができれば、「突発業務」をなくすことができると考えたわけです。**

そこで、彼らは上層部の了解を得たうえで、定期的なメンテナンスを行うという契約内容への変更を打診するために、取引先を訪問し始めました。契約変更することでメンテナンス料は発生するものの、突然故障するリスクを減らすことができますし、修理代も大幅に節約できますから、ほとんどの取引先が理解を示してくれました。

その結果、日常的なメンテナンス業務は増えたものの、故障対応が激減し、**〝残業の波〟はほぼ解消。**年間の総残業時間も、大幅に減らすことができたのです。

このように、**「お客様相手だから、突発業務は仕方がない」と考えるのはもったいないことです。**「朝夜メール」から「突発業務」の要因を深掘りすれば、必ず解決策を見出すことができます。ぜひ、皆さんも「突発案件は仕方のないこと」とあきらめるのではなく、メンバーと力を合わせて、一つひとつ「突発業務」を取り除く努力をしてください。きっと、見違えるほどチームの「働き方」が変わるはずです。

Lesson 40

組織を動かして「業務負担」を軽減する

「仕事に追われる」状況を変える

次にご紹介するのは、あるメーカーの研究開発チームのエピソードです。

そのチームは、長時間労働が常態化しているうえに、どんどんやることが増えていて、「いったい何に追われているのか?」すらわからないような深刻な状況に陥っていました。常に仕事に追われている状況をなんとかしたいということで、私たちにコンサルティングの依頼をいただいたのです。

彼らは、「研究開発」という本来の業務に多くの時間を割くために、それ以外の仕事の効率を図るなど、熱心に「働き方改革」に取り組みました。

なかでも効果的だったのが「勉強会」です。以前は、「一業務ひとり担当制」だったため、個々のメンバーが「タコつぼ化」して、お互いにサポートし合うのが難しい状況にあったのですが、「勉強会」を通して、お互いの業務内容や専門知識を共有するようになったことで、徐々に「一業務複数担当制」に移行することに成功したのです。

その結果、労働時間が減り始めただけではなく、「自分ひとりでやらなければならない」というプレッシャーからも少しずつ解放されていきました。安心して休暇が取れるようになり、疲弊していたチームに少しずつ活気が戻っていったのです。

とはいえ、まだまだ仕事に追われる状況は続いていました。

そこで、「朝夜メール」を詳細に分析した結果、**「朝メール」に書いていない「割り込み仕事」が大量にある**ことが判明。そして、その大半が、営業スタッフからの問い合わせであることがわかりました。訪問先で技術的・専門的な質問をされた営業スタッフが、研究開発チームに問い合わせるのですが、これに、実に多くの時間が取られていたのです。

本来の業務フローでは、このような問い合わせは、営業スタッフをたばねる営業管理部が対応することになっていましたが、専門的な知識をもたない営業管理部を〝中抜き〟して、直接、開発チームに問い合わせる営業スタッフが続出。それに誠実に対応しようとしたがために、このような状況が常態化してしまったのです。

「マネジャーの行動」が組織を変える

ここで、マネジャーがとった行動が非常に適切でした。

まず、自分のチーム以外に5つほどあった開発チームのマネジャーに集まってもらい、「朝夜メール」の分析データを見せながら、「私のチームでは営業スタッフからの問い合わせに多くの時間が取られているが、皆さんのチームではどうですか?」とたずねました。

すると、すべてのチームが同じ状況に置かれていることがわかりました。そこで、そのマネジャーは、営業スタッフからの問い合わせ件数を記録してほしいと依頼。すべてのチームのデータを取りそろえて、開発部門のトップに現状を報告したうえで、組織的に対応策を検討するように働きかけてもらうことにしました。

そして、営業管理部と協議した結果、営業スタッフから問い合わせが多く寄せられるテーマについて、開発部門と営業管理部が協働でFAQを作成して、それを営業管理部が運用しているイントラネットに掲示することが決定。営業スタッフは、まずそのFAQを確認したうえで、そこに記述のない案件のみ、開発チームに問い合わせてもいいというルールにしたのです。

これにより、営業スタッフから研究開発チームへの問い合わせが激減。開発チームは「割り込み仕事」に悩まされることがなくなりました。同時に、営業管理部にも安堵感が広がったといいます。

実はこれまで営業スタッフから問い合わせがあったとき、不確かな知識で回答することに、営業管理部も不安を覚えていたのです。ところが、開発部門と一緒にFAQをつくるようになったことで、正確な回答を提供できるのはもちろん、FAQに載っていない問い合わせについては、遠慮することなく開発チームに頼ることができるからです。このように、ひとりのマネジャーの行動が、組織を変えることにつながったのです。

「組織力学」を使いこなす

改めて、このマネジャーの行動を振り返っておきましょう。

まず、注目すべきは、「他の開発チームも同じことで困っているはずだ」と考えて、**「味方」を増やした**ことです。

これは、組織を動かすうえで非常に重要なポイントです。ひとつのチームが上層部に訴えるだけでは、「君のチームだけの課題じゃないのか?」となり、なかなか動いてもらえません。その課題を解決した場合、組織にとってどれくらいインパクトがあるかわからないからです。つまり、まずは「味方」を増やすことで、組織にとって「大きな問題」であることを明確に示すことが大切なのです。

しかも彼は、「朝夜メール」の集計データをもとに、「営業スタッフからの問い合わせにこれだけの時間を奪われている」という確たる証拠を用意しました。上層部を説得し、組織を動かすためには、このように**客観的なデータを示すことが不可欠**です。

さらに、このマネジャーのチームが、上層部に相談する前に、自分たちでできる「働き方改革」を着々と実践していたことも見逃せません。自分たちで何もしないまま、いきなり「営業スタッフからの問い合わせが問題だ」と上層部に訴えていたらどうなったでしょうか？　たとえそれが正論だったとしても、上層部は、他部署からの反発を恐れて、「この件は検討しておくから、まずは自分たちでできることからやりなさい」と、**結論を先延ばしにする可能性もあった**でしょう。

そして、これらの条件をそろえたうえで、上層部の理解を得たことが決定的に重要です。もしも、開発チームのマネジャー数人で営業管理部に協議をもちかけていたら、すんなりとコトは運ばなかったかもしれません。**他部署の協力を得るためには、「組織的に対応している」という形を整えることが必要**なのです。

このように、「働き方改革」を進めるためには、**「組織力学」をうまく使いこなす**ことが求められます。そして、これこそがミドルマネジメントの重要な役割なのです。

Lesson 41

取引先とWin-Winの関係をつくる

他部署や取引先に「お願い」をしてはならない

「データ」をそろえ、「味方」を増やし、「上層部」を動かす――。

【Lesson㊵】（338ページ）でお伝えしたように、これらは、他部署や取引先の協力を得るうえで非常に重要なポイントですが、ここでは、もうひとつ忘れてはならないポイントに触れておきたいと思います。

それは、**他部署や取引先に「お願い」をしてはならない**、ということです。協力を「お願い」するのではなく、お互いにとってWin-Winの関係になる「提案」をする。これは、相手の協力を引き出すうえで、とても大切です。

それをうまくやり遂げたマネジャーのエピソードをご紹介しましょう。

そのマネジャーは、ある食品会社の営業チームのプレイングマネジャーでした。営業部門では、取引先のほうが立場が強く、その要望に応えるために非効率的な働き方を余儀なくされているケースが多いのですが、見事にそのカベを乗り越えたのです。

彼のチームが真っ先に取り組んだ「働き方改革」は、営業先を訪問するための移動時間を短縮することでした。

最も効果的だったのは、【Lesson㉟】（303ページ）でご紹介した「系列別の担当制」から「エリア別の担当制」に切り替えるとともに、「複数担当制」に移行したこと。特に「エリア別の担当制」にしたことが功を奏し、移動時間の大幅な削減に成功しました。その結果、残業時間が減るとともに、チーム全体の売上も伸び始めたのです。

ところが、さらに「朝夜メール」の分析を進めると、ある問題点が明らかになりました。メンバーは、外回りを終えて夕方に帰社するのですが、ある事務作業が膨大なために、帰社時間を早めに設定する必要があったのです。もう少し帰社時間を遅らせることができれば、その分訪問先を増やすことができ、営業効率を高めることができるはずなのに、それができない状況にあったわけです。

「顧客のメリット」を整理する

では、ネックとなっていた事務作業とは何だったのでしょうか？

それは、顧客からの注文書の処理です。夕方の定刻までに注文書を送信してもらえれば、翌朝には商品が店着するというルールで運営していたのですが、その注文の仕方を遵守してくれない顧客が多かったために、その事務処理に膨大な時間がかかっていたのです。

もちろん、すでに対策はとっていました。顧客に注文用の専用端末を配布して、その端末に注文内容を入力してもらえれば、自動的に処理できるようにしていたのです。しかし、面倒なのか、ほとんどの顧客が専用端末を使ってくれませんでした。

そこで、専用の注文記入フォーマットを顧客に渡して、それに記入してFAXしてもらえれば、OCR方式で注文内容を読みとって、自動的に処理するシステムも導入。

しかし、これもうまく機能しませんでした。多くの顧客が、所定のフォーマットではない用紙に記入するために、ＯＣＲが正しく処理することができず、結局、営業スタッフが手作業で処理せざるをえなかったのです。

解決策はいたってシンプルです。

顧客に専用端末を使ってもらうか、所定のフォーマットを使ってもらえればいいだけの話です。ところが、これを取引先に伝えるのはなかなか勇気がいることでもあります。「私たちの作業がたいへんだから、ちゃんとやってください」と伝えれば、たちまち顧客の心証を害してしまうかもしれません。もしも、そうなれば後の祭り。誰もがそれを恐れていました。

そこで、マネジャーは、「専用端末やフォーマットを使ってくれたときの、お客様のメリットを整理しよう」と、メンバーに呼びかけました。そして、「カエル会議」でディスカッションをした結果、次のように整理しました。

①専用端末を操作すれば、ＦＡＸに記入するよりも時間を短縮でき、顧客の手間も省

けるうえに、OCR方式よりも正確性が高いために発注ミスが激減する

②FAXの字が読めないときには、営業スタッフが顧客に電話で確認するケースも多かったのだが、そのような電話対応に時間を割くことがなくなる

③営業スタッフが注文の処理業務に追われなくなれば、顧客への訪問回数を増やすことができ、これまで以上に細やかな対応ができるようになる

このように、顧客に発注のルールを守ってもらうことによって、顧客自身に提供できるメリットを整理していったのです。

「マネジャーにしかできない仕事」で顧客を動かす

そして、マネジャーは上層部の理解を得たうえで、自ら担当者とともにすべての顧客を回って、協力を要請することにしました。

これが、非常に効果的でした。通常、よほどの問題がない限り、マネジャーが自分の担当外の現場に顔を出すことはありません。それだけに、顧客側も**「わざわざマネ**

ジャーさんが来てくれた」と歓迎して、しっかりと耳を傾けてくれたのです。

しかも、このマネジャーは「お願い」はしませんでした。それよりも、顧客サービスを向上させるために、営業スタッフの「働き方」を変えようとしていることを説明したうえで、注文のルールを改めて伝えました。そして、それを遵守してもらえれば、多くのメリットを提供することができると訴えたのです。つまり、こちらの業務を効率化するために協力を「お願い」するのではなく、**Ｗｉｎ－Ｗｉｎの関係になる提案をした**わけです。

これが、多くの顧客の心に響きました。なぜなら、彼らも注文に手間を取られていることを問題視していましたし、何よりも、発注ミスをなんとか減らしたいと考えていたからです。

そして、多くの顧客が専用端末を使うようになるとともに、専用端末をもたない顧客は注文フォーマットを使うようになってくれました。その結果、営業スタッフを苦しめていた夕方の事務処理が大幅に減少。なかには、夕方に帰社せずに、目いっぱい顧客を訪問するようになったメンバーもいました。

発注の手間が省けるうえに、商品の到着遅延などのトラブルが減ったのですから、顧客満足も向上。さらに、訪問回数を増やすことができ、顧客との関係も以前より良好になり、売上も順調に伸びていきました。

このように、取引先の協力が必要な場合には、協力を「お願い」するのではなく、Win-Winになる提案をすることが大切です。

そのためには、取引先の立場に立って、**「何が顧客の課題なのか?」「どうすれば、その課題を解決できるのか?」「解決できればどんな未来が待っているのか?」**の3点を明確にすることです。この3つを満たした提案であれば、必ず取引先の理解を得ることができるはずです。

そして、マネジャー自身が取引先のもとに足を運んで直接説明することによって、相手の「Yes」を引き出せる可能性は高まります。マネジャーの手間と時間はかかりますが、そのぶん、全メンバーの負担が減るので、非常に投資効率のいい仕事と言えます。そして、これこそが**「マネジャーにしかできない仕事」**なのです。

Lesson 42

本社を動かして「全体」を変える

本社と現場の「カベ」を超える

大きな組織で「働き方改革」を進めるうえでは、本部（本社）と現場の関係も非常に重要になってきます。

大きな組織では、本部が業務フローや書式を決定しますから、各地に分散している現場で「働き方改革」を進める裁量の余地が小さいという難点もあるでしょうし、現場から本部に〝モノを申す〟ことがはばかられるのも現実です。そのため、現場に非効率性を生み出している業務フローが、長く延命してしまうという結果を招いているのです。

しかし、このカベを乗り越えることができれば、非常に大きな効果を生み出します。なぜなら、本部が業務フローを適切に修正すれば、それはすべての現場に適用されるからです。**ひとつのチームが声を上げることで、全社的に「働き方改革」を行きわたらせることができる**のです。

「人脈づくり」はマネジャーの仕事

ある警察署で遺失物を担当しているチームのエピソードをご紹介しましょう。

ご存じのとおり、警察組織は、都道府県ごとに警察本部があり、その下に警察署が連なる形態をとっていますから、警察本部の遺失物担当が決めた業務フローにしたがって、警察署の遺失物担当は仕事を進めていくことになります。

そして、ある警察署の遺失物担当のチームで「働き方改革」を進めようとしたところ、警察本部で定めた業務フローに非効率的な部分があることが明らかになっていきました。ここで、それまでにマネジャーが培ってきた人脈が生きました。彼は、警察本部の遺失物係の担当者と話のできる人間関係を構築していたので、その人物に「カエル会議」に顔を出して一緒に考えてほしいと頼んだのです。

そして、本部の担当者は、現場のメンバーとともに業務フローの問題点を検証するなかで、「現場はそういうことで困っているのか……」と理解を示してくれました。

とはいえ、ひとつのチームの意見を聞いただけで、組織としてすぐに業務フローを変更することはできません。そこで、本部の担当者は、他の警察署の遺失物担当の意見を聞くとともに、他の警察本部の業務フローを調査することにしました。

その結果、他の警察本部で採用している業務フローが効率的であることが判明したため、それに微修正を加えて採用することが決定。その地域のすべての警察署の遺失物担当の業務が一気に効率化することになったのです。


これは、民間企業でも同じことが言えます。

本社は忙しいですから、なかなか現場の声を吸い上げる余裕がありません。一方、現場も本社に対する遠慮があって、なかなか声を上げにくいのが実情です。こうして、本社と現場のコミュニケーションの「カベ」が生まれるために、非効率的な業務が生じているケースが見受けられるのです。

ここに、現場のマネジャーの果たすべき役割があります。先ほどの遺失物係のマネジャーのように、日ごろから本部の担当者との関係を構築しておくのです。

マネジャーであれば、定期的に本部に集まる会議などがあるはずですから、そのような場で積極的に接触することをきっかけにして、困ったことがあれば何でも相談し合えるような関係を築いておくことが大切なのです。

プレイングマネジャーはとにかく忙しいですから、こうしたコミュニケーションをつい省いてしまいがちですが、実は、**日々のコミュニケーションこそ「緊急ではないが重要な業務」**。組織内外にこうした人間関係を構築することで、チームが働きやすい環境を整えることは、マネジャーの重要な役割なのです。

「巻き込み力」で会社を変える

ただし、**本社を動かすには「巻き込み力」を磨く必要があります。**

たとえば、本社の担当者に、こんなふうに伝えたらどうなるでしょうか？「現場は○○に困っているんだ。本社のやり方は間違っているから、変えてほしい」。これでは、

「個別の現場の要望を聞いていたらキリがない」と反発を受ける可能性が高いでしょう。

このような場合には、「助け」を求めるほうが効果的です。

「現場だけで考えていると、どうしても発想が狭くなって、大きな解決策が出てこないから、相談に乗ってほしいんだ。ぜひ、カエル会議に参加してアドバイスしてもらえないだろうか？」という誘い方をすれば、本社の担当者も「頼りにされている」と感じて、前向きに耳を傾けてくれるでしょう。そして、「これは、もっとこう変えたほうがいいから、私が本社のやり方を変更できないか動いてみるよ」と掛け合ってくれるかもしれません。

こうした「巻き込み力」を身につけて、ぜひとも全社に波及するような「大きな改革」を実現していただきたいと願っています。

Lesson 43

「上層部」を本気にさせる

常に「よりよい働き方」を追求する

ここまで、他部署や取引先の協力が必要な「難易度が高く効果が高い」取り組みの成功事例をご紹介しながら、マネジャーの皆さんが果たすべき役割について説明してきました。

「働き方改革」のロードマップの後半で、こうしたチャレンジを成功させることができれば、チームに劇的な変化が生まれます。他部署や取引先と協力して業務フローを改革することができれば、業務効率が大幅に改善しますし、何より、「自分たちが働きかけることによって、状況を変えることができる」という積極性がチームに生まれるからです。

ただし、ここで満足してはいけません。**「働き方改革」は継続することに意味があります。**約10ヶ月かけて「働き方」を変えても、まだまだベストの状況にはいたっていないはずですし、そもそも、「働き方」に完成形があるわけでもありません。それに、職場を取り巻く環境は常に変化していますから、それに合わせて「働き方」を柔軟に変えていく必要があります。そのためには、「働き方改革」を継続して、**常に、よりよい「働き方」を追求するチーム**にすることが大切なのです。

そのために、「最終共有会」の開催をおすすめしています。

ここでやることは、【Lesson㊳】（323ページ）でご紹介した「中間共有会」と基本的に同じです。上層部にも参加してもらって、**「働き方改革」のスタート時点と現時点の「差」をできるだけ目に見える形で共有する**とともに、メンバー一人ひとりの名前を紹介しながら、**各自が貢献したことを具体的に伝える**のです。

そして、上層部に「働き方改革」の成果を理解してもらい、上層部が各自ベストだと思った取り組みに対して、自分の名前をつけた「山田賞」「田中賞」を贈呈してもらうなど、努力したメンバーを具体的に承認してもらうといいでしょう。そのうえで、メンバーに「働き方改革」の継続を呼びかければ、きっと前向きな反応が返ってくるに違いありません。

トップを説得するロジックをもつ

ただ、「最終共有会」で上層部に成果を伝えるだけで終わるのではもったいないと思います。ぜひ、10ヶ月の成果をもとに、人事部なども巻き込みながら、会社のトップに「働き方改革」の重要性を訴えていただきたいのです。

これまで、私たちは1000社を超える企業・組織のコンサルティングをしてきましたが、多くのトップが「働き方改革」の号令をかけるのをためらう傾向があることを実感してきました。

なぜなら、トップは責任があまりにも重いからです。自分の決断で「働き方改革」

を進めた結果、もしも業績が振るわなくなれば、株主や顧客からの評価を下げてしまうかもしれません。そうなれば、会社全体に大きなデメリットをもたらしてしまいますから、**成功する保証のないチャレンジには慎重にならざるをえない**のです。

そこで、重要になるのが、現場での「小さなチャレンジ」です。**現場で「働き方改革」のメリットを実証することができれば、トップも安心してその後押しをすることができます。**その意味で、マネジャーがトップにアプローチするのは、トップにとっても非常にありがたいことなのです。

とはいえ、「働き方改革」の必要性を十分に認識していないトップもいらっしゃるでしょうから、彼らを本気にさせるロジックは用意しておいたほうがいいでしょう。そのためには、「働き方改革」が会社の生産性向上と残業削減に寄与することを実証データによって示すだけではなく、「働き方改革」の成否が企業の存亡に関わることを伝える必要があります。

日本は「人口オーナス期」真っ只中

現在、日本で進んでいる社会構造の変化を俯瞰《ふかん》して考えてみましょう。

ご存じのとおり、現在、日本は人口全体に対する若者の比率（生産活動に就いている年齢層の比率）が下がり続け、高齢者の比率が上がり続けています。ハーバード大学のデービッド・ブルーム教授の言葉を借りて言えば、日本は「人口オーナス期」の真っ只中にあるわけです。

「人口オーナス期」とは、「人口ボーナス期」と対になる言葉です（オーナスとは、重荷や負荷を指します）。

かつて日本が経験した高度経済成長期のように、その国が「若者がたくさんいて、高齢者は少ししかいない」という人口構造である時代を「人口ボーナス期」といいます。このような人口構造は、その国の経済にボーナスを与えてくれます。いわば〝おいしい時代〟なので、「人口ボーナス期」というわけです。現在、中国、タイ、シンガポールなどが著しい経済成長をとげているのも、それらの国がちょうどいま「人口ボーナス期」にあるからです。

そして、**高度経済成長期の日本は、「人口ボーナス期」に完璧に対応した戦略をとることに成功**しました。

第一に、**男性重視の雇用政策**です。労働力はありあまっているうえに、重工業の比率が高く、筋肉を要する仕事が多かったので、男性労働者に最大限に働いてもらうのが最も効率的だったのです。

第二に、**長時間労働**です。労働力の時間単価が安いうえに、市場に「早く・安く・大量」に商品やサービスを届けた企業がシェアを確保する〝国盗り合戦〟の時代でしたから、長時間労働をしたほうが絶対に有利でした。

第三に、**均一な労働力の育成**です。均一な商品・サービスをたくさん供給すればニーズを満たすことができた時代でしたから、「右向け右」というトップダウンのかけ声で、すべての社員が一斉に動く組織のほうが有利です。そのためには、均一な労働力をそろえることが重要だったのです。

一国の経済を「人口ボーナス期」に最適化するためには、この3つの条件が必要だとされていますが、**日本ほど、この3つの条件を完璧にそろえた国はなかったといわれるほど、この時期の日本は適切な戦略で戦った**のです。

「古いマネジメント」が会社を滅ぼす

ですから、当時の組織マネジメントが「間違っていた」わけではありません。

しかし、「人口ボーナス期」はとっくに終わり、日本はいま「人口オーナス期」に位置しています。もはや「人口ボーナス期」の成功体験が、まったく通用しない時代に突入しているのです。

【図43－1】のように、「人口ボーナス期」と「人口オーナス期」では、「勝てる働き方のルール」が真逆です。

「人口オーナス期」には、労働力人口が不足しますから、**いかに男女をフル活用できるかが重要**になります。また、労働の時間単価も高騰《こうとう》するので、**短い時間で成果を上げる企業しか利益を出せなくなります。**さらに、消費者ニーズの多様化に対応するためには、**社内（現場から意思決定層まで）にいかに多種多様な人材を抱えることがで**

図43-1 人口ボーナス期と人口オーナス期の働き方

人口ボーナス期（労働人口が豊富）

男性重視の雇用政策

- 重工業の比率が高いため、体格的にも男性のほうが適している

長時間労働

- 時間＝成果に直結。「早く・安く・大量に作ること」を重視

均一な労働力の育成

- 市場ニーズが均一。同条件の人を採用・一律管理するやり方が最適

↕

人口オーナス期（労働人口が不足）

男女ともに働く雇用政策

- 頭脳労働の比率が向上。かつ労働力不足のため男女関係なく働く

短時間労働

- 時間あたりの人件費が高騰。短時間で成果を上げることが求められる

多種多様な労働力の育成

- 市場ニーズが多様化。多種多様な人材で意思決定していく必要あり

きるかが、勝負を決するようになるのです。

にもかかわらず、漫然と「人口ボーナス期」の働き方・マネジメント手法を続けていれば、**間もなく多くの企業が危機的状態に陥りかねない**のです。

「働き方改革」は企業にとっての死活問題

特に、切迫した問題を抱えているのが団塊ジュニア世代です。

彼らは、多くの企業で最もボリュームのある年齢層であるとともに、これからの企業の中核を担う世代です。ところが、彼らは、育児に追われながら、両親の看護・介護も担わなければならない状況に立たされています。つまり、**企業の中核を担う世代が、長時間労働が不可能な状況になっている**のです。にもかかわらず、長時間労働を前提としたマネジメントを続けていれば、彼らは仕事を続けることすら難しい状況に追い込まれてしまうでしょう。

すでに、この危機は顕在化《けんざいか》しています。

ある大手商社が社内調査をしたところ、**社員の18％が「主たる介護者」**で、そのうち8割は男性だということが明らかになりました。「主たる介護者」というのは、その社員自らが主な介護の担い手だということです。そのような社員が18％もいるのです。家族内に介護が必要な人がいるけれど、妻が中心に介護をしているというケースも含めると、さらに介護者の割合は上がるはずです。

しかも、今後、団塊世代が一斉に70代後半に入っていくわけですから、この数字が激増するのは間違いありません。一刻も早く、長時間労働を前提としたマネジメントをやめて、時短勤務・在宅勤務など多様な「働き方」を許容しつつ、高い生産性を上げるマネジメントに切り替えなければ、確実に企業経営は困難な状況に直面してしまうでしょう。まさに、**「働き方改革」は、日本企業にとって死活問題**なのです。

そこで、私がマネジャーの皆さんにご提案したいのは、人事部などと相談して、社員の介護状況や今後の見込みなどを調査したうえで、これまでお伝えしたような**問題意識・危機感をトップ層に伝える**ことです。

いわば、トップ層を怖がらせるわけですが、同時にあなたが現場で実践した「働き方改革」の成果を示せば、「解決策があるなら」と、きっとトップ層の気持ちは動きます。すでに「働き方改革」の実証実験が社内ですんでいるわけですから、トップも安心して全社に号令をかけることができるわけです。

「トップ」が動けば一気に変わる

そして、トップがリーダーシップを発揮し始めると、「働き方改革」は一気に加速します。

ある企業のトップは、「働き方改革」を本格化するにあたって、「浮いた残業代はすべて社員に還元する」と宣言しました。その結果、1年で約30%の残業代の削減に成功。その全額1億8000万円を全社員に還元したのです。

さらに「ワークスタイル変革表彰」を行い、一定の条件を満たしたチームのメンバーに正社員・派遣社員の区別なく2~6万円の報奨金を支給。「働き方改革」によって、社員の年収が実に20万円以上も増えたのです。

忘れてはならないのは、そのトップの発したメッセージです。

「残業代を減らすことが、『働き方改革』の目的ではない。新しい仕事のやり方に変えてほしい。そして**明るく健康的に働いてくれることが一番うれしいんだ**」

そして、トップがそれを実践してみせたことで多くの社員の信頼を厚くしたことが、その後、その会社の「働き方改革」を一気に加速させる最大の要因となったのです。

また、取引先対応のために長時間労働で苦しんでいたある企業では、トップのリーダーシップによって、夜10時から翌朝6時までは社内のサーバにアクセスできないようにしました。

その結果、現場は「申し訳ないのですが、遅い時間に対応することができなくなりまして……」などと、いい意味で**〝会社のせい〟にしながら、取引先のムリな要望を押し返す**ことができるようになりました。そして、取引先に「業務フローを見直すことで、お互いに長時間労働を改善しませんか？」と呼びかけることによって、それまで慣例のようになっていた非効率的な業務フローを改革する協議を始めることもできたのです。

ある保険会社では、「中間共有会」と「最終共有会」に役員全員が出席して、各チームの発表に耳を傾けたうえで表彰をしたのですが、その様子を見ていたトップが、社内の生産性向上のために、自分も経営者としてできる支援をどんどんやろうと考えるようになり、**AIへの投資**を決めました。

保険金を支払うときには「10年選手のベテランオペレーター」でも難しいお客様対応が必要なのですが、それをAIに読み込ませることによって、「10年選手」と同じくらいの精度の回答が、わずか10秒で表示される仕組みをつくったのです。

そのおかげで、新人オペレーターでも、ストレスを感じることなく複雑なお客様対応ができるようになるとともに、お客様の満足度を高めることにも成功。まさに、すべての関係者がWin-Winになる仕組みが出来上がったのです。

このように、現場での「小さなチャレンジ」が成功することによって、トップの背中を押すことができれば、状況は一気に変わります。そして、そんな企業が増えれば、世の中は大きく変わっていくに違いありません。ぜひ、皆さんの手で、その最初のドミノを倒していただきたいと願っています。

おわりに

最後までお読みくださり、まことにありがとうございました。

本書の執筆を進めているさなかの2018年6月29日、第196回通常国会において、いわゆる「働き方改革関連法」が可決成立しました。

さまざまな議論はありますが、これまで事実上「青天井」だった残業時間に上限規制が設けられたことは、労働基準法70年の歴史において非常に大きな意義があると考えています。

2014年に安倍内閣における産業競争力会議の民間議員を務めていたとき、私は、官邸での会議で「長時間労働の是正こそが、この国の経済の底上げになるんです」と何度も力説していました。しかし、当時の産業競争力会議の議論では、労働時間を管理しなくていい法律をつくろうという意見が大勢を占めていましたから、私の発言は全く歓迎されませんでした。「どうしたら、わかっていただけるのだろう……」と何度も肩を落としたものです。

それから約4年間の道のりは、まさに山あり谷ありでしたが、ついに「長時間労働の是正」に一歩踏み出す法整備がされたことに対して、「ようやく、社会が変わり始めた」と感慨を覚えずにはいられません。

そして、社会を動かしたのは、私たちにコンサルティングをご依頼くださった企業・組織の皆さまだと思っています。皆さまが、「残業を減らすことによって業績が上がった！」という実績を示して下さったからこそ、国会のみならず世の中の論調が変わっていったのだと肌で感じることができたからです。


実は、「働き方改革関連法」審議の最終局面において私は国会に呼ばれ、参議院で意見陳述をすることになりました。与えられた時間は10分。その10分間で、私は、「働き方改革」に本気で取り組んだクライアント企業の皆さまの成果をご紹介しました。

長時間労働を是正することで業績が向上したのみならず、結婚・出産する社員が増えた事例を紹介したほか、「働き方改革」は首都圏の大企業だけではなく、むしろ全国の中小企業で積極的に取り組む事例が増えていることをお伝えし、「働きやすい職場」

をつくることで、人材不足に悩む地域でも優れた人材を採用できるようになった事例も紹介。そして、「働き方改革」をさらに加速させていくべきであると訴えたのです。

意見陳述のあとは、100分にわたる質疑に移りました。8つの党派から多岐にわたる質問を受けましたが、ここでも説得力があったのは、現場で実際に生み出された成果でした。たとえば、民間企業だけではなく、全国の学校教員が長時間労働になっている問題を提起されたときには、「働き方改革」に取り組んだ小中学校で残業が半減するとともに、「子どもに向き合える時間が増えた」と評価する教師が増えていることを紹介。国会議員の皆さまも、身を乗り出して話を聞いていました。

このように、クライアントの皆さまの実践が、国会議員のみならず、多くの人々の心に訴えかけ、意識を変える大きな原動力となったのです。そんなクライアントの皆さまのご努力に、改めて敬意と感謝をお伝えいたします。

また、国会での意見陳述の準備に与えられたのはわずか4日でしたが、なんとかやり遂げることができたのは、株式会社ワーク・ライフバランスのメンバーたちの全面的なサポートのおかげです。ちょうど本書の執筆に悪戦苦闘している最中でもありましたから、もしも彼らのサポートがなければどうなっていたことか……。

各自が多くの仕事を抱えて全国を飛び回っているにもかかわらず、「助けてほしい」と弱みをさらけだした私をサポートしてくれたメンバーの優しさ、頼もしさに感謝するばかりです。また、全社一丸となって「大きな仕事」をやり遂げることができたのは、本書で何度も書いてきたように、「属人化させない仕事の仕方」をメンバーとともに追求してきたからだと痛感します。

さて、今後、「残業削減」「残業ゼロ」の要請がより一層強まっていくことは、読者の皆さまが職場で「働き方改革」を進めるうえで追い風になるでしょう。

その一方で、もしも組織が「働き方改革」の本質を理解しないまま、やみくもにトップダウンの「残業削減」「残業ゼロ」を追求しはじめると弊害が生じるおそれもあります。本書で繰り返し述べてきたように、「働き方改革」の本質は「生産性の向上」にあるので、単に「業務フローの効率化」を進めるだけではうまくいかないからです。

そして、「生産性の向上」を実現するために最も大切なのは、現場のメンバーの自発性であり、その自発性を引き出すことができるのは、彼らに最も近い存在であるプレイングマネジャーにほかなりません。プレイングマネジャーが、チームの「関係の質」を高めることが、すべての出発点なのです。

こうした「働き方改革」の本質と手法を深く理解したプレイングマネジャーが、メンバーたちの自発的な活動を正しい方向に導くことができたとき、はじめて「残業削減」「残業ゼロ」を健全なかたちで実現することができるのです。

本書は、そのような「現場から始める働き方改革」を成功させるための目安にしていただければという思いを込めて書き上げたものです。2006年に起業し、1000社を超える企業でコンサルティングをするなかで確立してきたすべてのノウハウを体系的にまとめた、まさに「働き方改革」の決定版だと自負しています。

この本をお読みくださったプレイングマネジャーの皆さまは、私たちの同志です。皆さまの力で職場の「関係の質」が高まり、すべてのビジネスパーソンが楽しく働き、生産性の高い企業がたくさん生まれ、家庭や地域社会が豊かな国になる……。そんな「働き方」が日本全国に広がっていくことを願ってやみません。

2018年9月

小室淑恵

小室淑恵（こむろ・よしえ）

株式会社ワーク・ライフバランス代表取締役。2006年に起業し、働き方改革コンサルティングを約1000社に提供してきたほか、年間約200回の講演を依頼されている。クライアント企業では、業績を向上させつつ、労働時間の削減や有給休暇取得率、社員満足度、企業内出生率の改善といった成果が出ており、長時間労働体質の企業を生産性の高い組織に改革する手腕に定評がある。主催するワーク・ライフバランスコンサルタント養成講座は全国で約1600人の卒業生を育成し、認定上級コンサルタントが各地域で中小企業の支援も行っている。

政府の産業競争力会議民間議員、経済産業省産業構造審議会委員、文部科学省中央教育審議会委員、厚生労働省社会保障審議会年金部会委員、内閣府仕事と生活の調和に関する専門調査会委員などを歴任。著書に『働き方改革』『労働時間革命』（ともに毎日新聞出版）、『6時に帰るチーム術』（日本能率協会マネジメントセンター）など多数。

◆株式会社ワーク・ライフバランス
https://work-life-b.co.jp

プレイングマネジャー「残業ゼロ」の仕事術

2018年9月5日　第1刷発行

著　者——小室淑恵
発行所——ダイヤモンド社
〒150-8409　東京都渋谷区神宮前6-12-17
http://www.diamond.co.jp/
電話／03･5778･7234（編集）　03･5778･7240（販売）
装丁————鈴木大輔・仲條世菜（ソウルデザイン）
本文デザイン・DTP —斎藤 充（クロロス）
製作進行——ダイヤモンド・グラフィック社
印刷————堀内印刷所（本文）・加藤文明社（カバー）
製本————ブックアート
編集担当——田中 泰

ISBN 978-4-478-10292-3